欧洲法律评论

Chinese Journal of European Law

（第四卷）

中国社会科学出版社

图书在版编目(CIP)数据

欧洲法律评论. 第四卷/程卫东，李以所主编. —北京：
中国社会科学出版社，2019.11
ISBN 978 - 7 - 5203 - 5443 - 1

Ⅰ.①欧…　Ⅱ.①程…②李…　Ⅲ.①法律—研究—
欧洲　Ⅳ.①D95

中国版本图书馆 CIP 数据核字（2019）第 245461 号

出 版 人　赵剑英
责任编辑　赵　丽
责任校对　王秀珍
责任印制　王　超

出　　　版　中国社会科学出版社
社　　　址　北京鼓楼西大街甲 158 号
邮　　　编　100720
网　　　址　http://www.csspw.cn
发 行 部　010 - 84083685
门 市 部　010 - 84029450
经　　　销　新华书店及其他书店

印　　　刷　北京明恒达印务有限公司
装　　　订　廊坊市广阳区广增装订厂
版　　　次　2019 年 11 月第 1 版
印　　　次　2019 年 11 月第 1 次印刷

开　　　本　710×1000　1/16
印　　　张　15.75
字　　　数　251 千字
定　　　价　76.00 元

学术委员会和编委会

CHINESE JOURNAL OF EUROPEAN LAW is compiled by the Institute of European Studies, the Chinese Academy of Social Sciences. All the findings and conclusions in the papers are entirely personal to the authors themselves and do not necessarily represent the views of the Institute or of the editors-in-chief.

目录
contents

 目录
contents

试论国际投资条约如何促进可持续发展
The Research on How International Investment Treaty Promotes Sustainable Development

蒋小红[*]

摘要：可持续发展的理念逐渐得到了国际社会的普遍认同，成为一项国际法原则。国际投资条约中的许多国际投资规则虽不能直接促进可持续发展，其规定却可能会严重制约可持续发展目标的实现。因此，要从规则和制度设计上消除不利于可持续发展目标实现的各种因素，对有关的实体规则和投资者诉东道国投资仲裁机制进行批判和解构。修改目前的国际投资条约的某些具体规定以增加政府规制外资的空间，对投资者施加保护环境、保护劳工权利、禁止贿赂等义务的规定，改革国际投资仲裁机制，并增加可持续影响评估程序是值得探索的路径。总体的方向是实现投资者、东道国、投资母国的权利和义务的平衡，通过平衡来实现可持续发展的目标。

关键词：国际投资条约；可持续发展；规制权；投资者义务；国际投资仲裁

中图分类号：D996.9 **文献标识码：**A **文章编号：**

Abstract：Treaty-based International investment rules are in the process of modernization. This process witnesses many features of international investment rules, one of which is that international treaties incorporate the idea of

---

* 蒋小红，中国社会科学院国际法研究所研究员。

sustainable development, paying much attention on the balance between the protection of investor and the protection of environment, human rights and social development. The idea of sustainable development has been identified by the international community and become the principle of international law. Although many international investment rules cannot promote the sustainable development directly, they can significantly constrain the implementation of sustainable development. We should seek to prevent or mitigate such adverse impacts. It is necessary to reconstruct the substantive rules and Investor-State arbitration system in order to remove the elements of impair the sustainable development. The feasible approach is to modify the existing rules for the purpose of expanding the room of regulate and add the new rules, such as providing for the obligations of investor and home state and assessment of sustainable impact. The general direction is keeping the balance of the rights and obligations between investor, home state and host state.

Key words: International Investment Treaty; Sustainable Development; The Right to Regulate; The Obligation of Investor; International Investment Arbitration

可持续发展的理念逐渐得到了国际社会的普遍认同,成为一项国际法原则。国际投资条约(主要是双边投资条约)中的许多规定与可持续发展目标相冲突,限制了东道国可持续发展目标的实现,特别是环境保护、劳工权利保护等公共政策目标的实现。目前,几乎每一个国家都至少是一个国际投资条约的缔约方。许多国家,包括中国,还在继续谈判新的国际投资协定。缔结的国际投资条约越多,就越有可能在不同的国际义务之间产生冲突。国际法的碎片化呈现出越发严重的态势。作为国际投资法载体的国际投资条约为实现可持续发展的目标,其作用何在?换言之,在国际投资条约中如何设置具体的规则和制度才有助于可持续发展目标的实现?本文将探求在国际投资规则变革和重塑进程中国际投资协定在促进和保护投资的同时如何促进可持续发展目标的实现。

一　多元、全方位的可持续发展理念

（一）可持续发展的内涵

正确地理解可持续发展的概念是探讨国际投资条约如何促进可持续发展目标这一问题的前提。在很多时候，可持续发展被理解为环境与资源的可持续发展，但是其内涵远不止于此。对此我们应该有全面的认识。可持续发展的概念经历了长期的发展历程，其含义随着时间的推移而不断扩展和深化。

可持续发展的概念纳入国际视野最早出现在二战后关于利用海洋渔业资源的问题中。在对海洋资源的利用过程中，人们逐渐认识到人类的经济活动不能超越环境的承受能力，人类的整体生活要与自然环境保持和谐。在这一阶段，可持续发展的概念强调环境与经济发展的关系。之后，人们认识到可持续发展不仅仅是一个经济发展与环境领域的问题。它还涉及社会治理的方方面面，如尊重人权、抵制腐败、追求一个公正和谐的社会等。例如，20 世纪 90 年代，人们认识到人是发展的中心，人权的要素被加入可持续发展的概念中。可见，可持续发展的概念其外延不断外溢，扩展到了人类生活的更多方面[1]，已经从持续利用自然资源的最初含义演变为以人为本且具有社会经济性质的概念。自 20 世纪 80 年代中期以来，世界各国和有关的国际组织从不同的属性对可持续发展这一概念作了几十种不同的界定。目前，对于可持续发展的概念最广为接受的界定是世界环境与发展委员会 1987 年出版的报告《我们共同的未来》中的定义："满足当代的需要，且不危及后代满足其需要的能力的发展。"[2] 从以上的论述中，我们可以看到可持续发展是一个多元的概念，具体包含了三个支柱，即经济、环境和社会[3]。这三个支柱相互

---

[1]　Nico Schrijver, *The Evolution of Sustainable Development in International Law： Inception, Meaning and Status*, Leiden/Boston：Martinus Nijhoff Publishers, 2008.

[2]　*World Commission on Environment and Development*, *Our Common Future*, Oxford：Oxford University Press, 1987. 世界环境与发展委员会的主席为挪威前首相格罗·哈莱姆·布伦特兰，因此，该报告又称为布伦特兰报告。

[3]　参见 2005 年世界首脑会议成果文件，联合国文件 A/RES/60/1，2005 年 10 月 24 日，第 48 段。

联系，形成一个整体，共同构建了可持续发展的完整内涵。通过这一概念，经济目标和非经济目标实现了有机的融合。涉及这三个领域的政策必须相互促进，才能达到人类社会的可持续发展的目标。

在理解这一概念时，值得注意的是，一方面，我们不能把可持续发展的概念仅仅片面地理解为生态的可持续性；另一方面，也不能将其理解为一个无所不包的概念，应当防止可持续发展内涵的泛化。正如一位学者所言"当各个方面的问题都成为可持续发展问题时，就不存在可持续发展的问题了"①。与以上概念仅限于权益的代际分配不同，发展中国家的学者提出可持续发展还要关注权益在当代不同国家、不同地区的人民之间的合理分配和平衡。② 的确，人类社会从未像今天这样相互依存，离开了全人类的共同发展，个别国家、个别地区无法单独实现可持续发展。全方位的可持续发展理念显示出了追求人类命运共同体的新主张。

（二）促进可持续发展成为一项国际法原则

可持续发展着眼于人类社会整体的可持续发展，已经成为一项国际法原则。与在构建国际政治和经济新秩序背景下发展中国家提出的发展权概念不同，可持续发展的概念在纳入国际日程后很快在国际社会达成了共识。尽管发达国家和发展中国家面临着不同的发展任务，但各国政府都认识到可持续发展的重要性和紧迫性，这种政治上的共识使得可持续发展的理念从最初的可持续使用自然资源逐渐向经贸法、投资法、人权法等领域延伸，正在形成一项具有实质指导意义的法律原则。目前，可持续发展的概念不仅被众多的国际条约所纳入，而且已经被国际司法机构或准司法机构确认为一项基本原则，例如国际法院和 WTO 争端解决机制的判例所。③ 2012 年，联合国贸发会制定了《可持续发展的投资

---

① 何志鹏：《国际经济法治：全球变革与中国立场》，高等教育出版社 2015 年版，第150 页。

② 吴岚：《国际投资法视域下的东道国公共利益规则》，中国法制出版社 2014 年版，第144 页。

③ 国际法院的法官在一份判决中指出："可持续发展的原则是——现代国际法的组成部分，这不仅是因为其具有必然存在的逻辑，也在于全球已普遍、广泛地认可该原则。"参见Separate opinion of Vice-President Weeramantry in the Case concerning the Gabčíkovo-NAGYMAROS Project, Judgment, 25 September 1997, *ICJ Report* 1997, p. 88, at 95。

政策框架》①，呼吁各国秉持可持续发展原则制定和实施国内、国际投资政策。2016 年中国杭州 G20 峰会制定了《二十国集团全球投资指导原则》②。该原则明确规定"投资及对投资产生影响的政策应在国际、国内层面保持协调，以促进投资为宗旨，与可持续发展和包容性增长的目标相一致"③。可持续发展的目标被纳入了全球投资指导原则。这一原则为各国协调制定国内投资政策和签订对外投资协定提供了重要指导。

二　可持续发展被纳入国际投资条约的时代背景

（一）从新自由主义到嵌入式自由主义：国际投资法的范式转变

在国际投资法领域，不同的国际经济理论体系奠定了国际投资规则构建的主要模式。目前，双边投资条约（BIT）和区域性投资条约［包括自由贸易协定（FTA）中的投资章节］构成国际投资法的主要载体。④ 从 20 世纪 50 年代发展起来的 BIT，起初主要是作为资本输出国的发达国家用来保护本国海外投资者的工具。直到 20 世纪末，BIT 也主要是发达国家与作为资本输入国的发展中国家或不发达国家之间缔结的。在国际投资领域，新自由主义一直占据着主导地位。新自由主义是在古典自由主义思想的基础上建立起来的一个新的理论体系。这一理论体系自 20 世纪 70 年代以来在国际经济政策上扮演着越来越重要的角色，在苏联解体和经济全球化的过程中得到广泛接受。⑤ 新自由主义主张自由市场、自由贸易和不受限制的资本流动，主张将政府的开支、税

---

① UNCTAD, "World Investment Report 2012 – Towards a New Generation of Investment Policies", available at: https://unctad.org/en/PublicationsLibrary/wir2012overview_en.pdf. (Last visited April 21, 2018).

② 这是全球首个多边投资规则框架，填补了国际投资领域的空白，为下一步制定多边的国际投资协定奠定了基础。《人民日报》2016 年 9 月 7 日第 21 版。

③ 《二十国集团全球投资指导原则》第 5 条。

④ 本文所指的国际投资条约主要是指双边投资条约和区域性投资条约（包括自由贸易协定中的投资章节）。

⑤ 于同申：《20 世纪末新自由主义经济思潮的沉浮》，《中国人民大学学报》2003 年第 5 期。

赋最小化，同时将政府的管制最小化，并将政府对经济的直接干预最小化。直至现在，由于国际投资法的改革正在进行，出于多种原因，传统的 BIT 不可能在短期内得到更新甚至废止，其仍然是主要的国际投资法文件。新自由主义的思潮在国际投资法领域展现得淋漓尽致。BIT 在国民待遇、最惠国待遇、公平公正待遇、征收及其补偿标准、资本自由汇兑转移等方面的规定都体现了自由主义投资保护的思想。越来越多的 BIT 的调整范围已扩展到准入前阶段，强调外资准入前的自由化、透明度以及其他投资便利。愈来愈多的 BIT 纳入了投资者诉东道国争端解决条款，并且放弃国内救济的前置程序而允许投资者直接起诉东道国成为通行的做法。在数量不断增加的国际投资仲裁案件中，仲裁员倾向于保护投资者的利益。客观地说，新自由主义的经济理论推动了国际投资自由化的发展，促进了东道国的经济发展。然而，新自由主义片面强调投资自由化和对投资者私人权利的保护，由此导致的对东道国国内监管权的限制引发了国际社会对新自由主义的国际投资法范式的广泛讨论。

　　鉴于新自由主义经济理论本身所固有的缺陷，国际社会开始强调用平衡的方法来处理投资自由化和投资保护与东道国的监管权之间的紧张关系。以欧美国家为主导的国际投资缔约实践引领着国际投资法范式的转变。一种新的被称为"嵌入式自由主义"①② 的国际投资法范式正在成为主流。所谓"嵌入式自由主义"，简言之，是指具有国家干预性质的自由主义，由此而形成的多边国际经济机制则是指国家干预以确保国内经济稳定和社会安全的理念嵌入战后国际经济机制之中，从而使战后国际经济机制在主要具有自由主义的多边性质的同时又内含国家干预的成分，由此体现了共享社会目标。③ 由欧美国家所倡导的嵌入式国际投资法范式越来越得到包括众多发展中国家的普遍认可。新自由主义不再成为主导国际投资条约制定的支配性力量。发展中国家和发达国家都开

---

① 嵌入式自由主义（Embedded Liberalism）是约翰·鲁杰（John G. Ruggie）对二战后国际经济机制总体特征的描述。

② 舒建中：《"嵌入式自由主义"与战后多边国际经济机制的演进》，《世界经济与政治论坛》2008 年第 1 期。

③ 漆彤、余茜：《从新自由主义到嵌入式自由主义——论晚近国际投资法的范式转移》，《国际关系与国际法学刊》2014 年第 4 期。

始注重政府的规制权，重视投资者和东道国规制权之间的平衡。维护国家安全、保护劳工权利和环境保护的有关公共利益的条款被纳入越来越多的 BIT 和区域性自由贸易协定中。这些条款赋予了东道国较为灵活的自主规范外资活动的监管空间。

国际投资法从新自由主义到嵌入式自由主义的转变为在投资协定中纳入可持续发展目标提供了契机。可持续发展的目标需要国家、个人和非政府组织的共同努力才能实现。但国家在其中肩负着最主要的责任。新自由主义的国际投资法范式片面地强调投资者的权利而忽略了国家的监管权利，这种不平衡使得国家无法获得追求可持续发展所必要的空间和途径。嵌入式自由主义的国际投资法范式反映了国际社会对于投资自由化和投资管制之间关系的认识趋于理性化。嵌入式自由主义的国际投资法范式代替新自由主义的国际投资法范式推动了在国际投资协定中纳入可持续发展的目标。

(二) 从发展到可持续发展：国际投资法的新视野

国际投资最初由西方发达国家所主导，这些国家占据对外直接投资的绝大多数，国际投资条约主要在发达国家和发展中国家之间缔结。由于历史和现实的原因，在国际投资领域，长期存在发达国家与发展中国家之间在谈判地位、能力、谈判目标与效果、权利与利益等方面的不平等或不平衡现象。最初的投资协定本质上是第二次世界大战后产生的"南北矛盾"中发达资本输出国手中的一把利剑。其目的在于通过强化相关国际法原则和建立去政治化的投资者—东道国争端解决机制来保护资本输出国及其投资者的利益。先前的国际投资立法的焦点集中在南北关系上，表现在南北之间的对立和分歧。发达国家主张投资自由化和投资保护而发展中国家则试图在吸收外资的同时保留一定的对外资管控的权利，但现实却是发展中国家为了吸引外资以促进本国经济发展不得不放弃一定的对外资管控的权利。很长一段时间以来，对发展中国家来说，追求经济发展是缔结国际投资协定的最终目标。自 20 世纪 90 年代以来，国际投资格局发生了深刻的变化。联合国刚刚发布的《2018 世界投资报告》显示，发展中国家吸引了世界一半以上的投资流入量以及世界三分之一的投资流出量。发展中国家在国际投资尤其是对外直接投资中的崛起，意味着它们不再从资本输入国角度而开始从资本输入国的角度看待国际投资体制。包括美国和欧盟在内的发达经济体由于在仲裁案件中频繁被诉，也开始从考虑作为资本输入国的防御利益，而不仅仅是作为资本输出国的角度来重新思考 BIT。① 发达国家和发展中国家在国际投资中的身份混同使得国际投资协定的内容出现趋同化。国际社会，无论是发达国家还是发展中国家都开始更加关注投资者和东道国之间的权利和义务的平衡问题。国际投资条约制定的时代背景已经发生了显著的变化，立法的焦点已经从以前的"南北冲突"发展到了"公私冲突"，② 最初的投资条约所体现的发展中国家与发达国家的对立已经不再那么泾渭分明。

三　国际投资协定促进可持续发展的路径

在国际层面，把可持续发展的原则细化到各个具体的领域是国际法各个分支面临的一个迫切的任务。这也是国际投资法面临的一个挑战。当然，国际投资协定的宗旨是保护和促进投资。把促进可持续发展的任务完全交由国际投资协定来完成是不现实的。但是，投资协定应当支持或者至少不应成为实现可持续发展的障碍。现有的 BIT 中的一些实体规则和程序规则与可持续发展的目标相冲突，阻碍了可持续发展目标的实现。当务之急是以可持续发展的理念和目标对国际投资规则进行批判和解构。

(一) 国家规制权：为东道国实现可持续发展目标提供政策空间

在国际投资条约中，通过多种规则设置，东道国承担着对外资保护的义务。同时东道国还肩负着促进可持续发展的历史使命。回顾现有的国际投资缔约实践，我们可以看到现有的大量的 BIT 的许多规则并不是有助于促进可持续发展目标的实现。如何正确地处理投资保护和可持续

① 王露阳：《ISDS 中投资者与东道国权益平衡性探究——美国路径转变及对中国的启示》，《河北法学》2016 年第 12 期。

② 单文华：《从"南北矛盾"到"公私冲突"：卡尔沃主义的复苏与国际投资法的新视野》，《西安交通大学学报》(社会科学版) 2008 年第 4 期。

发展的关系？毫无疑问，在实现经济、社会和环境可持续发展的过程中，一国政府承担着最重要的角色。要处理好以上两者之间的关系最重要的是要平衡处理投资者权益保护和东道国管理外资的权利之间的关系。平衡投资者权利和东道国权利的关系是现代国际投资法的一个重要特征。其中蕴含的一个关系是投资保护和可持续发展的关系。① 如前所述，国际投资政策正在经历着从放任的新自由主义到嵌入式自由主义、从南北矛盾向公私冲突的根本性范式转变。这一范式的转变为在投资协定中促进可持续发展目标的实现提供了新的路径。作为回应，国际投资协定应以一种平衡的制度来纠正现有的国际投资协定的缺陷。在这样的背景下，国家规制权（the right to regulate）的概念被强化。之所以说这一概念被强化而不是说产生，是因为东道国管理外资的权利是东道国，作为一个主权国家，所固有的管理外资活动的权利，是国家经济主权的应有之义②。这一概念之所以被强调是因为在现有的国际投资条约中无论从规则的设定到仲裁机构对规则的解释都过多地保护投资者的利益而忽略了东道国对外资的合理的规制权，造成国际投资关系中最重要的一对关系，即投资者和东道国之间权利和义务关系失衡的状态。这是目前的国际投资法律制度受到众多批判的最重要的一个方面。③④ 另外，越来越多的国际投资协定赋予投资者直接利用投资者—东道国投资争端仲裁机制，穷尽东道国国内救济方式的前置条件逐渐被放弃，不仅众多的发展中国家被诉，美国等发达国家也频繁地成为被告，加上高昂的赔偿费用，这些因素都对国家规制权的行使产生了"寒蝉效应"，束缚了东道国为了实现可持续发展的目标而合理地行使对外资的规制权。2010

---

① Steffen Hindelang and Markus Krajfwski edited, *Shifting Paradigms in International Investment Law: More Balanced, Less Isolated, Increasing Diversified*, Oxford: Oxford University Press, 2016, p. 5.

② 联合国大会第 29 届会议通过的《各国经济权利与义务宪章》第 2 条第 2 款规定，各国有权根据本国的法律和条例，对境内的外国资本实行管辖和管理；有权对境内跨国公司的经营活动加以监督、管理；有权采取各种措施，以确保跨国公司的经营活动切实遵守本国的法律、条例和规章制度，符合本国的经济政策和社会政策。

③ Catgarine Titi, "*The Right to Regulate in International Investment Law*", Nomos and Hart Publishing, 2014, pp. 28, 33 –34.

④ Razeen Sappideen, Ling Ling He, "Dispute Resolution in Investment Treaties: Balancing the Rights of Investors and Host States", *49 Journal of World Trade 1*, 2015, pp. 85 –116.

年 8 月,全球 50 多名知名学者签署了一份声明,表达了对国际投资条约有损公共福利的担忧。声明认为,国际投资条约抑制了政府回应人的发展和环境可持续性关切的行动能力。① 为了纠偏这一失衡的关系,国家规制权的概念被提出来。可见,国家规制权并不是一个新产生的概念。

国家规制权这一概念在国际投资法的视野下具有特殊的含义。它是指允许东道国对外资的规制背离国际条约中承诺的对外资保护的义务而不对受到不利影响的外资赔偿的法律权利。② 规制权的概念在国际投资条约中正式得到确认开始于 20 世纪初的美式 BIT 中。2002 年美国国会通过的《贸易促进授权法案》,要求美国将维持投资者与东道国之间的平衡作为缔约的重要目标之一加以考虑。2004 年,规制权概念被明确地写入美国和加拿大的 BIT 范本③中。在这之后,更多国家的 BIT 范本中纳入了规制权的概念④。在最近几年缔结的国际投资协定中,规制权条款似乎成了"标配"。例如,2015 年 9 月欧盟委员会颁布的《跨大西洋贸易与投资伙伴关系协定》(TTIP)投资章草案将其主要挑战界定为达成投资者保护和保证欧盟及其成员国权利和公共利益进行规制能力的恰当平衡。在这些国际投资协定中,如何保障国家规制权的行使?太多的规制空间会损害国际义务的价值,太苛刻的义务又会过分限制国内规制的空间。如何找到一个以促进可持续发展为导向的平衡点是各国在缔

---

① "Public Statement on the International Investment regime", available at: https://www. osgoode. yorku. ca/public-statement-international-investment-regime – 31 – august – 2010. (last visited July 24, 2018).

② 根据投资者—东道国投资争端解决机制,仲裁庭虽无权要求废除东道国做出的不符合国际投资协定的立法、司法和行政决定,但可以裁定东道国因违反国际投资条约的义务给投资者造成的损失承担赔偿责任。

③ "Canada's New Model Foreign Investment Protection Agreement adopted in 2004" [EB/OL], available at: http://www. international. gc. ca/trade-agreements-accords-commerciaux/assets/pdfs/2004 – FIPA-model-en. pdf. (last visited May 26, 2018).

④ 例如,德国、哥伦比亚、印度、埃及、印度尼西亚 BIT 范本。在这些国家的 BIT 范本的修改中,增加规制的灵活性是共同的特征。欧盟在 2015 年的投资政策文件 "Investment in TTIP and beyond-the path for reform—Enhancing the right to regulate and moving from current ad hoc arbitration towards an Investment Court",强调规制权成为欧盟缔结的新的协定的组成部分,把规制权作为欧盟投资政策领域需要重点加强的部分。

结国际投资协定时面临的挑战。在新近缔结的国际投资协定中对规制权的规定不尽相同，但体现出趋同的趋势——增加规制空间，保持规制的灵活性。

1. 在国际投资条约的序言中明确提出规制权

回顾近年来的缔约实践，可以发现越来越多的在国际投资协定中明确地阐明可持续发展是协定的主要目标，明确地承认规制权。例如，《欧盟与加拿大全面经济贸易协定》（Comprehensive Economic and Trade Agreement between Canada and EU, CETA）①② 在序言中写道："承认本协定的规定，维护缔约方在其领土内的规制权以及为了合法的政策目标，例如公共健康、安全、环境、公共道德以及促进和保护文化的多样性，各缔约方的灵活性。"③ 欧盟在2015年提出的《跨大西洋贸易与投资伙伴协定》（Transatlantic Trade and Investment Partnership, TTIP）文本草案的投资一章中有着文字上完全相同的规定。印度的2015年BIT范本也在其序言中有着类似的规定："重申缔约方在其领土内根据其法律和政策对投资的规制权，包括改变投资条件的权利。"巴西在其2015年的投资合作和便利化协定范本的序言中直指规制权的本质："确保规制的自主权和政策空间。"虽然条约序言并不能创设有拘束力的条约义务，但是其阐明缔约的目的和目标，并提供缔约的相关背景，这些都有助于条约的解释。当发生投资争端时，仲裁庭有义务根据《维也纳条约法公约》的规定④参考缔约目标和背景来解释相关的投资保护规则，在东道国的政府规制权和私人财产保护之间寻求一个平衡。这类宣言式的条款越来越多地进入国际投资协定，除了在条约解释中能够起到一定

---

① 由于这个条约是欧盟自《里斯本条约》取得对外直接投资专属权能以来缔结的首部包含投资章节的自由贸易协定，被学者们视为了解欧盟新一代双边投资条约范本的窗口。

② August Reinisch, "Putting the Pieces Together…an EU Model BIT?", 15 *Journal of World Investment & Trade* 679, 2014, pp. 681 – 682.

③ "*Consolidated CETA Text*", published on 26 September 2014, available at: http://trade.ec.europa.eu/doclib/docs/2014/september/tradoc_152806.pdf. (last visited May 6, 2018).

④ Art. 31 (1) and (2) VCLT reads "1. A treaty shall be interpreted in good faith in accordance with the ordinary meaning to be given to the terms of the treaty in their context and in the light of its object and purpose. 2. The context for the purpose of the interpretation of a treaty shall comprise, in addition to the text, including its preamble and annexes: […]" (emphasis added).

的作用之外,因条约序言处于总领条约的地位,对条约的具体条款的制定也会有影响,从而,对缔约方的具体权利和义务都有指引作用。① 从这些范本中,我们也可以看到,规制权概念尽管是由发达国家首先倡导提出的,但发展中国家也开始注重政府的规制权,表现出对这一概念的共同接受。

2. 明晰投资者权利和国家规制权的界限

国际投资法律制度,经过多年的发展,已经就条约的核心内容——投资者的保护义务达成了共识,包括国民待遇、最惠国待遇、公平公正待遇、征收和补偿,对资金转移的限制等方面。但是,对于这些内容的具体规定方面,仍然存在着概念界定不清晰问题,造成投资者权益保护和国家规制权之间的边界模糊,从而导致许多国际投资争端。可持续发展的理念不仅应体现在国际投资协定的序言中,也要贯穿于条约的每一个条款的制定中。近年来,大多数的国际投资协定的实体性条款已经被重新拟定,以便明晰投资者权利和国家规制权的界限,更好地平衡两者的利益。CETA 在这一领域起着先锋的作用,特别是在与国家规制权紧密联系的公平公正待遇、间接征收等概念的界定上做出了创新,引领着国际投资法的改革,② 受到了学者们的关注③。这样的改革,为东道国行使规制权提供了明确的法律依据,使得条约的规定更具有可预见性,也有助于减少仲裁员的自由裁量,使得东道国在作出有关环境保护、劳工保护等与可持续发展有关的公共决策时不必担心有可能违反了公平公正待遇、间接征收的规定而畏手畏脚。

3. 通过保留和例外条款缩小东道国的义务范围

如前所述,传统的国际投资条约通过赋予投资者的各种权利的规定对东道国施加了种种义务。这些义务对东道国的规制权产生了一定的限制。许多国家的新的 BIT 范本以及最近的缔约实践都表明,东道国可以

---

① 韩秀丽:《中国海外投资的环境保护问题研究》,法律出版社 2013 年版,第 55 页。

② 石静霞、孙英哲:《国际投资协定新发展及中国借鉴——基于 CETA 投资章节的分析》,《国际法研究》2018 年第 2 期。

③ Caroline Henckels, "Protecting Regulatory Autonomy through Greater Precision in Investment Treaties: The TPP, CETA, and TTIP", *19 Journal of International Economic Law 1*, 2016, pp. 27 - 50.

通过保留和例外条款对这些义务做出限制，从而给予东道国更多的空间来实现公共政策的目标。国际投资条约中的保留和例外条款成为维护东道国利益的最后一道阀门。（1）保留。通过保留，可以限制公约的适用范围，例如可以排除某些产业适用公约。CETA 就明确规定视听或文化产业不在条约保护的范围。（2）例外条款。国际投资协定中的例外条款是指协定中关于某些情况下特定的规则不予适用或部分适用的规定，从而限定了国家加入国际协定后承担义务的程度。例外条款包括一般例外条款，如安全例外及具体条款的例外，如最惠国待遇的例外。CETA 规定了模仿 GATT1994 第 20 条那样的一般例外。这些规定相比序言中仅有宣示性意义的规制权的一般表述更具有确定的条约效力。相比国际贸易协定中的例外条款，国际投资协定中的例外条款是晚近才出现的现象，但例外条款正在成为国际投资条约的普遍实践。① 这主要是为了在投资者权利和东道国对外资的监管权利之间寻求平衡。通过这些保留和例外规定，对投资者的权利保护范围进行限制，为东道国促进可持续发展而采取的必要的管理措施提供了合法性。

（二）规定投资母国和投资者的义务

在国际投资法律关系中存在三个法律关系主体，即投资者、投资母国和东道国。传统的国际投资条约主要是通过规定投资者的权利和东道国的义务来促进投资，主要规范的是投资者和东道国之间的关系，较少涉及投资者的义务，更不用说要承担起进行负责任的投资的义务。这一部分的内容主要由各国的国内法来调整。在讨论可持续发展问题时，涉及很多还没有达成共识的问题，但有一点是可以确定的，即在追求可持续发展目标的征途中，尽管国家是最主要的责任承担者，但国家并不是唯一的行动主体，私人主体、非政府组织都是重要的参与者。在国际投资法领域，企业，特别是跨国公司作为国际投资的最主要的主体，都要承担相应的责任。② 遗憾的是，除了最近缔结的双边投资协定外，绝大

① 刘艳：《论发展权在国际投资协定中的实现》，武汉大学出版社 2016 年版，第 204 页。
② ［澳］戴维·金利：《全球化走向文明：人权和全球经济》，孙世彦译，中国政法大学出版社 2013 年版，第 163—187 页。

多数的国际投资协定对于外国投资者在其所投资的东道国应该承担的促进可持续发展的义务都保持了沉默。① 国际投资法，由 3000 多个国际投资条约为基础而构建的国际法机制，在很多方面遭到了很多的批评。其中一个方面就是国际投资条约为投资者创设了权利而没有施加义务。② 东道国国民，无论是个人还是社会群体在受到跨国投资者人权、环境等方面的侵害时，无法借助国际投资条约寻求国际法上的救济。

关于投资者促进可持续发展的义务方面，国际法的其他分支也存在一些固有的缺陷。国际法并没有规定一些有效的方法让那些侵犯环境保护、人权、劳工保护的投资者承担责任。例如，国际人权法就没有对投资者施加直接的义务，而是要求缔约国采取各种措施确保在其管辖范围内私人主体，包括投资者，不侵犯个人人权。被投资者或投资行为侵犯人权的受害者只能在东道国国内寻求救济。如果不能得到救济，只能到国际人权法庭去起诉东道国。

针对以上的问题，国际投资条约可以包含促进可持续和负责任投资(Sustainable and Responsible Investing)③④ 内容的专门条款，要求投资者承担相应的义务。例如，可以要求投资者遵守国际上普遍认可的企业社会责任的标准;⑤⑥ 规定投资者必须遵守东道国的法律，遵守国际上

---

① Gordon, K., J. Pohl and M. Bouchard. "*Investment Treaty Law, Sustainable Development and Responsible Business Conduct: A Fact Finding Survey*", OECD Working Papers on International Investment2014/01, OECD Publishing, 2014, p. 5, available at: http://dx.doi.org/10.1787/5jz0xvgx1zlt-en (last visited May 11, 2018).

② Marc Jacob, "*International Investment Agreement and Human Rights*", INEF Research Paper Series Human Rights, Corporate Responsibility and Sustainable Development, March, 2010, p. 21.

③ 可持续和负责任的投资，与此概念含义相近的概念是社会责任投资 (Socially Responsible Investing)。是指在追求投资财务回报的同时，结合社会、环境、伦理或道德、公司治理、人权等因素追求投资非财务回报，旨在利用投资促进经济和社会可持续发展的一种投资理念或投资方式。

④ 张庆麟主编:《公共利益视野下的国际投资协定新发展》，中国社会科学出版社 2014 年版，第 154 页。

⑤ Joshua Waleson, "Corporate Social Responsibility in EU Comprehensive Free Trade Agreements: Towards Sustainable Trade and Investment", *42 Legal Issues of Economic Integration 2*, 2015, pp. 143 – 174.

⑥ Van der Zee, "Eva. Incorporating the OECD Guidelines in International Investment Agreements: Turning a Soft Law Obligation into Hard Law?", *40 Legal Issues of Economic Integration 1*, 2013, pp. 33 – 72.

认可的国际人权标准和国际核心劳工标准等。① 伴随着对国际法性质和功能的认识的不断发展，国际条约已经突破了仅在国家之间创设权利和义务的传统模式，开始对私人主体创设义务和责任。② 在国际投资法领域，2007 年缔结的《东南非共同市场投资条约》就对投资者施加了各种义务，以在缔约国和投资者的权利和义务之间寻求一个平衡。③④ 许多资本来源地国家出于国际和国内各方面的压力，被要求其投资企业在国外承担起促进环境保护、保护劳工权益、抵制腐败等可持续发展的义务。但因对海外的投资者域外适用国内法会招致干涉别国主权，甚至是有新殖民主义的嫌疑，这一方法并不总是令人欢迎的。通过在国际投资协定中直接规定对投资者的义务则可以解决这一问题，并且为东道国和受害人在国际层面的救济提供了前提条件。目前，在国际投资协定中直接规定投资者责任的实践还处于初步尝试阶段。近年来，已有一些国际投资协定纳入了公司社会责任问题。对这一问题的重视实际上代表了国际投资条约新的发展方向。⑤

与东道国对投资者的规制相比，投资母国因对投资者的属人管辖，在促进可持续发展方面也可以发挥重要的作用。国际投资协定可以要求母国的国内法和国际法之间进行有效的衔接。母国可以要求海外投资者的活动与其条约中的促进可持续发展义务及国内法中有关的可持续发展政策相符。此外，东道国对投资者权利保护的规定可以补充为要求投资母国提供技术性援助、分享相关的信息以支持东道国建立一个透明的、

---

① Emily Hush, "Where No Man Has Gone before: The Future of Sustainable Development in the Comprehensive Economic and Trade Agreement and New Generation Free Trade Agreement", *43 Columbia Journal of Environmental Law 1*, pp. 157.

② 例如，《国际刑事法院罗马规约》规定了追究实施灭绝种族罪、危害人类罪、战争罪和侵略罪的国际犯罪的个人刑事责任。

③ 《东南非共同市场投资条约》第 11 条。

④ Peter Muchlinski, "The COMESA Common Investment Area: Substantive Standards and Problems in Dispute Settlement", *Soas School OF Law Legal Studies Research Paper Series*, Research Paper No. 11/2010, available at: https://www.soas.ac.uk/law/researchpapers (last visited August 10, 2018).

⑤ 例如，2011 年 4 月 6 日，欧洲议会通过一项决议呼吁在欧盟未来缔结的每一个包含投资章节的自由贸易协定中都要包含公司社会责任条款。参见 The European Parliament Adopted Its Resolution on the Future International Investment Policy, INI/2010/2203。

有效的对外资的规制，并可以辅之以建立东道国和投资母国之间长期合作的制度性安排。

(三) 改革投资者—东道国争端解决机制：实现可持续发展目标的程序性保障

缔结国际投资条约不仅要仔细斟酌与可持续发展有关的实体规则，也要精心设置程序规则，这样体现可持续发展的实体性规则才能得到正确的解释和适用，得到程序性保障。

赋予私人当事方在国际仲裁中就投资争端起诉一个主权国家被认为是一场国际法的"无声革命"，[①] 投资者和国家之间的争端解决方式在国际法中的这种独特性使它一直以来争议不断。虽然大多数的国际投资协定都有这方面的规定，但是差别很大，规定的具体程度、适用的性质、投资者使用的范围等规定都有所不同。[②] 随着 20 世纪 90 年代后国际投资自由化的迅猛发展，越来越多的国家接受美式 BIT 和《北美自由贸易协定》的立法模式，采纳了直通车性质的争端解决机制。这一类的投资条约没有为投资者将争议提交国际仲裁设置实质性的限制，使投资者不受约束地针对主权国家提起国际仲裁成为可能。可以说，现代国际投资条约已经使投资者获得了参与国际和国内交往的各类私方主体在国际贸易体制、国际人权体制和其他国际法律体制中无法获得的挑战国际公权力的权利。

在仲裁案件中，仲裁员如何解释国际投资规则，仅仅限于缔约方在投资条约中承诺的义务吗？还是裁判的理由还要基于更为广泛的涉及可持续发展的其他国际条约？根据《维也纳条约法公约》的规定，[③] 国际法庭和仲裁庭在适用或解释 BIT 或 FTA 时有义务考虑东道国在其他条约下所承担的义务，包括与环境保护、人权或者维护公共道德有关的国

---

① 〔尼泊尔〕苏里亚·P. 苏贝迪：《国际投资法：政策与原则的协调》，张磊译，法律出版社 2015 年版，第 26 页。

② David Gaukrodger and Kathryn Gordon. "Investor State Dispute Settlement: A Scoping Paper for the Investment Policy Community", OECD Working Paper on International Investment, No. 2012/3, (OECD Publishing, 2012), p. 64.

③ Art. 31 (3) (C) of the Vienna Convention on the law of Treaties, 1969.

际条约。这说明，国际投资法规范不应该在与其他国际规则相绝缘的情况下运行。国际常设仲裁院也认为：在解释 BIT 或 FTA 等条约的规定时，应当考虑国际法中任何相关的规则，包括在当事方之间可以被适用的一般国际习惯法。① 基于这样的认识，条约的解释者，包括仲裁员在解释国际投资条约时要考虑到所涉及的所有条约的规则和国际法原则、国际习惯法。遗憾的，在仲裁实践中，仲裁机构的解释限制了东道国制定有可能对投资者不利的政策的能力，这些政策很可能是保护环境、人权等的政策。仲裁员在解释投资条约时，并没有给予人权以及公民的其他权利相对于对投资者的保护义务的优先考虑。例如，当被告的东道国以履行对投资者的保护与其承担的公民人权保护义务相冲突作为辩护理由时，仲裁庭拒绝了优先考虑人权保护的主张。② 这意味着当东道国在考虑制定一项促进可持续发展的法律措施，而该法律措施很可能会损害投资者的利益时，东道国不得不履行对投资者的义务而不管这样做是否会使促进可持续发展的制度变得更没有效力。换言之，在目前国际投资法的争端解决谈判桌上，个人的权利（除去投资者）和公共利益被忽视。目前的国际投资仲裁机制在合法性、公信力等方面受到了来自各方的质疑。

在目前这种状况下，国际投资法律制度要引导和鼓励仲裁庭对国家在促进可持续发展方面给予更多的注意，为此要改革投资仲裁机制中制约可持续发展目标实现的因素。首先，在仲裁员的选任上要考虑公法的知识背景要求。例如，TTIP 投资章草案提出了应当利用投资法院取代临时仲裁。在法官的任职资格上明确要求法官应具备国际公法领域的知识。这是一个在国际公法框架下运行的国际投资仲裁机制的必然要求。③ 这实际上也是对投资者权益和东道国规制权之间失衡的纠偏。当

---

① *Saluka Investment BV（the Netherlands）v. the Czech Republic*, A Partial Award of 22 May 2006, para. 254.

② *Siemens A. G. v. The Argentine Republic*, ICSID case No. ARB/02/8, (Award, 6 Feb. 2007), at paras. 75, 79.

③ Stephan W. Schill, "The Public Law Challenge: Killing or Rethinking International Investment Law", *Columbia DFI Perspectives*, No. 58, New York: Vale Columbia Center on Sustainable International Investment, 2012.

评估一项涉及可持续发展的投资措施时，仲裁员仅仅具备国际投资法的知识显然是不够的。其次，要加强缔约国对投资协定解释权的控制。[1]当发生投资争端时，仲裁庭对投资协定的规定进行解释。在实践中，仲裁庭常被指责扩大解释或对相同或类似的规定作出不一致的裁决，造成东道国的规制权和私人权益保护之间失衡的状态。[2] 授权仲裁庭解决东道国和投资者之间的纠纷并不意味着割断缔约方与条约的关系。相反，根据国际法，缔约方有权对投资协定的含义作最终的解释。很遗憾的是，目前，在缔结的众多国际投资条约中，缔约方还没有充分地使用这一权利。在缔结国际投资协定时，可以成立由各个缔约方代表组成的投资协定委员会，负责监督投资协定的实施情况，特别是监督发生投资争议时仲裁庭审理案件的情况，包括仲裁庭对投资协定具体规定的解释，防止仲裁庭的解释违背了东道国合理管制外资的权利。如果委员会发现，不同的仲裁庭对某一个规定，例如公平公正待遇或者是间接征收的解释相互矛盾，就可以发布一个联合解释。根据《维也纳条约法公约》的规定[3]，仲裁庭有义务在解释投资条约时考虑到这一联合解释。此外，还可以在仲裁程序中建立一个"初步提交程序"，允许仲裁庭就条约的条款要求委员会作出权威性的解释，以此来作为裁定案件的基础。通过这些程序的设置来强化缔约方作为投资协定"监护者"的角色定位，防止投资协定中涉及公共利益的内容被错误地解释。另外，当国内的投资政策发生调整时，这一制度可以发挥"安全阀"的作用，减少或避免被众多的投资者所指控。

鉴于在国际投资条约中纳入可持续发展问题是一个新的尝试，对于双边投资条约中直接规定可持续发展问题的实体规则，例如劳工保护问题，是否适用一般的投资争端解决程序还处在探讨中。实践中，可参考自由贸易协定中对该问题的处理方式。主要有两种模式。一是较为温和的欧盟模式。欧盟在 2008 年以前，有关社会问题的争议只能由缔约方政府协商解决。新一代的贸易协定则规定，在政府协商后如果仍然得不

---

① August Reinisch and Lukas Stifter, "European Investment Policy and ISDS", p. 8. , available at: http://ssrn.com/abstract=2564018, (last visited August 19, 2018).

② 张生：《国际投资仲裁中的条约解释研究》，法律出版社 2016 年版，第 142—172 页。

③ Art. 31 (3) (A) of the Vienna Convention on the law of Treaties, 1969.

到解决，可以提交到专家小组。对于专家小组作出的最后的报告，缔约双方应该履行。劳工争议明确地被排除在条约一般性的争端解决程序外。[①] 贸易协定中的可持续发展章节没有规定可以对那些严重的系统性地违反有关的国际公约的情况进行制裁。例如，在实践中，加拿大通常采取缔结附属协议的方式，建立单独的劳工争议解决机制，以避免与贸易适用同一争端解决机制。[②] 二是激进的美国模式。贸易协定中的劳工、环境保护争议被纳入贸易协定中的一般争端解决机制，针对严重的系统性地违反贸易协定中规定的劳工保护和环境保护义务可以采取制裁（包括贸易制裁和金钱制裁）这一更为有效的威慑措施；引入个人申诉机制。相比以"制裁"为主要特征的美国模式，欧盟模式强调以积极鼓励的态度，通过政府间合作的方式，借助贸易工具来实现可持续发展的目标。这个模式较为灵活，适当地考虑到缔约对方的需求和能力，相比美国模式，更容易被缔约方所接受。

（四）对外资进行可持续性影响评估

传统上，许多国际投资协定仅调整外资准入后的权利义务关系。例如，长期以来，我国对外缔结的投资协定都限于投资保护、投资促进和投资便利化领域，尚未涉及投资自由化问题，也就是说这些投资协定都不包括市场准入问题。但随着投资自由化的深入发展，这一状况发生了变化。在 2013 年 7 月 12 日结束的第五轮中美战略与经济对话中，我国同意以准入前国民待遇和负面清单为基础与美国进行 BIT 谈判。这是我国第一次在 BIT 谈判中作出这样的立场。目前正在进行的中欧 BIT 谈判也改变了过去与欧洲国家缔结的 BIT 不涵盖准入前待遇的状况。外资获得准入前的国民待遇使得外资权利的范围扩大了，同时，外资在准入阶段也应该承担相应的义务。对外资进行可持续影响评估以作为允许外资进入的前提条件，不仅是投资者履行负责任投资的义务，也是东道国行使规制权的表现。对东道国来说，通过可持续影响评估有助于获得高质

---

① 2017 年 7 月，欧盟委员会发布了题为"欧盟自由贸易协定中的贸易与可持续发展章节"的文件，正式启动了对现有模式进行改革的讨论。以欧洲议会为代表的激进派主张贸易协定中的劳工、环境保护争议纳入贸易协定中的一般争端解决机制。

② 李西霞：《加拿大自由贸易协定劳工标准及其启示》，《河北法学》2018 年第 4 期。

量的投资，对投资者来说则可以为未来的投资成功奠定一个良好的基础。

资本的逐利性决定了外资并不必然与可持续发展的目标相一致。在国际投资协定中纳入对外资的可持续性影响评估是保证两者相互一致的重要途径，也是东道国履行可持续发展义务的重要工具。外资可持续性影响的评估主要分为环境影响评估、社会影响评估和人权影响评估。环境影响评估和社会影响评估已经较为成熟，人权影响评估则刚刚起步。目前，在投资协定中纳入可持续影响评估机制还很少见。环境影响评估已经出现在许多国家的立法中，也被许多国际条约和软法文件所提及。① 这说明各国已经承认，它可以成为实现可持续发展政策的有效工具。虽然在国际投资条约中还没有纳入环境评估的规定，但它已被纳入其他国际条约的实践表明这一方式可以被移植到国际投资条约中。如何对外资进行可持续影响评估是一项技术操作性非常强的工作，需要进一步探讨。

四 简要的结语：中国的立场

伴随着国际贸易和投资格局的发展变化，国际经贸投资规则正经历着重大的变革。以国际投资条约为载体的国际投资规则借此历史契机，从实体规则到投资争端解决机制程序性规则都正处在改革和重塑的进程中。在这一进程中，国际投资规则呈现出许多新的发展特点，其中一个特点就是国际投资规则逐渐摒弃了原有的偏重投资保护的理念，纳入可持续发展的目标，在提升对投资者利益保护的同时，注重环境、人权和社会利益的平衡保护。

在国际投资的缔约过程以及实践中，应该重视可持续发展这一目标的价值指引作用，国际投资法追求的目标，采取的手段都应着眼于可持

---

① 例如，欧盟的法律规定缔结一项国际投资协定需要作可持续性影响评估。2017 年 11 月，欧盟发布了《关于欧洲联盟与中华人民共和国投资协议的可持续性影响评估》（*Sustainability Impact Assessment in support of an Investment Agreement between the European Union and the People's Republic of China*），available at：www. trade-sia. com/china/wp-content/uploads/sites/9/2014/12/SIA-EU-China-Investment-Agreement-final-report. pdf（last visited July 1, 2018）。

续发展。国际社会在缔结国际投资协定时应体现可持续发展这一主旨，从序言到定义、从实体规则到程序规则、从核心投资规范到相关社会条款，都融入可持续发展的理念。在国际投资条约的具体规则实施的全过程中也应当充分重视可持续发展各个方面的规范与要求。无论是从国际投资条约的缔结和实施层面，都应增加可持续发展在国际投资条约中的考量。如前文所述，国际投资条约中的许多规定虽不能直接促进可持续发展，其规定却可能会严重制约可持续发展目标的实现。因此，国际投资条约要从制度设计上消除不利于可持续发展目标实现的各种因素。修改目前的国际投资条约的某些具体规定以增加政府规制外资的空间以及增加可持续影响评估程序、对投资者施加保护环境、保护劳工权利、禁止贿赂等义务是值得探索的路径。当然，这些修改和变革是否能真正产生积极的效果还有待进一步的观察。总体的方向是实现投资者、东道国、投资母国的权利和义务的平衡，通过平衡来实现可持续发展的目标。

如今，国际投资格局已经发生了重大的变化，中国不仅是引资大国，同时也已成为对外投资大国，保持着世界第二大对外投资国的地位。这种身份的变化决定了我国在国际投资缔约中立场的转变。我国的对外开放不仅需要外国投资，更需要可持续发展友好型的高质量的投资。我国应秉持"可持续发展""人类命运共同体"理念，以东道国和投资母国的双重身份来谈判具体的投资规则，寻求东道国对外资的合理规制与维护投资者利益之间的适当平衡，从而兼顾利用外资和保护外资的需要。

随着中国经济实力和综合国力的提升，中国参与国际经济秩序重构的内在要求日益强烈。目前，全球主要经济体正在为克服国际投资碎片化，引领国际投资保护标准的走向，并最终形成有利于自己竞争的国家投资法律框架而积极进行投资协定谈判。2016 年 1 月 1 日，联合国《2030 年可持续发展议程》正式生效。我国高度重视落实 2030 年可持续发展议程，率先发布了国别方案和进展报告。我国作为全球投资大国和对全球可持续发展有重大影响的国家，应该抓住国际投资规则变革与重塑的历史机遇，更加积极主动地参与投资与可持续发展规则的制定，对既有的国际投资法律制度进行主动塑造，将可持续发展的理念嵌入国际投资条约的缔结中并真正履行这些体现可持续发展理念的规则，从而在新型国际经贸秩序建设中发挥积极作用。当然，需要注意的是，要做到既顺应世界可持续发展规则的大势，又不能作出超越我国社会经济发展水平和自身能力的承诺。

从欧盟难民配额案看难民潮背景下的
责任分担原则
Principle of Burden and Responsibility-Sharing in
Refugee Protection in Mass Influx Situations

兰　花[*]

摘要：欧盟为应对日益涌入的难民潮，通过了难民分摊安置的决定，将希腊、意大利境内的难民以配额的方式在各缔约国内分流安置。这一强制性的分摊计划遭到匈牙利与斯洛伐克的反对。欧盟难民配额案就是两国通过司法途径反对难民分流安置决定的措施。该案引发了一个问题，即在寻求避难的人数短期内数量激增构成难民潮的背景下，国家的权利义务该如何平衡。具体而言，面对难民潮，国家是否有接纳安置的责任，这种责任引发的成本该如何负担。本文结合欧盟难民配额案和联合国 2018 年《难民问题全球契约》，探讨国家在应对大规模难民潮问题时是否存在责任分担原则，通过对其必要性、法律基础和以往实践等方面的分析，认为责任分担原则虽然有重要意义，但是远未成为一项法律义务。

关键词：欧盟难民配额案；《难民问题全球契约》；责任分担原则

Abstract：European Union adopted Council Decision on provisional measures in the area of international protection for the benefit of Italy,

---

　* 兰花，副教授，中国政法大学国际法学院。本文系"构建气候治理的人类命运共同体的国际法研究，教育部人文社科一般项目（项目号 18YJA820007）"的阶段性成果。

Greece, in order to enable them to deal in an effective manner with the significant inflow of third country nationals in their territories, putting their asylum systems under strain. However, the Council Decision was against by Hungary and Slovak, who filed claims in Court of Justice of EU. The EU Council Decision and the disputes caused many impacts on the society and refugee issues among member states of EU, including the focus and discussions on what kinds of rights and responsibilities that states shall take under the mass influx situations. The recent adopted global compact on refugees by UN Assembly in 2018 recognized the principle of burden-and responsibility sharing. It is an important progress for the refugee protection, however it can not be regarded as a reflection of the legal rule.

Key words: European Refugee Quota Disputes; Global Compact on Refugees; Burden and Responsibility-Sharing

随着中东危机的不断升级，2015 年来自利比亚、叙利亚等国的大量难民通过横渡地中海等方式持续登陆希腊和意大利，以期获得欧盟的保护。短期内激增的外来寻求避难的人潮，构成了难民潮。依据 1951年《难民地位公约》① 和 1967 年《难民地位附加议定书》可知，难民潮中的人们，由两类人员组成，一类是符合公约定义的，可以获得国际保护的严格意义上的难民；另一类是因为战争和内乱等而受到冲击的流离失所者，这些人员并不是《难民地位公约》和《难民地位附件议定书》意义上的难民，但是随着国际社会的发展，这些人员可能得到人道主义方面的临时安置或庇护。

欧盟认识到了这一移民潮的特殊性和难民问题引发的危机，呼吁各国采用团结一致的措施来帮助在这场难民潮中首当其冲的成员国，并在欧盟范围内以决定的方式制定了难民分流安置方案，在各成员国摊派需要安置的难民配额。欧盟理事会通过的这一决定遭到了匈牙利、

---

① 《关于难民地位的公约》，按照联合国大会 1950 年 12 月 14 日第 429（Ⅴ）号决议召开的联合国难民和无国籍人地位全权代表会议于 1951 年 7 月 28 日通过。

斯洛伐克、波兰等东欧成员国的反对，并引发了数起涉及难民分流安置决议合法性的争端。欧洲法院的裁决虽然维护了欧盟理事会难民分流安置决议的合法性和正当性，有助于推动欧盟境内的难民安置措施的实施，但是并未解决由难民问题引发的危机。事实上，匈牙利、波兰、斯洛伐克持续抵制欧盟的难民分流安置决议，反对此类责任的分担。在难民潮引发的日益严重的多方面的危机背景下，意大利、西班牙等对难民持宽松态度的国家也因为现实和政治压力，对难民的接纳和人道主义协助转持严厉甚至拒绝的态度。因此，我们有必要探讨难民潮背景下国家在应对或接收难民时的权利与义务，探析是否存在公平分担的原则。

一 欧盟难民配额案

（一）欧盟难民配额案的背景

2015 年 9 月 9 日，欧盟委员会依据《里斯本条约》第 78 条第 3 款，向欧盟部长理事会提议制定临时措施，以便将希腊、意大利、匈牙利收容的大量难民以配额的方式分流安置到其他的成员国。由于匈牙利拒绝被认定为"首当其冲的成员国"，因此该建议最终将匈牙利从这类成员国中删去。匈牙利也不想分摊那些难民的安置任务。

2015 年 9 月 22 日，欧盟成员国内政部长在布鲁塞尔举行紧急会议，以多数表决的方式，以决定的形式，通过了分流和转移安置意大利、希腊等国境内 12 万外来难民的方案。[①] 根据这一难民转移安置方案，欧盟成员国在两年内转移安置 12 万名目前入境意大利、希腊等国的难民。各成员国的难民"配额"将依照其经济规模、人口数量、以往接受难民的人数、失业率等多项指标进行计算。成员国如拒绝执行难民"配额"，将以该国国民生产总值 0.002% 的比例征收经济罚款。除了英国和爱尔兰之外，该方案对所有成员国具有强制效力。[②]

---

① Council Decision (EU) 2015/1601 of 22 September 2015 establishing provisional measures in the area of international protection for the benefit of Italy and Greece (OJ 2015 L 248), p. 80.

② 爱尔兰随后表示愿意加入这一难民分摊方案，分担接收难民的压力。

捷克、匈牙利、罗马尼亚和斯洛伐克四个东欧国家公开表示了对这项计划的强烈不满，在表决时也投了反对票。匈牙利和斯洛伐克还在事实上拒绝接收难民，并且在法律上采取措施表示反对。2015 年 12 月 2 日和 12 月 3 日，斯洛伐克和匈牙利先后向欧洲法院递交了诉状，反对欧盟按照配额强制分摊移民，请求欧洲法院宣布欧洲部长理事会作出的 2015/1601 号关于分流希腊和意大利境内难民的决定无效。

2016 年 4 月 29 日，比利时、德国、希腊、法国、意大利、瑞典和欧盟委员会作为第三方，参与诉讼程序，支持被告方部长理事会通过难民分流安置决定；波兰则作为第三方，支持原告方。

(二) 当事方的主张与法律争议

起诉方，斯洛伐克和匈牙利在各自提交的案件中提出的主张总体上差不多。斯洛伐克①请求欧洲法院宣告争议的欧洲难民分流安置决定无效。匈牙利②也是请求欧洲法院宣告争议的难民分流安置决定无效，如果不能宣告整个决定无效，作为替代的主张是请求欧洲法院宣告欧盟难民分流安置决定中涉及匈牙利的内容无效。

斯洛伐克和匈牙利的主要理由从实质到程序上主要如下：（1）争议的难民分流安置决定，作为一项以非立法方式通过的文件，实质上影响了欧盟关于庇护的都柏林规则；（2）争议的难民分流安置决定不能以第 78 条为法律依据，该措施实施期限是 2 年，不属于《里斯本条约》第 78 条第 3 款意义上的临时措施，也不属于紧急措施；（3）争议的难民分流安置决定不必要，也不符合相称性等原则的要求；（4）争议的难民分流安置决定其制定和通过的程序不符合《里斯本条约》的规定，应该由欧盟委员会对提案进行修改，而且缔约国议会提出意见的权利没有得到尊重。

被告方部长理事会围绕《里斯本条约》第 78 条，认定其制定通过的难民分流安置决定符合该条的规定，是临时性的紧急措施。

本案原告方和被告方围绕《里斯本条约》第 78 条关于难民政策和

---

① Case C – 643/15.

② Case C – 647/15.

措施的争议是法律分析的重心。《里斯本条约》第78条规定了欧盟的难民政策由三款组成①。其中第1款主要规定了欧盟各成员国制定共同难民政策，对来自第三国寻求欧盟国际保护的个人给予临时的补充性的保护，并遵守不退回原则。这些政策要符合1951年《难民地位公约》和1967年《难民地位议定书》和其他相关条约规定。② 第2款则规定了欧盟议会和部长理事会依据相应的立法程序，采取措施制定欧盟共同难民体系，并列明了这一共同难民体系应该包括的7项内容。③ 第3款规定，当某个或某几个成员国因为来自第三国国民的大量涌入而产生紧急状态时，部长理事会在欧盟委员会的提议下，并经与欧洲议会咨商后，有权制定临时措施以保障所涉成员国的利益。④

（三）法院的裁决与启示

2017年9月6日，欧洲法院作出裁决，认定欧盟2015年9月通过的难民分流安置决定合法。难民分流安置决定无须成员国议会的批准，也无须欧盟理事会采取全体一致的方式制定，欧盟有权对危机形势

---

① Article 78 (ex Articles 63, points 1 and 2, and 64 (2) TEC).

② 1. The Union shall develop a common policy on asylum, subsidiary protection and temporary protection with a view to offering appropriate status to any third-country national requiring international protection and ensuring compliance with the principle of non-refoulement. This policy must be in accordance with the Geneva Convention of 28 July 1951 and the Protocol of 31 January 1967 relating to the status of refugees, and other relevant treaties.

③ 2. For the purposes of paragraph 1, the European Parliament and the Council, acting in accordance with the ordinary legislative procedure, shall adopt measures for a common European asylum system comprising: (a) a uniform status of asylum for nationals of third countries, valid throughout the Union; (b) a uniform status of subsidiary protection for nationals of third countries who, without obtaining European asylum, are in need of international protection; (c) a common system of temporary protection for displaced persons in the event of a massive inflow; (d) common procedures for the granting and withdrawing of uniform asylum or subsidiary protection status; (e) criteria and mechanisms for determining which Member State is responsible for considering an application for asylum or subsidiary protection; (f) standards concerning the conditions for the reception of applicants for asylum or subsidiary protection; (g) partnership and cooperation with third countries for the purpose of managing inflows of people applying for asylum or subsidiary or temporary protection.

④ 3. In the event of one or more Member States being confronted by an emergency situation characterised by a sudden inflow of nationals of third countries, the Council, on a proposal from the Commission, may adopt provisional measures for the benefit of the Member State (s) concerned. It shall act after consulting the European Parliament.

"进行有效和快速处理"，因此驳回匈牙利和斯洛伐克关于强制性难民分流安置决定违反《里斯本条约》第78条等相关条款，从而构成非法决定需要予以废除的相关主张。[①]

欧洲法院的裁决确认了欧盟理事会在应对难民潮时，依据《里斯本条约》第78条制定临时性安排措施的合法性和正当性，也确认了本案所涉的争议决议——在成员国之间分流难民并强制性地分摊难民安置的负担具有正当性。事实上，自从1995年欧洲议会发布《关于流离失所者收容问题进行责任分担的决议书》以来，欧盟境内对包括难民在内的流离失所者进行责任分担就已经成为欧盟成员国应当承担的义务。

这一围绕欧盟难民分流安置决定引发的争议，在政治、法律和社会等多方面具有影响。在难民问题上，各成员之间，尤其是相关匈牙利、斯洛伐克、波兰等东欧成员国与德国、法国等西欧创始成员之间在政治氛围、合作意愿、互信基础等方面难以维护到难民危机之前。由于波兰、匈牙利、捷克三国拒绝按照欧盟理事会的难民分流安置决定，接收各自配额范围内的难民，欧盟委员会2017年6月决定就难民配额问题对这三国启动违规程序，先后向三国发送了"正式通知函"和"有理由的意见"，并依据流程于2017年12月7日决定向欧洲法院提出起诉三国。这进一步加剧了不同缔约国之间围绕难民问题引发的分歧。在难民人数激增的背景下，已经接收大量人员的意大利和希腊等国对非法移民不断加强防控，持续收紧难民政策，对待难民问题的态度渐趋强硬，理由是捍卫边境、保护国家安全、维护国家和人民的利益。西班牙政府最初对于难民问题持宽松态度，对前来寻求保护的入境者采取人道主义态度，这一态度和措施起初受到了国内舆论的支持，但是随着难民人数的增长，不仅其政策受到的舆论压力和现实困难日益增大，西班牙政府对于难民问题的态度也趋于转向。

因此，有必要探讨和分析，在寻求避难人数激增构成大规模难民潮的背景下，国家有什么样的权利和义务——是否有权利关闭边境、拒绝难民入境，抑或有义务采取临时性措施、接收和安置难民？如果是后

---

① Cases C－643/15 and C－647/15, Slovak Republic, Hungary v Council of the European Union.

者，接收国是否有权利获得经济补偿，以分担其接收成本？

二 《难民问题全球契约》和责任分担的规定

大规模难民潮产生的主要原因往往是相关国家发生了战争、武装冲突或大规模侵犯人权等情形并引发了民众外出寻求避难。据联合国难民署 2013 年的报告，世界前十名寻求庇护者的来源国当中，有八个在近年发生了战争、冲突或者大规模人权侵害事件。难民潮中涌入的人们基本上可以分为两类，一类是符合 1951 年《难民公约》和 1967 年《难民地位附加议定书》定义的严格意义上的难民；另一类是由于武装、动乱或其他不利影响而逃离本国的个人，这不属于严格的法律标准下的难民，但属于舆论和媒体报道意义上的难民，可以表述为国际上的流离失所者。本文语境下的难民表示相对宽泛的含义，包括上述两类人员。自 2015 年大量难民涌入欧洲引发了难民危机后，以联合国为主导的国际社会加大了关注的程度和资源，陆续制定和通过了《关于难民和移民的纽约宣言》① 《难民问题全球契约》② 等文件。这些文件虽然没有法律约束力，但是有极高的政治意愿，并提出或确认了解决问题的一些创新做法与安排，比如难民问题全球论坛，更加公平地分担难民保护的责任等。

(一)《难民问题全球契约》的制定背景

据联合国最新统计，全球有超过 6500 万难民，另有 2.44 亿移民。自二战以来最大的难民潮不仅困扰中东等战乱冲突国家和地区，也给欧美诸国带来一系列政治、安全和社会问题。《难民问题全球契约》的内容源自 2016 年被联合国 193 个成员国一致通过的《关于难民和移民的纽约宣言》。《关于难民和移民的纽约宣言》是 2016 年联合国大会期间，解决难民和移民大规模流动问题的高级别会议（简称"难民和移民问题峰会"）的成果。作为联合国历史上首次召开的应对难民和移民问

---

① New York Declaration for Refugees and Migrants, 3 October 2016, UN Doc A/RES/71/1.

② Global Compact on Refugees, UN Doc A/73/12 (Part II).

题的国家元首和政府首脑级别的高端峰会的成果，《关于难民和移民的纽约宣言》列举了世界各国应对难民和移民问题作出的一系列承诺，设立难民问题全面响应框架，规定接收和接纳难民等措施，并争取在2018年通过一项难民问题全球契约。该文件的通过展现了各国在全球范围内拯救生命、保护权利和分担责任的政治意愿。

根据《关于难民和移民的纽约宣言》所载的难民问题全面响应框架，联合国难民事务高级专员的任务是与各国和其他利益攸关方协商，制定并提交新的《难民问题全球契约》。联合国难民事务高级专员于2017年主持召开了一系列专题讨论和会议，并于2018年2月至7月就《难民问题全球契约》的各草案进行正式磋商。作为2016年《关于难民和移民的纽约宣言》后续行动的一部分，难民事务高级专员在其2018年提交联合国大会的年度报告中提交了《难民问题全球契约》的最终草案，供大会表决通过。

《难民问题全球契约》最新通过了一份具有重大前瞻性和实际意义的国际法文件①。这份决议于2018年12月17日由第73届联合国大会通过，旨在改善难民管理，以期帮助各国更好地应对大规模的流离失所的难民和难民危机。作为联合国的决议，虽然《难民问题全球契约》没有法律约束力，但是由181个国家通过的这份文件②，是联合国关于难民问题的最新的系统性文件，也是一项重要的决定，展示了各国在难民问题上的最新态度、合作意愿和规则趋势。正如联合国难民事务高级专员菲利波·格兰迪强调："没有一个国家面对大规模的难民潮可以独善其身。"对于大规模的难民潮，《难民问题全球契约》表明各国应该通力合作，并且以现有的国际法规则为基础，进行合作，分担相关的责任。

（二）《难民问题全球契约》的法律依据和主要内容

《难民问题全球契约》旨在加强国际社会对大规模难民流动和旷日

---

① 《关于难民和移民的纽约宣言》，A/71/L. 1/70.1，2016。

② 联合国表决通过《难民问题全球契约》时，181个成员国赞成，2个国家反对（美国和匈牙利），3个国家弃权（多米尼加、厄立特里亚和利比亚）。匈牙利称，联合国不需要一个新的法律工具。美国政府虽然表示支持《难民问题全球契约》的大部分内容，但是反对其中的一些条文，比如限制对寻求庇护人员的拘押等。

持久的难民局势的反应。它立足于不推回原则（Principle of Non-refoulement）为核心的国际难民保护制度，以现有国际法律和标准为基础，以更好地定义合作以分担责任。现有的国际法律和标准主要体现在难民保护的国际公约、区域文件和响应的人权条约。1951 年《难民公约》和1967 年《难民地位附加议定书》明确规定了难民保护的核心原则——不推回原则，即不得把难民推回到其生命会因为其种族、宗教、社会团体等原因而遭受威胁的领土范围。相关区域保护难民协定和实践主要是1969 年《非统组织关于非洲难民问题某些特定方面的公约》、1984 年《卡塔赫纳难民宣言》、1966 年《关于难民地位和待遇的曼谷原则》和《欧洲联盟运作条约》第 78 条，以及《欧洲联盟基本权利宪章》第 18条。相关的人权文件和条约也为难民保护和人道主义救助提供了法律基础，比如，《世界人权宣言》①《维也纳宣言和行动纲领》《儿童权利公约》《禁止酷刑公约》《消除一切形式种族歧视国际公约》（联合国，《条约汇编》，第 660 卷，第 9464 号）、《公民权利和政治权利国际公约》《经济、社会及文化权利国际公约》《消除对妇女一切形式歧视公约》《残疾人权利公约》等。

《难民问题全球契约》的主要目标体现为相互联系和相互依存的四方面：（1）减轻对收容国的压力；（2）加强难民自力更生能力；（3）扩大通过第三国解决难民问题的途径；（4）支持难民安全有尊严地返回原籍国。②《难民问题全球契约》的内容由四个部分组成，分别是导言（规定制定背景、指导原则、主要目标、预防与解决根本原因）、难民问题全面响应框架、行动纲领（负担和责任分担的安排、需要支助的领域）、后续行动和审查。

（三）《难民问题全球契约》关于责任分担的规定

接收和收容（往往是长期收容）难民的国家利用本国有限的资源为集体利益做出巨大贡献，实际上也为人道主义事业做出了巨大贡献。这些国家做出响应和贡献，亟须得到整个国际社会的切实支持。因此，

---

① 《世界人权宣言》，UN Doc，A/RES/3/217 A. 该宣言第十四条明确规定了寻求庇护权。
② 《难民问题全球契约》，UN Doc，A/RES/73/151。

国际社会意识到需要在全球、区域或国家层面采取相辅相成的行动，以更加公平和可预测的方式与收容国分担负担和责任，这包括为寻求解决办法提供支助、酌情向来源国提供援助。

《难民问题全球契约》确认了责任分担这一理念，并列明了责任分担的方式和途径。《难民问题全球契约》的第三部分（行动纲领），列明了责任分担的原则和安排，鼓励各国采取不同形式在难民问题全球论坛上做出承诺和捐款，包括资金、物资和技术援助，重新安置名额和第三国接纳难民的辅助途径，以及各国选择在国家层面为支持全球契约的各项目标而采取的其他行动。《难民问题全球契约》第三部分还对可做出承诺和捐款的领域做了非常详尽的指南。这种分担和资助安排也是具体落实 2016 年《关于难民和移民的纽约宣言》"对援救、接纳和收容大量难民和移民的国家提供资助"这一政治承诺。

三 国家应对难民潮的责任分担原则分析

责任分担原则是指难民潮背景下，国家对于难民和寻求庇护的流离失所者进行暂时接收和安置的成本应该以更公平的方式予以分担。这一概念虽然在国际层面的广泛确认是不久前联大通过的《难民问题全球契约》这一官方文件，但是关于这个原则有其存在的明确的法律依据和显示必要性，其理论分析和区域实践也有二十年的历程，尽管我们也必须承认这一原则目前还主要是应然状态的原则，而不是实在法上的义务。

(一) 国家应对难民潮时进行责任分担的必要性

"难民潮"给接收国带来了环境、社会和政治、国家区域甚至国际安全等多方面的压力。在环境上，迅速的人口涌入使得土地、能源、水资源、食物和住所需求迅速增加，带来严重的环境失衡，进而直接或间接影响到生态系统的平衡[①]。在社会和政治层面，当流离

---

① UNHCR, International Solidarity and Burden Sharing in All its Aspects: National, Regional and International Responsibilities for Refugees, A/AC. 96/904, 1998.

失所者是来自与本地人口不同的文化、种族、宗教或语言群体的人口时，往往会使得社会关系紧张。① 在安全层面，当流离失所人口相较于本地人口比例过高时，极可能引起境内安全问题，同样，由于难民营的政治化和军事化问题，使得区域安全甚至国际和平也受到影响。② 在 20 世纪 90 年代的伊拉克冲突产生的难民潮事件中，联合国安理会发布的决议就表明，难民潮对地区安全和世界和平带来的威胁③。

此外，随着难民潮前往周边国家避难的人们，大多数都停留在自身面临经济和发展挑战的低收入和中等收入国家。尽管难民潮的接收国（或称收容国）基于主观或客观的原因，对临时涌入的人群一般会予以接收和临时安置，但是临时安置的成本和其他配套措施的压力往往超出接收国的能力，构成难以承受的压力。

难民潮的来源国国内动乱、战争、大规模侵犯人权等情势如果久拖不决，导致人们无法及时返回家园，则更会加大接受国（收容国）的压力，带来过分的负担。事实上，引发难民潮的情势一般都难以迅速解决，无论是南斯拉夫社会主义联邦解体，还是近年来发生的利比亚乱局，抑或是叙利亚危机，都是久拖不决，引发了大规模的难民潮，给国际社会尤其是邻近国家带来了非常大的压力。过分的压力和负担，如果没有足够的支持和资助，会给这些难民和流离失所者的生存状况甚至生命和健康带来严重的不利影响。因此，国家之间在考虑到各自能力和资源水平的基础上，有必要更为公平地分担在接收、安置和支助全球难民方面的负担和责任。

（二）国家应对难民潮的责任分担原则的法律基础

国际合作原则是国家应对难民潮时责任分担原则的法律依据，也是难民接收国寻求其他国家和国际组织帮助的基础。根据 1951 年《难民地位公约》序言第四段，"庇护权的给予可能使某些国家负担过重的负

① UNHCR, International Solidarity and Burden Sharing in All its Aspects: National, Regional and International Responsibilities for Refugees, A/AC. 96/904, 1998.

② Ibid.

③ UN Resolution 688 (1991) on Iraq; UN G. A. Resolution 687.

担，因此，没有国际合作就不能满意地解决难民局势”①。《非洲统一组织关于难民问题公约》中的第 2 条不仅明确规定了国际合作原则的重要性，并且以此为依据，提出了公平分担这一概念，“如果某成员国对难民继续提供保护遇有困难，该成员可以通过非洲统一组织向其他成员国进行求助，本着维护非洲安定和国际合作的精神，其他成员国有义务减轻接收国的负担”②。

2018 年年底通过《难民问题全球契约》，其作为联合国就难民问题最新的具有重大前瞻性和实际意义的国际法文件③，不仅在导言着重强调了国际合作对于难民问题解决的重要意义，而且在第二部分和第三部分提出了一些具有操作性的实施方法，将国际合作原则转化为实际行动，更好地促进难民问题的解决。《难民问题全球契约》的导言明确指出“必须把这项长期原则转化为具体的实际行动，包括在曾经收容难民或通过其他手段为解决难民问题作出贡献的国家之外，进一步扩大资助的基础”④。《难民问题全球契约》第三部分提出了国际合作和责任分担的途径和安排，比如“筹资和切实有效地利用资源”，包括进行人道主义援助、发挥私营部门的贡献⑤，以及“多利益攸关方和伙伴关系方法”，通过联合国系统、地方当局、民间社会组织等合作解决难民问题⑥。

（三）国家应对难民潮的责任分担原则的实践

《难民问题全球契约》之前，责任分担的概念经历了二十多年的发展过程。1995 年欧洲议会就发布了《关于流离失所者收容问题进行责任分担的决议书》⑦，倡导难民和流离失所者问题的责任分担。这一原

---

① 《关于难民地位的公约》（按照联合国大会 1950 年 12 月 14 日第 429（Ⅴ）号决议召开的联合国难民和无国籍人地位全权代表会议于 1951 年 7 月 28 日通过），序言部分。

② OAU Convention Governing the Specific Aspects of Refugee Problems, 1969, article 2.

③ 《关于难民和移民的纽约宣言》，A/71/L.1/70.1，2016。

④ 《难民问题全球契约》，A/73/12（Part II），2018，导言。

⑤ 《难民问题全球契约》，A/73/12（Part II），3.1。

⑥ 《难民问题全球契约》，A/73/12（Part II），3.2。

⑦ The Council Resolution on Burden-Sharing with Regard to the Admission and Residence of Displaced Persons, Adopted by the European Union of Ministers of Justice and Home Affairs on 25 September 1995.

则也被联合国难民署的多个文件加以强调。联合国难民署在 1995 年第77 号总结中，"号召各国坚持与难民接收国保持团结，遵守公平分担原则，特别是对于那些资源匮乏，在政治上或以其他无形的方式帮助其提高自身的能力以遵守难民公约"①。

欧洲的区域实践为责任分担原则的适用提供了宝贵的经验。除了近年来因为中东北非乱局引发了 2015 年欧盟难民危机，并引发匈牙利、斯洛伐克和波兰抗议的难民分流安置决定外，还有早期应对南斯拉夫社会主义联邦共和国解体期间的难民潮而采取的临时保护政策。此外，马其顿应对 1999 年科索沃难民潮时，一方面关闭边境，另一方面也提出了责任分担要求。

在 20 世纪 90 年代的南斯拉夫"难民潮"发生后，欧洲大多数国家采取的是积极的应对方式，例如匈牙利、奥地利和意大利作为地理位置上直接接近难民来源国的国家，接纳了大量的难民人口②，随后，瑞典、瑞士以及德国同样开始接收难民，这些国家取消了对南斯拉夫人口的入境签证要求，而以暂时性准入取而代之（provisional admission）。③尽管随着战争的扩大，这些国家对难民准入采取了趋于严格的措施，但并未全部关闭边境。面对"难民潮"的压力，欧洲国家提出并实行了临时保护政策（temporary protection），即为来自非欧洲国家暂时无法回国的流离失所人口提供的具有即时性和暂时性保护的特殊政策。④临时保护措施，避开了过程烦琐、成本高昂的难民甄别认定程序，得以减缓在短时间内迅速应对和收容大量人口进入的压力。

20 世纪 90 年代末，南斯拉夫联盟境内的科索沃地区要求分离并独立，这引发了米洛舍维奇领导的南斯拉夫联盟和科索沃阿尔巴尼亚族分

---

① UNHCR, Conclusions Adopted by the Executive Committee on International Protection of Refugees, No. 77, 1995.

② Michael Barutciski, States and the Refugee Crisis in the Former the Yugoslavia, Refuge, Vol. 14, No. 3 (June-July 1994).

③ Michael Barutciski, States and the Refugee Crisis in the Former the Yugoslavia, Refuge, Vol. 14, No. 3 (June-July 1994); See T. Argent, Croatia's Crucible: Providing Asylum for Refugees from Bosnia-Herzegotina, Washington: US Committee for Refugees, October 1992, p. 17.

④ European Commission: https://ec. europa. eu/home-affairs/what-we-do/policies/asylum/temporary-protection_ en.

裂分子之间的冲突。据报道,有迹象表明南斯拉夫联盟政府对科索沃地区的主要族群阿尔巴尼亚人采取种族清洗这种大规模侵犯人权的行动,因此北约对南斯拉夫联盟政权展开了军事攻击。[①] 军事攻击加剧了科索沃国内紧张的局势,致使大规模人口逃离科索沃,涌入了邻国马其顿王国。进入马其顿王国的阿尔巴尼亚人大多没有被安置于难民营中,而是居住在马其顿家庭中。在起初接纳了一定数量的难民之后,马其顿政府意识到"难民潮"的涌入不是个体的寻求庇护行为,涌入的难民潮可能会影响到马其顿王国的国家完整和主权权利,马其顿政府因此关闭边境,拒绝科索沃难民入境。马其顿政府主张,马其顿不愿坚持传统的第一庇护国原则,而倡导国际责任分担。科索沃"难民潮"为联合国难民署提供了政策反思的契机,也为各国反思难民责任分担这一问题提供了可能性。

(四) 国家应对难民潮的责任分担原则的障碍

在"难民潮"背景下,大量外来人口的迅速涌入,给接受国带来了多方面的巨大压力时,责任分担原则赋予了难民接收国向其他国家寻求帮助的权利。尽管国际合作原则很好地阐释了责任分担原则的必要性和法律基础,但是在现行国际法中,这样的原则也仅仅是一种倡导,其法律地位、内容和方式还在探索并处于争议之中。

尽管《难民地位公约》序言有过国际合作的倡导,但没有明确约定国际合作的内容、程度。2018 年《难民问题全球契约》提出"在大规模'难民潮'背景中,接收难民的国家应当及时得到其他国家的帮助,难民接收国可以首先与联合国难民署进行联系,尽快确认相关人员得到足够的保护,得到了紧急的救助,以进一步寻求多样化的解决方案"[②]。该文件虽然强调了联合国难民署在其中的作用,但没有对合作机制的具体运行作出阐释,没有具体规范什么样的国家需要承担公平责任、是否所有国家都需要承受相同分量的负担以及如何承担和落实这些

---

① Suhrke Astri, Burden-sharing During Refugee Emergencies: The Logic of Collective Versus National Action, Journal of Refugee Studies, Volume 11, Issue 4, 1998.

② UNHCR, Conclusion No. 15, (XXX), Refugees Without An Asylum Country, 1979.

责任。因此，难民责任分担原则所引出的难民接收国向其他国家寻求帮助的权利目前还只停留在道义、号召的层面，而不是一项成熟的实在法意义上的权利，其他国家并不存在切实应该履行的实在法上的分担义务。①

四 总结

国际社会虽然存在普遍的共识认为有必要切实采取行动，通过国际合作应对短期内大规模难民潮等人道主义危机，并推动制定了《难民问题全球契约》这一政治文件以及形成了难民问题全球响应框架，明确肯定了难民问题责任分担的原则，为国际合作应对难民问题注入了新动力，也设立了新规划和目标。然而，对于难民问题的责任分担原则，我们不能给予过高的期望，毕竟难民问题的责任分担原则只是一种政治承诺和目标，尚未有实质的具体标准和落实措施。在缺乏有约束力的法律文件给予明确认定的情况下，难民分担原则目前尚缺足够的国际实践和国家在法律层面的承诺，因此也难以被认定为一项有约束力的规则。

因此，难民问题的责任分担原则在目前与其说是难民保护的一个法律上的进步，不如说更像一种强化国际合作、构建信心的措施。

---

① See James C. Hathaway & R. Alexander Neve, Making International Refugee Law Relevant Again: A Proposal for Collectivized and Solution-Oriented Protection, 10 HARV. HUM. RTS. J. 115, 143 (1997). ("The current system of unilateral, undifferentiated obligations is unfair and ultimately unsustainable.")

德国预防性警察行为相对人研究

——特别考察来自伊斯兰世界的"危险者"

The Counterpart of Preventive Police Behavior in German Law

—from the Perspective of "Dangerous Person" in Islamic World

张正宇　Adrianna Michel*

摘要：预防性警察行为是指警事机关在预防危险方面所采取的具体措施。预防性警察行为相对人是指，依据警事机关的指令应当负担危险排除责任的组织和个人。预防性警察行为所要排除的危险在绝大多数情况下是指具体危险，即法益侵害危险要么已经发生，要么即将发生。当具体危险存在时，预防性警察行为相对人原则上应当是妨碍人，只有在例外情况下可以是非妨碍人。然而，由于近年来难民问题的日益尖锐，德国境内的有组织犯罪以及恐怖主义活动数量大幅度增加，德国预防性警察行为理论出现了新的发展趋势：承认在少数例外的情况之下，警事机关也可以以排除抽象危险为目的，对组织和个人实施预防性警察行为。

关键词：预防性警察行为；具体危险；抽象危险；妨碍人；非妨

* 张正宇，中南财经政法大学刑事司法学院讲师，德国马尔堡大学法学博士，主要研究方向：比较刑法、医事刑法、警察法。Adrianna Michel，德国马尔堡大学法学院助理教授，德国马尔堡大学法学博士，主要研究方向：国际法、公法、警察法。

碍人

Abstract：Preventive police behavior refers to the specific measures taken in the police department to prevent danger. The counterpart of preventive police behavior refers to the organizations and individuals, who are responsible for the exclusion of danger in accordance with the instructions of the police department. The danger, which should be excluded by preventive police behavior, is mostly the specific danger, which has either occurred, but in some cases it can be about to happen. When a specific danger exists, in principle the counterpart of preventive police behavior should be the interferers, only in exceptional cases, it could be the non-interferers. However, due to the increasingly acute problems of refugees in recent years, organized crime and terrorist activities are in a significant increase in Germany, there are new trends in the theory of preventive police behavior：under several exceptions, the police department can also impose preventive police behavior on organizations and individuals for the purpose of excluding abstract dangers.

Keywords：Preventive police behavior; specific danger; abstract danger; interferer; non-interferer

德国警察法中，警察职责被划分为压制性警察职责和预防性警察职责。压制性警察职责指的是，警事机关在追究犯罪行为和治安违法行为法律责任方面所应承担的职责；预防性警察职责则是指，警事机关在预防危险方面的职责，既包括排除已经存在着的危险，也包括排除即将发生的危险。警事机关履行压制性警察职责的行为被称为压制性警察行为，履行预防性警察职责的行为被称为预防性警察行为。这种区分是非常必要的，其理由如下：预防性警察行为与压制性警察行为的目标设定并不相同，前者是为了追究犯罪行为及治安违法行为的法律责任，后者是为了及时有效地排除危险。因此，前者应当遵守过错原则，正确地认定罪犯和治安违法者的过错及其所应承担的法律责任，过错是承担法律责任的基础。而后者则应遵守及时有效原则和公平原则，首先保证及时有效排除危险，然后再依据公平原则确定，如何分摊为排除危险而产生的费用。① 这里，及时有效地排除危险是第一要务，相对人主观上是否有过错再所不问。过错仅仅是在确定费用负担方面考虑的因素。

二战后，随着外来人口的迅速涌入，特别是近年来难民危机的愈演愈烈，预防性警察行为的适用对象及其合法性边界一直是德国警察法理论中最引人注目的焦点之一；但它长期以来受到我国警察法学者的重视，我国警察法教科书和专著在论及警察行为时，往往只关注对压制性警察行为的研究，对于预防性警察行为的研究几乎是一片空白。② 这种理论研究现状难以满足"法治公安"理念对我国公安系统执法模式的转变所提出的新要求。"天下之事，不难于立法，而难于法之必行。"警事机关要提供群众满意的"公共安全"产品，就必须首先注重过程控制和细节管理，将法律规范中的有关执法标准统一化、办案流程具体化、办案要求明确细化，使民警执法时有章可循、有例可查，从源头上把好质量关。在我国警察法中引入预防性警察行为理论，并将该理论应用于指导实践，正是把好这道质量关的绝佳路径。它使得警事机关在实施每一次预防性执法活动时，背后都似有一只无形的约束之手立规定矩。这只无形的手，一方面为警事机关在开展预防性执法活动时提供法理依据，另一方面明确了警事机关在开展预防性执法活动时所应遵守的公权力边界。

在德国预防性警察行为理论中，预防性警察行为相对人既是该理论中的核心概念，又最能够反映预防性警察行为理论发展的趋势及脉络。他山之石，可以攻玉。本文打算从德国警察法上危险概念入手，重点介绍德国预防性警察行为相对人的概念、分类以及危险排除责任负担，并借此契机进一步探索德国警察法是如何解决来自伊斯兰世界的危险者这样一个现实问题的，为我国警察法理论在这一领域内的研究提供一些能够借鉴的线索。

---

① Pieroth/Schlink/Kniesel, Polizei- und Ordnungsrecht, 8. Aufl. 2014, S. 23.

② 参见李元起、师维主编《警察法通论》，中国人民大学出版社 2013 年版；余凌云《警察法讲义》，法律出版社 2015 年版。

一 危险概念以及预防性警察行为的相对人

危险是预防性警察行为理论中的核心概念。按照传统理论，危险是指某一具体的客观事实状况或特定行为引起了以下可能性的出现，当没有特定措施介入阻碍其继续发展时，它极有可能引起警察法所保护的法益遭受实际损害的结果发生。[①] 依据该定义，危险首先必须是具体的，也即危险在时间上和空间上应具有特定性，如果该特定性不存在，则警事机关不得对相关人实施警事行为，只能通过制定法律规范的方法，来进行危险预防。在警察法领域内，只有当某项具体危险存在时，警事机关[②]才可以将相关组织和个人认定为预防性警察行为的相对人，即警察法上的有责者（polizeirechtlich Verantwortliche），并有权要求他们实施特定行为或是容忍特定行为。具体危险的存在不仅是证明警事机关有权采取预防性警事措施的前提条件，还是证明他们必须采取预防性警事措施的前提条件。与此同时，危险概念还限定了预防性警察行为的合理范围，以此来保护相对人的正当权益。[③]

在依据何种角度判断具体危险是否存在的方面，德国警察法理论中没有形成一致见解，主要有客观危险说和主观危险说两种观点。客观危险说认为危险判断应从事后角度出发。客观危险指的是，"如果不采取介入措施，某事实状态或行为在客观上极可能导致警察法所保护的法益遭受侵害"[④]。因此，警事行为是否违法，仅取决于事后能否查明危险实际存在。只要事后能够查明危险并不存在，警事行为即为违法，但是该违法行为是否能够归责于实施该行为的警察则是另外一个问题。主观危险说认为危险判断应从事前角度出发。主观危险是指，"当警事机关有充分理由相信，在不采取任何介入措施的情况下，某一具体的事实状

① Pieroth/Schlink/Kniesel, Polizei-und Ordnungsrecht, 8. Aufl. 2014, S. 60.
② 德国警察法中警事机关通常被称为警事与公共秩序机关（Pollizei-und Ordnungsbehörde），为表述简洁，本文所提及的警事机关均指警事与公共秩序机关。
③ Vgl. BVerwG, DÖV 2003, 81 f.
④ BVerwGE, 45, 51/57; Gusy, Polizei-und Ordnungsrecht, 15 Aufl. 2013, Rn. 108.

况或是行为会导致警察法所保护的法益受到侵害"①。依据该说，只要主观危险存在时，警察机关就有权采取警事措施。即使依据事后查明，危险并不存在，预防性警察行为也是合法的。

现如今，主观危险说成为德国警察法学界通说，其理由大致归纳如下：第一，从可能性判断的本质上来看。可能性判断从来都是与特定认定主体（警事机关）的认知水平挂钩的，因此在警察法上从来不存在什么客观可能性判断，仅存在主观可能性判断。② 第二，从危险的本质上看。危险要么造成实际损害发生，要么不造成。它从始至终都是一个暂时的、不确定的判断，因此法律完全没有必要要求危险的判断必须要具有某种程度上的事后确定性。③ 第三，从警事工作的本质上来看。在实施预防性警察行为时，警事机关常常受制于时间的紧迫性和警事行为的强制性（即警事机关在所有前提条件均已满足时必须实施警事行为），从而面临巨大的工作压力。所以，整个社会不能期待也不允许警事机关在查明了一切事实后再采取预防性警事措施。因为，在所有事实都查明之后再采取警事措施，可能为时已晚。

德国警察法中，预防性警察行为相对人被分成了妨碍人和非妨碍人两大类。原则上来讲，预防性警察行为相对人应当是妨碍人，只有在例外的情况下（即出现警察法上的紧急状态时）可以是非妨碍人。妨碍人指的是：自己所实施的行为或是自己所控制的物造成了公共安全与秩序方面的具体危险之人。例如，将香蕉皮扔在地上之人或是自家屋顶瓦片松动的屋主。非妨碍人指的是，与具体危险出现无关的第三人，例如，在毒品交易的过程中，某在场公民既非毒贩，也非购买毒品之人，则他就是非妨碍人。

---

① Vgl. BVerwGE 45, 51/58; 49, 36/42 ff.; Lisken/Denninger, Handbuch des Polizeirechts, 5. Aufl. 2012, Rn. 46 ff.; Schoch, Polizei-und Ordnungsrecht, 15. Aufl. 2013, S. 141.

② Vgl. Lisken/Denninger, Handbuch des Polizeirechts, 5. Aufl. 2012, Rn. 46; Schneider, DVBl. 1980, 406/407 f.

③ Vgl. Gusy, Polizei-und Ordnungsrecht, 15 Aufl. 2013, Rn. 121; Schenke, Polizei-und Ordungsrecht, 9. Aufl. 2015, Rn. 80.

二　警察法上的妨碍人

　　妨碍人是德国警察法上的一种特定身份，依据主观危险说，该身份大致上可分为以下两类：第一，客观妨碍人，即警事机关主观上认为具体危险存在，事后查明危险客观上也存在。客观妨碍人包括行为人妨碍人与状态妨碍人两种类型：行为妨碍人是指，通过其自己所实施的行为或由其承担警察法上的责任的他人行为，造成公共安全与公共秩序方面危险的组织与个人。状态妨碍人是指，某物的所有人、占有人或者实际控制人，由于该物引起了公共安全和公共秩序方面的具体危险，而具有警察法上妨碍人的身份。需要注意的是，在具体的案件中，一个特定公民可能同时具备行为妨碍人和状态妨碍人两种身份。例如，某人的机动车出现了故障，他将车停在公路上，他的停车行为造成了行为妨碍，他所支配的机动车作为危险源造成了状态妨碍。因此本案中，车主既是行为妨碍人，也是状态妨碍人。第二，主观妨碍人，即警事机关主观上认为具体危险存在，但事后查明具体危险并不存在。主观妨碍人包括表见妨碍人和嫌疑妨碍人两种类型。表见妨碍人是指，依据对客观事实状态所进行的理性评价，警事机关暂时产生了存在某一具体危险（既包括行为妨碍也包括结果妨碍）的确信，但事后证明，该具体危险并不存在，则造成该主观确信之人为表见妨碍人。嫌疑妨碍人是指，相关证据既可证实亦可否定某一具体危险存在时，警事机关仅产生了具体危险（既包括行为妨碍也包括结果妨碍）存在的合理怀疑，则造成该合理怀疑之人为嫌疑妨碍人。

　　德国警察法之所以要区分客观妨碍人和主观妨碍人，主要是基于对于法律后果负担方面的考虑：如果某一客观妨碍人造成了具体的危险，则他原则上应当负担排除该危险的责任与费用；然而当某一主观妨碍人引起了具体危险存在的确信或是怀疑时，警事机关对其采取了警事措施，强制性要求其排除了具体危险。但事后能够查明，该危险并不存在时，如果仍让公民负担所有排除危险的费用，则明显有失公允。对于这个问题，德国警察法确定了如下费用负担原则：如果妨碍人是以可被谴责的方式引起了主观危险的产生，则由其自己承担至少大部分的费用；

如果不是，则妨碍人有权向警事机关要求补偿。①

此外，在认定妨碍人的问题上，我们还需要坚持以下两大原则。

第一，危险预防法所要解决的核心问题是有效排除具体危险，因此相关人是否具有行为能力和刑事责任能力、相关人主观上是否有过错在所不问。②

第二，妨碍人既可以是自然人也可以是公法人和私法人。但是，警事机关原则上不能对引起具体危险的其他公权力主体采取警事措施。这是因为，依据现代国家职权划分原则，各公权力主体有权在自己的职权范围内自行排除具体危险。否则，在警事机关与其他公权力主体之间的范围内就会形成不平等关系，警事机关将凌驾于其他公权力主体之上。因此，警事机关原则上不具备对公法法人的侵益权限。

(一) 警察法中妨碍人的类型

1. 行为妨碍人

(1) 妨碍行为。妨碍行为是指引起一项具体危险 (行为妨碍) 的行为。行为妨碍不仅可以通过某一作为；亦可通过某一不作为而产生，只要该行为主体具有排除具体危险的法定义务。③ 例如，家长有义务送孩子去上学，如果某位家长不履行该义务，则警事机关有权对该家长采取警事措施，强制要求他送自己的孩子去上学。行为妨碍人所应承担的排除行为状态义务被称为行为责任 (Verhaltensverantwortlichkeit)。

此外，在以下两种特定场合，并非直接引起危险之人同样构成行为妨碍人，并应承担排除危险的法律责任 (附加责任，Zusatzverantwortlichkeit)：

第一，在被监护人直接引起危险的场合，监护人应对被监护人 (儿童或其他应受监护之人) 引起的行为妨碍负排除责任。德国警察法中，儿童指的是 14 岁以下的公民。在这种情况下，监护人与被监护人都是警察法上的行为妨碍人，即监护人所负有的附加责任与被监护人所

---

① Pieroth/Schlink/Kniesel, Polizei-und Ordnungsrecht, 8. Aufl. 2014, S. 80.

② Vgl. BverwG, NVwZ 1983, 474 ff.

③ Vgl. Pieroth/Schlink/Kniesel, Polizei-und Ordnungsrecht, 8. Aufl. 2014, S. 141.

负有危险排除责任并存。然而，需要注意的是，被监护人因为缺乏
《德国行政程序法》第 12 条第 1 款意义上的能力，所以警事机关应及
时将其对被监护人所采取的警事行为及时告知监护人（法定代理人）。
例如，某警察发现一名儿童正在向一口水井中倾倒农药，警察应立即对
该儿童采取警事措施，阻止他进一步向井内倾倒农药，并同时将这一情
况立即通知该儿童的监护人，要求他排除该儿童的行为所制造的具体
危险。

第二，在存在行为主导人（Geschäftherr）和行为辅助人（Verrich-
tungsgehilfen）的场合，行为主导人应对行为辅助人所制造的行为妨碍
负附加责任。但附加责任的成立以行为助手受行为主导人所下发的指令
之约束为前提条件。若行为助手恣意违反行为主导人所下发之指令，则
认定附加责任的关键是，行为辅助人所实施的恣意行为是否在大体上仍
服务于该指令的实施。例如，超市的店主（行为主导人）有义务保证
顾客在购物过程中的人身安全。某日下大雪，某超市店主要求其店员
（行为辅助人）清理超市门口及超市内部的积雪，以避免来超市购物的
顾客滑倒，然而，店员只是象征性地扫了一下，并未完全清理干净，顾
客滑倒的危险仍然存在。本案中，店主应当负担附加责任，警事机关可
强制要求店主亲自清除积雪。

（2）危险的引起。排除行为妨碍责任（行为责任）的成立以行为
人自己引起了危险发生为前提条件，也即警事机关只有在主观上认为，
行为人引起了该危险的产生，才能够对其实施警事行为。认定行为人是
否引起了危险的判断标准为直接引起原则，即谁直接引起了危险的发
生，谁是行为妨碍人，间接引起危险发生之人不负担排除危险责任。[1]
例如，某人向有权机关申报并组织了一次和平的政治游行（间接引起
者），该次游行引发了一场暴力反游行。警事机关赶到现场后，有权对
实施暴力行为的反游行者（直接引起者）采取警事强制措施，避免其
他公民遭受暴力袭击。如果和平游行参与者与反游行者之间发生了摩擦
并引发了骚乱，则参与摩擦的原和平游行者就从间接引起者变成了直接

---

[1] Vgl. Götz, Allgemeines Pollizei-und Ordnungsrecht, 15. Aufl. 2013, § 9 Rn. 11. ; Schen-
ke, Polizei-und Ordnungsrecht, 9. Aufl. 2015, Rn. 243.

引起者，警方有权对这些人采取警事强制措施。

该标准虽然在大部分的情况下能够解决实际问题，但在部分情况下仍会遇到困难，例如，某网络用户在上网时看到了儿童色情内容，但他必须要通过网络内容提供者、网络服务提供者以及网络访问提供者才能看到这些不良内容。虽然网络访问提供者才是危险的直接引起者，但是不良内容却是由网络内容提供者上传到互联网之中的。因此，在承认直接引起原则是认定妨碍人的原则性判断标准的基础之上，德国警察法对于该原则的具体适用在法律评价上进行了一定程度的限制，即谁的行为直接制造了超越危险门槛（Gefahrengrenze oder-schwelle）的行为妨碍，谁就是该妨碍的直接引起者。[①]

在判断究竟谁的行为导致了超越危险门槛的行为妨碍发生时，德国警察法理论中存在两种有力学说：其一，违法性学说。该学说认为，谁的行为违反了禁止性规范和命令性规范，则谁是直接引起者。[②] 其二，社会相当学说。该学说认为，除了实施违反禁止性规范和命令性规范的行为人是直接引起者之外，如果某人的行为在客观上通过一种不具有社会相当性的方式使得一般生活危险升高时，他也是直接引起人。[③] 现阶段德国警察法理论通说是社会相当性说。这是因为，预防性警察行为的首要目标是及时有效地排除危险，因此在认定直接引起者时，行为人的主观意思并非关键，表现于外部世界的、能够被他人所感知的因果关联（Wirkungs-und Verantwortungszusammenhang）才是关键。如果在认定目的引起者时必须查明相关人的主观心理态度，则或许就难以对危险进行有效预防。因此，在上述有关儿童色情图片的案件中，网络内容提供者是行为妨碍人。

（3）目的引起者（Zweckveranlasser）。目的引起者是指，某行为人实施了一项合法行为（或称价值中立行为），并通过该行为在客观上促使他人实施特定行为，这项被引起的特定行为制造了公共安全或公共秩序方面的具体危险。例如，一家餐馆于世界杯期间在门口设置起了大屏

---

① VGH Kassel, NJW 1986, 1829; OVG Münster, NVwZ 1997, 507/508.

② Pietzcker, DVBl. 1984; Schmelz, BayVBl. 2001, 550; Schnur, DVBl. 1962, 1/3.

③ Gusy, Polizei-und Ordnungsrecht, 15 Aufl. 2013, Rn. 339; Hurst, AöR 1958, 43/75 ff.

幕，转播球赛，致使路过的市民驻足观看，堵塞了交通。本案中，餐馆老板为目的引起者，他通过实施设置大屏幕转播世界杯比赛这一行为，导致他人（市民）驻足观看，堵塞交通，妨碍了公共秩序。本案中，警事机关不能对目的引起者本人采取警事强制措施，这是因为：第一，目的引起人所实施的行为是合法的；第二，目的引起者是促使他人制造超越危险门槛的行为妨碍，而不是自己亲手制造了该行为妨碍。直到第三人受到该中立行为的促进并进一步实施了其他行为时，具体危险才得以产生，因此，目的引起者并非直接引起者。因此，在上述案例中，警事机关只能够对驻足观看的市民采取预防性警事措施，要求他们快速离开，不得妨碍交通；而不能对餐馆老板采取预防性警事措施，禁止他在餐馆门口设置大屏幕转播世界杯。

但是，这一结论也有例外，即某人的行为在客观上通过一种不具有社会相当性的方式使得一般生活危险升高时。例如，一位摇滚巨星，因被警事机关怀疑携带毒品而遭搜身，但是他实际上并未携带毒品。一气之下，他在摇滚音乐会的现场向上万名听众表示，自己将于第二天到市中心去逛街。这位摇滚巨星所实施的报复行为完全是合法的，他在市中心逛街是他在行使自己的行为自由。但是，如果警事机关不阻止他在市中心逛街，则极有可能造成公共安全和秩序方面的具体危险（如骚乱或是踩踏事件）。这种赌气的报复行为是通过一种不具有社会相当性的方式，使得社会一般生活危险升高。因此，在这种情况下，警事机关可以例外地对该摇滚巨星采取警事措施，阻止他的这次逛街行动。当然，也有学者认为，本案中，作为目的引起者的摇滚巨星是非妨碍人，当警事机关没有其他的办法排除即将出现的具体危险时，警察法上的紧急状态已经出现，基于该理由，警事机关可以禁止他第二天到市中心逛街。①

2. 状态妨碍人

（1）物的支配人。状态妨碍是指，为某人所有或支配之物引起了具体危险的产生。原则上讲，物的所有人、有权支配人以及其他实际支配人都可能成为状态妨碍人，并应承担排除状态妨碍义务（该义务又被称为状态责任，Zustandsverantwortlichkeit）。警察法上，物的有权支

---

① Vgl. Erbel, JuS 1985, 257/261 ff.

配人包括直接占有人、占有辅助人、承租人、用益物权人、保管人等。① 物的其他实际支配人主要是指无权占有人,如占有赃物或违禁品之人。确定所有权人是否要对物所引起的状态妨碍承担排除义务的出发点,并非所有权或支配权本身,而是通常与所有权或支配权紧密联系的对物的事实控制力。易言之,判断组织与个人是否应当承担排除状态妨碍义务的关键在于,其是否对引起危险之物具有施加影响的可能。因此,所有权人或有权支配人承担警察法上的排除状态妨碍的前提是,他们对于物具有实际控制力。若所有权人和他人均对物具有事实上的控制力时,则警事机关有权视具体情况对其中一人实施预防性警察行为。

但是,如果有人违背物的所有权人或有权支配人的意志实际支配该物,以致所有权人和有权支配人无法对物进行有效支配,则其原本所负有的状态责任归于消灭。例如,当有人盗窃或是侵占了某物时,所有人和有权支配人不再承担状态责任。同样,当一位未成年人偷偷驾驶父亲的汽车外出郊游时,作为监护人的父亲不再承担状态责任和行为责任。警察法之所以要免除物的所有人和有权支配人的行为责任和状态责任,并不是因为他们主观上没有过错。相反,在很多情形下,正是由于所有权人对物疏于保管,而使得他人有机可乘,实际支配该物。排除责任的真正理由是,所有人和有权支配人在这种场合下,无法对物施加有效影响预防危险。

当物的所有者主动放弃了所有权时,只要所放弃之物仍在引起具体的危险,则放弃之人(原所有权人)仍然要对该物所引起的危险负排除义务。但是这种义务在分类上应属于行为妨碍排除义务(行为责任),而不属于状态妨碍排除责任(状态责任),这是因为,具体危险原本是处于其管辖领域之中的,但基于其放弃行为,危险开始威胁到公共安全与公共秩序。②

在所有权人出让所有物的场合,原所有权人的状态责任自动消灭。值得注意的是,在所有权移转的过程中及所有权转移之后,危险仍然存

---

① Vgl. BVerwG, DVBl. 2004, 1564; OVG Münster, NVwZ-RR 2009, 364/365; DVBl. 2012, 1259 f.

② Pieroth/Schlink/Kniesel, Polizei-und Ordnungsrecht, 8. Aufl. 2014, S. 141.

在，则相关法律继受人是新的所有权人，其自始负有警察法上的排除状态妨碍的义务。该原则对实际控制人亦适用。

（2）状态障碍的引起。状态妨碍的引起既可以与物的性质也可以与物所处的空间位置相关。公民承担排除状态妨碍义务的前提是，该物引起了危险。因此，首先应当确定某物和妨碍状态的出现之间具有符合自然规律的因果关系。此外，应当适用直接引起原则，即谁所控制的物引起了状态妨碍的发生，谁就有义务排除该妨碍。在适用直接引起原则问题上，直接引起状态妨碍的判断标准与直接引起行为妨碍的判断标准无二：首先，某些物本身就是非常危险的，对于这类物可以径直适用直接引起原则；其次，当物所制造的危险是一项复杂因果流程的组成部分时，则以该物所引起的危险是否超越危险门槛（Gefahrengrenze oder-schwelle）为判断标准，如果超越了，则肯定物的实际控制人为状态妨碍者。

与实际支配人、所有权人及其他有权支配人自己所实施的行为一样，自然灾害或是第三人的行为也可以引起状态障碍的发生，由于预防性警察行为的首要目的是及时有效地排除危险，因此，不论物的所有者与支配者主观上是否有过错，他们都应当对状态障碍负排除责任。例如，在为某人所有的岩石路段上，岩石出现断裂，随时有可能砸到路人，无论这一断裂现象是由所有权人自己开凿所致，还是因为大雨所致，所有权人都有义务排除该危险（负有状态责任）。但这一结论也有例外。例如，依据德国之前的司法判决，当有可靠信息表明有恐怖分子即将袭击机场时，机场经营者有义务采取措施预防恐怖袭击的发生。[①] 但联邦最高行政法院认为将机场经营者作为状态妨碍人不合理，这是因为："虽然机场对于恐怖分子来说是一个具有诱惑力的目标，但与直接引起具体危险发生的恐怖活动相比，机场经营者对于机场的实际控制状态是一个最远的（间接的）原因。"[②]

3. 表见妨碍人（Anscheinsstörer）

造成表见危险之人即为表见妨碍人。表见危险存在于以下情形之

---

① VGH Mannheim, JZ 1983, 102.

② BVerwG, JZ 1986, 896 f.

中：依据对于客观事实状态所进行的理性评价，警事机关暂时产生了某一具体危险（既包括行为妨碍也包括结果妨碍）实际存在的确信，但事后证明，该具体危险并不存在。例如，一个戏剧兴趣小组于某周日在一个公园里排练莎士比亚的戏剧，该戏剧的内容包含了尖叫、争斗与谋杀，小组成员有时还拿自己手中的假剑与过路行人开玩笑。两位眼神不好的年迈的妇女看到后，误以为发生了暴力事件，立刻报警。本案中，虽然报警之人是两位年迈的妇女，但使得警事机关产生具体危险（行为妨碍）存在的主观确信之人是该兴趣小组的成员所实施的排练行为，他们才是本案中的表见妨碍人。除此之外还应注意的是，兴趣小组的成员并非是可谴责地引起了警事机关主观确信的产生，因而，他们事后有权向警事机关求偿。

在具体状况下，引起警事机关对具体危险产生主观确信之人是否构成表见妨碍人，应当分以下两种情况来讨论。

其一，如果相关人所实施的行为或者由其所实际控制的物使得警事机关产生了危险存在的主观确信，并使得警事机关实施了预防性警察行为，那么至少在这一点上他引起行为妨碍的发生，即这样一个招致警方投入的行为阻碍了警事机关处理其他事务。因而引起主观确信之人构成表见妨碍人。

其二，如果相关人所实施的行为或者由其所实际控制的物虽然使得警事机关产生了危险存在的主观确信，但基于其他理由，警事机关尚未采取任何预防性警察行为，则该引起主观确信之人不可被视为妨碍人。例如，甲向警事机关举报，乙正在实施犯罪。即使这种举报使得警事机关产生了主观上的确信，但接到报案警事机关并未采取任何行动，因为该机关认为被举报之事不属于其应管辖的事务，则被举报人在警察法上仍只能被视为非妨碍人。

4. 嫌疑妨碍人

嫌疑妨碍人即造成危险嫌疑之人。危险嫌疑是指，相关证据既可证实亦可否定某一具体危险存在，警事机关仅产生了具体危险存在的合理怀疑时，即警察在侵益前不能确信危险是否现实存在时。例如，一辆运送化学物品的卡车侧翻，化学物品从车上漏了下来，警方赶到后查明，如果化学物品流入地下水中，则肯定会污染地下水；但这带区域地下常有黄土层，如果化学物质遇到黄土层则会被中和，完全没有任何危险性。警方一时不能确定。

危险嫌疑不等同于客观存在着的实际危险，将两者相提并论会造成侵益手段的频繁使用。如果警事机关基于危险预防的需要，仅凭危险嫌疑就对公民的基本权利进行限制，则其所实施的侵益行为的法律依据不再是一般性授权，而应当是特殊授权（即该项授权由法律明文规定）。例如，如果警事机关依据客观事实形成了合理怀疑，某住宅中藏有威胁公共安全的物品。如果警事机关想要进入住宅搜查，则该预防性警察行为的标准措施必须明确地被规定在警事法规之中（例如，《黑森州公共安全与秩序法》第38条第2款第1项）。房屋所有人作为引起危险嫌疑之人，是嫌疑妨碍人。

嫌疑妨碍和表见妨碍之间的区分体现在以下三个方面：第一，在警事机关对于危险的认识程度方面。在嫌疑妨碍的场合，警事机关对于危险是否存在尚不确信；而在表见妨碍的场合，警事机关确信危险实际存在。第二，在预防性警察行为的授权方面。在嫌疑妨碍的场合，预防性警察行为的实施必须具有特殊授权；而在表见妨碍的场合，预防性警察行为的实施只需要具备一般授权即可。第三，在法律结果方面。警事机关对表见妨碍人所采取的预防性警察行为是终局性的；而嫌疑妨碍人所采取的预防性警事措施原则上只能是临时的，例如要求嫌疑妨碍人对情况进行解释说明、要求他们为预防危险做好准备、要求他们等待警方进一步查明危险是否存在，极少数情况下是终局性的。这种临时性的警事措施被称为探询危险的侵益行为（Gefahrenerforschungseingriff），它服务于进一步查证具体危险是否实际存在。①

（二）行为责任和状态责任的边界

1. 合法性许可

若组织和个人所实施的某行为是经过有权机关许可的，则其不用承担危险排除义务。例如，一位农民在耕作土地时，使用了一款经相关部

---

① Darnstädt, DVBl. 2011, 263; Schenke, Polizei-und Ordungsrecht, 9. Aufl. 2015, Rn. 83 ff.; Lisken/Denninger, Handbuch des Polizeirechts, 5. Aufl. 2012, Rn. 49.

门许可并广受好评的肥料,但日后发现该农药是有害的,庄稼减产了。在本案中,依据预防性警察行为理论的基本原则,只要具体危险出现了,那么实施引起该危险的行为之人就是妨碍人。但是,在存在合法性许可的场合,只有当行为人获悉具体危险存在时,他们才应当对此后所产生的危险负排除义务。在上述案件之中,直到农民从警方或是第三人那里获悉农药是有害的时,他才构成妨碍人,警事机关不能要求他排除获悉之前就已经产生了的危险。

2. 期待可能性

下述情况中,状态妨碍人不用承担排除状态妨碍的责任:状态妨碍人是土地的所有人,在其土地上产生的状态妨碍并非是由他所引起的,且土地所有者已经为购买土地支付了对价。在这种情况下,土地所有者本人就是状态妨碍的受害者,法律不能期待他承担排除状态妨碍的法律义务。例如,一辆油罐卡车出了交通事故,漏出的石油污染了土地。本案中,土地所有人本身就是土地污染的受害者,警事机关不能强制要求他清除该污染。同理,某土地所有者在其所拥有的土地上发现了一枚二战时期同盟国遗弃的炸弹,该土地所有人虽然是状态妨碍人,但警事机关同样不能对他实施预防性警察行为,让他负担危险排除义务。

然而,当土地所有者在取得土地所有权之前就已经知悉,该土地因为某种原因已经产生了状态妨碍(例如,已经遭受污染),但他却仍然购买,那么他应当承担状态责任,即承担状态妨碍排除义务。这是因为,在这种情况下,土地所有者本人并非是土地上所产生的具体危险(状态妨碍)的受害人,取得此物为取得人自身所带来的危险并不能转嫁于社会公众。

(三) 存在多个妨碍人的情形

1. 妨碍人的选择

现实中,某一具体危险经常是由多人共同制造的。在这种存在多个妨碍人的场合中会产生以下问题:相关警事机关是否能让所有妨碍人都承担危险排除义务,警事机关是否有权自由裁量,到底哪部分妨碍人应承担危险排除义务。还存有疑义的是,原则上行为妨碍人是否应先于状态妨碍人承担危险排除义务。在具体个案中，这些问题涉及法律公平。

总体上来讲，在选择承担排除具体危险义务的妨碍人方面，德国警察法中形成了以下五点一致意见。

第一，在个案中，警事机关有权依据其自由裁量决定，哪部分妨碍人应当承担排除危险义务。第二，警事机关在自由裁量时所应遵循的最高原则为最有效性原则，即警事机关应选择能够最有效排除危险之人（能够最快、最可靠以及最全面排除危险之人）作为预防性警察行为的相对人。① 当各个选择之间具有等价性时，警事机关应遵守正当分配负担原则，让他们共同负担危险排除义务，该原则是从普遍平等原则以及禁止恣意差别对待原则中推导而来的。第三，最有效性原则和比例性原则始终处于紧张关系之中。② 在选择排除危险的妨碍人时，我们应当分两步来适用上述两项基本原则：第一步，判断警事机关的选择是否符合比例原则，即该选择是不是适宜的、必要的且恰当的，是否会对相对人造成不成比例的负担，例如，妨碍人为排除具体危险所支付的费用、妨碍人的个人实际给付能力等。第二步，在所有符合比例原则的选择之中，应当依据最有效性原则，选择那些能够最有效排除危险之人作为预防性警察行为相对人。第四，德国警察法理论界与实务界均不承认，各类妨碍人之间在承担危险排除责任方面存在固定的先后顺序，例如，行为妨碍人是否要先于状态妨碍人承担责任，双身份妨碍人（既是行为妨碍人又是状态妨碍人）是否应先于单身份妨碍人承担责任，时间上与位置上与危险近的妨碍人是否先于与危险远的妨碍人承担责任，过错大的妨碍人是否先于过错小的妨碍人承担责任。③ 上述这些都是经验原则，警事机关有权对于这些顺序问题做出自由裁量，但在裁量时始终应坚持最有效原则和比例原则。第五，一旦某妨碍人被警事机关确定为应当承担警事责任之人时，那么他就应当尽快并尽可能有效地排除具体危险。

① Pieroth/Schlink/Kniesel, Polizei-und Ordnungsrecht, 8. Aufl. 2014, S. 170 f.

② Lisken/Denninger, Handbuch des Polizeirechts, 5. Aufl. 2012, Rn. 131.

③ Vgl. VGH München, NJW 1984, 1197; VGH Kassel, 4 UE 2451/85; Schenke, Polizei-und Ordnungsrecht, 9. Aufl. 2015, Rn. 285 ff.; Schoch, Polizei-und Ordnungsrecht, 15. Aufl. 2013, S. 230.

2. 分摊排除危险费用请求权

在存在多个妨碍人的场合中，若警事机关确定了由其中一人或几人来承担危险排除责任时，则意味着该人必须首先承担排除危险的全部费用。然后，承担排除危险全部费用的人，才可在其与其他妨碍人所形成的内部责任分配义务范围（im Rahmen einer internen Lastenausgleichspflicht）内要求其他妨碍人按份清偿。

三　警察法上的紧急状态以及非妨碍人

通常情况下，当警事机关面对某一公共安全或公共秩序方面的具体危险时，它可以采用以下两种途径进行应对：要么自己采取措施排除危险，要么通过要求妨碍人来排除危险。即使当警事机关有能力自己采取措施排除危险时，它也可以要求妨碍人代劳。只有当基于客观事实状况或者法律原因而导致以上两类途径都不可能时，警事机关才可利用非妨碍人来排除危险。此类情形被称为警察法上的紧急状态。

（一）紧急状态的成立条件

第一，必须存在适格的具体危险。适格危险存在应满足以下三项前提条件：其一，危险必须现实存在或者径直即将发生。其二，实际损害发生可能性正在增长。其三，危险需较为严重，即存在侵害具有较高价值法益的危险。

第二，警事机关无法要求妨碍人及时有效地排除危险。这主要包含以下三种情况：其一，警事机关无法确定谁是妨碍人。其二，相关妨碍人客观上没有能力及时有效地排除危险。其三，妨碍人履行危险排除义务虽是可能的，但履行该义务会对妨碍人本人造成不成比例的巨大危害或者制造另一个不成比例的巨大危险。

第三，警事机关在要求非妨碍人排除具体危险前，必须穷尽其他排除危险的途径——自己采取措施或是委托其他公权力机关排除危险。判断警事机关是否穷尽其他危险排除途径的时间点应为警事机关对非妨碍人采取预防性警察行为之时。

（二）紧急状态之下，警事机关对公民基本权利进行限制

只有当警事机关既不能要求妨碍人采取措施排除危险，也无法自己采取措施消除危险时，它才能依据警察法上有关紧急状态的具体规定将非妨碍人作为预防性警察行为相对人。

在对非妨碍人实施预防性警察行为时，应注意以下三点：第一，预防性警察行为应具有必要性，即这些措施在对非妨碍人基本权利的限制程度与持续时间上都务必遵守最小侵害原则，即对非妨碍人负担最小。第二，在紧急状态下对非妨碍人实施预防性警察行为，涉及警察法上例外性构成要件，该构成要件在任何情况下都不得被扩大解释。第三，对非妨碍人采取之警事措施应当一直持续到相关警事机关可通过自己采取措施或者能够要求妨碍人排除危险时为止。

四 警察法上有责者范围的进一步扩张—— 制造抽象危险的"危险者"

（一）危险者概念的引入和警察法上有责任概念的扩张

原则上讲，只有当空间和时间上都具有确定性的具体危险将要出现或是已经出现时，警事机关才能够要求妨碍人或是非妨碍人承担危险排除义务。当只存在抽象危险时，警事机关只能以制定法律规范的方式来预防危险，易言之，仅制造抽象危险之人原则上不能成为预防性警察行为相对人。然而，在过去的十几年里，德国预防性警察行为相对人的范围呈现出向外扩张的发展趋势：那些没有犯罪嫌疑的人以及那些自身行为与自己所支配的物并未造成具体危险的人，越来越经常地成为预防性警察行为的规制对象，他们的基本权利遭到了越来越多的限制，例如，在满足特定前提条件时，警事机关可以对上述未引起具体危险发生之人采取监视、扣留、搜查等侵犯相关人基本权利的警察措施。[1] 这部分人被称为危险者。

危险者（Gefährder）概念的出现背景是：随着恐怖暴力行为的危

---

[1] Pieroth/Schlink/Kniesel，Polizei-und Ordnungsrecht，8. Aufl. 2014，S. 141.

险日益增长，人民对于公共安全需求也不断提升。特别是近年来由于针对欧洲本土的恐怖袭击的出现，德国民众对于此种威胁的恐惧进一步持续上涨。基于这一现状，德国立法部门开始通过制定新的法律条文来应对这种日益加剧的威胁。这些新的法律规定带来了以下两方面的结果：一方面，它们为警事机关在预防有组织犯罪及恐怖主义活动方面提供了更为有效的武器；另一方面，这些新的法律规定也导致公民的私领域（尤其是其自由与自决权）受到越来越多的干涉。一个最典型的例子就是头巾检查。此项检查最早于 1995 年被规定在巴伐利亚州的《警察职责法》之中，该规定随后在全德国范围内得到推广落实。头巾检查用以在边境地区中搜寻恐怖分子、毒贩、偷渡蛇头以及其他犯罪分子。自2015 年难民危机以来，德国境内的伊斯兰危险者的数量一直在不断增加，国内公共安全与秩序方面的压力越来越大。压死骆驼的最后一根稻草是，2015 年 12 月柏林圣诞市场中所发生的造成 12 人死亡的恐怖袭击。该恐怖袭击使得全德国范围内要求拓宽国家安全方案适用范围的呼声达到了前所未有的高峰。为应对这一呼声，德国警事法理论界和实务界展开了激烈的讨论，而这一讨论的核心正是由危险者所制造的威胁是否能够成为预防性警察行为的规制对象。

危险者这个概念越来越经常地出现在德国的媒体和政治辩论之中，然而，长久以来，它都仅仅是警事机关内部通用的一个日常用语，而并非一个法律概念，因为它还未出现于任何一部法律规范之中。如今德国警察法学界内，通行的危险者概念为：与公共安全以及危险预防关联密切之人，虽然警事机关没有充分证据证明其将来会实施严重的犯罪行为，但有事实可以部分证明其的猜想。[①] 简言之：危险者是指警事机关有非充分理由相信的、将来可能实施严重犯罪行为或恐怖袭击的人。这些非充分理由多种多样，现阶段最常见的理由是：在门户网站或大型论坛上举止异常，被他人举报的。当然，并非所有的危险者都是伊斯兰教徒，但是在相关部门的眼中，伊斯兰教徒是最大的危险者群体。据联邦

---

① 这一定义是德国各州犯罪预防办公室领导小组（die Arbeitsgemeinschaft der Leiter der Landeskriminalämter）和德国联邦犯罪预防办公室（Bundeskriminalamt）于 2004 年共同确定的，但需要注意的是该概念尚未出现在德国警察法之中。Vgl. Bundestags-Drucksache 16/3570, S. 6.

内政部统计，当前有 549 人被列为伊斯兰危险者。与此相比较，只有 20 人被列为右翼危险者，5 人被列为左翼危险者。①

在理解危险者这个概念时，我们要注意以下两点：第一，由危险者所引起的抽象危险并非是压制性警察行为的规制对象。压制性警察行为的目的是追究犯罪行为和治安违法行为法律责任。因此，在实施压制性警察行为时，警事机关首先确定，犯罪或治安违法行为已经实施；其次，压制性警察行为应重点服务于查明相对人的过错，从而确定其法律责任。而危险者本人并未实施犯罪，只是在将来有可能实施犯罪，因而警事机关对其采取强制措施，仅是为了预防将来可能发生的危险，而并非是确定其过错。第二，危险者既不是妨碍人，又不是非妨碍人。这是因为，妨碍人与非妨碍人的认定都以具体危险的存在为前提。而在存在危险者的场合，在时间上和空间上具有特定性的具体危险并不存在，存在的只有抽象的危险。因而，危险者如今成为德国警察法上一类新的预防性警察行为相对人。这里，所讨论的核心问题是，将危险者视为预防性警察行为相对人，从本质上来说是将预防性警察行为的介入时间提前，那么这种前置化规定的合法依据是什么？

（二）德国针对危险者拟采取的措施

1. 联邦政府决定修改法律

2017 年 2 月联邦德国众议院决定修改《联邦刑侦部门法》。修法内容主要参照由内政部长 Thomas de Maizière 去年八月提交的《为加强国内安全的一揽子方案（Maßnahmenpakt zur Stärkung der inneren Sicherheit)》。由于按照各州的法律，大多数危险者受到了警事机关的监视，在此基础上，联邦政府敦促各州相应地调整其法律，实现各州警事机关在应对危险者的权限上大体一致。例如，当警事机关认为有可能发生恐怖袭击时，伊斯兰危险者应遵照联邦政府的要求，穿戴电子脚镣。此外，联邦众议院决定为执行公务的警事人员配备记录仪。联邦警察在将来可使用自动车牌读取系统，以简化车辆搜寻工作。最后，德国政府将在德国全境建立辐射范围巨大的视频监控网络。德国联邦政府许诺以这

---

① Vgl. Bundestags-Drucksache 16/3570, S. 6.

些措施来更好地保护社会大众。接下来，我们要重点介绍两类新拟采取的预防性警事措施。

2. 电子脚镣——以德国黑森州为例

通过在腿上的 GPS 定位系统，在位于 Bad Vilbel 市的黑森州总监控室内，警事机关能够随时确定脚镣佩戴者的位置。自 2011 年，《德国刑法典》就引入了关于佩戴电子脚镣的规定（68b 条第 1 款第 1 句第 12 项）。据此规定，警事机关可以监控某一罪犯是否遵守了法院设定的义务，特别是确定他是否进入了法院划定的禁止进入区域以及他是否离开了其被允许居住的区域。

法院判处公民应佩戴电子脚镣，需满足以下两项前提条件。第一，迄今为止，法院只能要求经审判被认定是罪犯的公民佩戴脚镣。第二，法院需证明，该罪犯具有再犯的危险，且佩戴电子脚镣对于预防其再犯是必要的。根据黑森州司法部的统计，现阶段黑森州共有 88 人佩戴电子脚镣受到监视，其中 63 人是因性犯罪，25 人是因暴力犯罪。

3. 不定期预防性拘留——以巴伐利亚州为例

为预防恐怖活动，巴伐利亚州赋予了警事机关新权限——对危险者采取预防性拘留（Präventivgewahrsam）。《巴伐利亚州警察职责法》规定，依据公共安保方面的需要，警事机关最长可剥夺危险者十四天自由。然而，根据 2017 年 2 月的《巴伐利亚州警察职责法修改草案》，这一具体的时间上限应被删去。其理由是，预防性拘留的期限应由法官裁定。

将预防性拘留作为警事机关对危险者可采取的预防性警察行为这一规定，遭到了理论界的批评。批评意见指出，该项规定会导致警察权力的恣意扩张，尤其会严重侵害公民的尊严权和行为自由权。对此，巴伐利亚州立法部门解释到，在进行预防性拘留时，个案主审法官有权依据比例原则裁定预防性拘留是否必要，以及多长时间的预防性拘留为合理。这是因为，《德国联邦宪法》第 104 条仅规定了剥夺公民行为自由的时限应由法官裁定，却并没有规定最长时限。在遵守此条规定的基础之上，预防性拘留的时限长短应取决于排除抽象危险的目的是否能够及时有效地实现。例如，若某人具有袭击慕尼黑啤酒节的嫌疑，则警事机关应有权为预防由该人引发的抽象危险，将该人于整个啤酒节期间予以拘留，唯有如此才可保护其他公民在啤酒节期间免遭袭击。

迄今为止，德国各州有关预防性拘留的规定不尽相同。主要区别是预防性拘留的时限不同，大多数州所规定的拘留时限都是从两天到十四天不等。值得注意的是，石勒苏益格－荷尔斯泰因州和不莱梅州制定了开放性规定，并未确定拘留的最长时限。但是在实践之中，预防性拘留通常仅持续数日。这是因为，一旦拘留时间超过了十四天，则其就有违反比例原则之嫌。

（三）对于措施的法律评价

现实中，要对危险者采取预防性警察行为困难重重，其理由如下。

第一，从刑法角度看，危险者不是犯罪嫌疑人，更遑论罪犯。因为既没有具体证据可证明他实施过犯罪，也没有证据证明他很可能实施过犯罪。因此基于罪疑从无原则，危险者是无罪的。从警察法角度看，在警事机关对危险者采取警事措施之后，如果事后查明危险者没有打算实施任何形式的严重犯罪或是恐怖活动，则往往涉及国家赔偿问题。警事机关不愿意干这件吃力不讨好的工作。

第二，当危险尚处于抽象的、不确定的阶段时，法益遭受侵害的危险尚不急迫。因此，依据比例原则，警事机关不得采取严重限制公民基本权利的警事措施，特别是限制其行为自由。这也就是为什么迄今为止，欧洲各国尚未对"危险者"采取任何除监视以外的其他行动的原因。除了监视这些人外，公权力机关别无他法。而且，即使是监视，也是在理论上比在实际中简单。这是因为警事工作人员短缺，要在整个德国境内对所有危险者都进行全天候、无死角监视是不切实际的，柏林恐怖袭击案就是最典型的例子。此外，即使制造柏林事件的恐怖分子在其准备阶段被警事机关监控了，警事机关也可能认为他不会引起具体危险的发生，因而不对其采取预防性警事强制措施。

第三，现阶段，警事机关对于危险者所采取的要求佩戴电子脚镣以及预防性拘留是否能够有效应对有组织犯罪和恐怖活动，难以证实。一方面，采取这些预防性手段的有效性尚缺乏相关实践数据的支撑；另一方面，即使法律赋予了警事机关采取这些预防性措施的权力，警事机关对于这些措施的接受程度有多高尚不明了。也即，现阶段我们无法查明，警事机关是否在条件满足时就一定会对危险者实施预防性警察行为。

第四，将危险者也作为预防性警察行为相对人可能会导致警察权力过度扩张。特别是不定期预防性拘留，它涉及对公民重大人身权利——个人行为自由的限制。为保障公民这一基本权利，德国各州的警察法、《联邦刑侦部门法》以及《联邦与各州有关犯罪警务合作法》都将"某犯罪行为将径直发生"作为预防性拘留适用的前提条件。"某犯罪行为将径直发生"这一概念应置于个人自由具有崇高地位的背景下来解释。保护社会公众免遭可能发生的严重犯罪行为的侵害属于公共利益，当严重犯罪近在眼前时，具体危险已经非常迫切，对具体个人行为自由的保护应为公共利益让路。据此，警事机关就必须掌握的特定事实，以证明损害马上或不久后就要发生，以及危险发生的可能性很大。然而，在涉及危险者的场合，上述前提条件仅在极少数情况下可以满足，以致在其他涉及危险者的场合下，我们并不能够为预防性拘留的适用找到充分的合法性依据。

五 对于我国警察法理论的启示

笔者认为，对于中国警察法理论的改革与建构来说，德国预防性警察行为相对人理论中所包含的以下基本规律、经验以及新的发展趋势尤为值得关注。

第一，预防性警察行为和压制性警察行为应当予以区分。预防性警察行为与压制性警察行为的目标设定并不一致，前者是为了追究犯罪行为及治安违法行为的法律责任，后者是为了及时有效地排除具体危险。因此，前者应当遵守过错原则，正确地认定罪犯和治安违法者的过错及其所应承担的法律责任；后者则应遵守及时有效原则和公平原则，首先保证及时有效预防危险，然后再依据公平原则确定排除危险费用的负担。对于这两类警察行为不加区分，势必会导致警事机关在开展执法活动时所应遵守的公权力边界不明确。

第二，危险的内涵由客观危险变为主观危险。在判断预防性警察行为是否违法的问题上，主观危险说应当成为通说。这是因为，从事前角度看，警事机关所做出的危险判断始终是一项取决于其主观认识水平的、暂时的且不确定的判断，因此警察机关只应当站在事前角度对危险状况做出预测。此外，在实施警事行为时，警事机关常常受制于时间的紧迫性和警事行为的强制性，从而面临巨大的工作压力。所以，整个社会不能期待也不允许，警事机关在查明了一切事实后再采取警事措施。因为，在所有事实都查明之后再采取警事措施，可能为时已晚。

第三，警事行为在例外情况下亦可服务于排除抽象的危险。德国传统警察法理论认为，只有当一项具体的危险出现后，也就是说，当特定主体在特定场合、特定时间会引起法益侵害结果发生时，警事机关才能够对他采取警事措施。在仅存在抽象危险的场合，即场合、地点有一项或多项不特定时，警事机关只能采取制定规范性文件的方法对于危险进行预防。但是在现代社会中，由于有组织犯罪以及国际恐怖主义活动数量的增加，如果不将警事机关介入的时间点提前，将危险扼杀在摇篮之中，则往往会导致具体危险产生后警事机关束手无策或鞭长莫及。

第四，对公共安全的保护与对特定公民基本权利的限制始终处于法益衡量之中。危险的出现造成了公共安全与个体自由处于紧张关系之中。一方面，社会公众要求，国家在对公共安全与公共秩序进行保护之时要强硬起来。另一方面，警事行为相对人享有受宪法保护的基本权利。这就要求，警事机关在实施警事行为时，必须始终坚持比例原则，正当地限制公民的基本权利，只有这种合理限制才能构成警事机关实施预防性警察行为的法理基础。如果在任何情况下，公权力都无条件地要求个体公民牺牲自己的基本权利，为公共安全利益让路，则会导致公权力无限制地恣意扩张，这是对作为法律共同体的全体国民自尊心的伤害。

法罗群岛(丹麦)诉欧盟"鲱鱼案"评析
Reflections on the Atlanto-Scandian Herring Cases

刘　衡*

摘要：法罗群岛（丹麦）针对其与欧盟之间因鲱鱼捕捞配额分配问题所产生的争端，先后启动两个国际争端解决强制程序，即《联合国海洋法公约》附件七仲裁和世界贸易组织争端解决机制。不过双方的主要精力都放在庭外谈判协商上面，争端也最终通过谈判协商得以解决。法罗群岛是丹麦的自治领土，不属于欧盟成员国。它在相关事项上享有独立的权能，从而得以利用丹麦的《联合国海洋法公约》缔约国和世贸组织成员身份参与争端解决；欧盟则以国际组织和单独关税区身份参与争端解决。谋求通过平行争端解决程序解决争端是冷战结束后，特别是 21 世纪来出现的新现象。本案在历经两个强制程序之后依然通过谈判协商加以解决，为国际争端解决提供了新实践和新思路。

关键词：国际争端解决；《海洋法公约》附件七仲裁；世界贸易组织；强制程序；谈判协商

Abstract：The Kingdom of Denmark in respect of the Faroe Islands ("Faroe Islands") instituted two compulsory procedures respectively, i. e. Annex VII arbitration under the United Nations Convention on the Law of the Sea (UNCLOS) and the dispute settlement mechanism of the World Trade

---

* 刘衡，法学博士，中国社会科学院欧洲研究所助理研究员，武汉大学国家领土主权和海洋权益协同创新中心研究人员。

Organization ("WTO"), against the European Union ("EU") for a dispute resulting from an allocation key for dividing the Total Allowable Catch ("TAC") of the Atlanto-Scandian herring. Both parties, however, devoted themselves to negotiations and consultations out of the court, and the dispute was settled by negotiations and consultations finally. The Faroe Islands is a self-governing territory of the Kingdom of Denmark and does not fall within the territorial scope of the EU. It enjoys independent competences in term of the disputed matters and participated in the two cases proceedings in the name of Denmark which is a State Party of UNCLOS and a Member of the WTO; EU as an international organization and a separate customs territory may participate in dispute settlement mechanisms both of UNCLOS and the WTO. Seeking the settlement of dispute or disputes by the parallel proceedings is a new phenomenon occurred after the end of the Cold War, especially since this new century. The present dispute experiencing two compulsory procedures was settled by negotiations and consultations at the final stage, which is a new practice in international dispute settlement and may offer new thinking for the settlement of international dispute.

Key words: International Dispute Settlement; Annex VII Arbitration under UNCLOS; WTO; Compulsory Procedures; Negotiation and Consultation

2013 年 8 月,法罗群岛(丹麦)(以下简称"法罗群岛")将其与欧盟之间因大西洋—斯堪的纳维亚鲱鱼(以下简称"鲱鱼")捕捞配额的分配问题所产生的争端提请《联合国海洋法公约》(UNCLOS,以下简称《海洋法公约》)附件七仲裁解决。[①] 这是 2013 年继菲律宾针对中国提起"南海仲裁案"之后的当年第二起附件七仲裁案件,也是自1996 年《海洋法公约》生效以来欧盟卷入的第二起附件七仲裁案件(以下简称"鲱鱼仲裁案")。时隔不到三个月,法罗群岛又于 2013 年

---

① See *The Atlanto-Scandian Herring Arbitration* (*The Kingdom of Denmark in respect of the Faroe Islands v. The European Union*), https://pca-cpa.org/en/cases/25/, last visited 13 February 2019.

11 月就同一争端事项将欧盟诉诸世贸组织（WTO）争端解决机制。①
这是自世贸组织 1995 年成立以来欧盟与其成员国第一次在世贸组织对
簿公堂（以下简称"鲱鱼措施案"）。就"鲱鱼案"② 的实体问题而言，
案情非常简单。但从国际争端解决角度来说，本案在争端主体、平行争
端解决程序等方面具有突出特点。

一　争端的产生与发展

冰岛、俄罗斯、法罗群岛（丹麦）、挪威和欧盟五方共享大西洋—
斯堪的纳维亚鲱鱼的捕捞。③ 自 1996 年起，五方每年举行谈判，以期
根据五方达成的长期管理计划确定的鱼类死亡率，在国际海洋考察理事
会（International Council for the Exploration of the Sea, ICES)）建议的可
分配总可捕捞量（TAC）的基础上，通过协议确定年度捕捞配额的方式
对鲱鱼资源进行共同管理和养护。④ 其中，法罗群岛的配额比例长期保
持为可分配总可捕捞量的 5.16%，是五方中捕捞配额最少的一方。⑤
2011 年以来，法罗群岛以其管辖海域的鲱鱼数量出现实质性增长为由，
要求增加鲱鱼捕捞配额。⑥ 2012 年 12 月 14 日，五方在伦敦召开会议，

---

①　See *European Union-Measures on Atlanto-Scandian Herring*, https：//www. wto. org/english/
tratop_ e/dispu_ e/cases_ e/ds469_ e. htm, last visited 13 February 2019.

②　因争端主体和争端事项完全相同，本文将"鲱鱼仲裁案"和"鲱鱼措施案"统称
"鲱鱼案"。

③　欧盟没有参与最初的协商，后来才加入其他四方已经达成的协议。

④　See WTO, *European Union-Measures on Atlanto-Scandian Herring*, Request for Consultations
by Denmark in respect of the Faroe Islands, WT/DS469/1, G/L/1058, 7 November 2013, para. 8,
https：//docs. wto. org/dol2fe/Pages/FE_ Search/FE_ S_ S006. aspx? Query = (@ Symbol = wt/
ds469/ *) &Language = EN GLISH&Context = FomerScriptedSearch&languageUIChanged = true #,
last visited 13 February 2019.

⑤　其他四方比例分别为：挪威 61%、冰岛 14.51%、俄罗斯 12.82%和欧盟 6.51%。

⑥　See Government of the Faroes：Coercive economic measures are illegal and counterproductive,
26. 07. 2014, http：//www. government. fo/en/news/news/government-of-the-faroes-coercive-eco-
nomic-measures-are-illegal-and-counterproductive/；［作者注：法罗群岛（丹麦）政府网站上显示
的时间是 2014 年 7 月 26 日，但其内容明显表明该声明应发表于 2013 年 7 月 26 日。以下同。］
see also Commission adopts trade measures against Faroe Islands to protect the Atlanto-Scandian herring
stock, 20 August 2013, http：//europa. eu/rapid/press-release_ IP - 13 - 785_ en. htm. last visited
13 February 2019.

协商鲱鱼和蓝鳕鱼的管理和养护问题。法罗群岛再次要求就 2013 年的捕捞配额作出新的安排，增加自己的配额，但其他各方拒绝了法罗群岛的要求。①

其他四方在没有法罗群岛参与的情形下商定 2013 年的捕捞配额在 2012 年的基础上减少 26%。法罗群岛随后于 2013 年 3 月 26 日宣布自行确定鲱鱼 2013 年的捕捞配额为 2012 年的 145%，达到 105230 吨，比例增加至可分配总可捕捞量的 17%。② 欧盟认为法罗群岛此举与其他各方的行为背道而驰，严重损害了鲱鱼的可持续养护，大大降低鲱鱼数量的恢复可能。欧盟于 2013 年 5 月 17 日通知法罗群岛，拟对法罗群岛采取相关措施，包括限制法罗群岛捕捞的鲱鱼及相关产品的进口、限制法罗群岛渔船进入欧盟港口。③ 上述措施拟于 7 月 31 日提交欧盟成员国讨论。

在多次沟通无果后，2013 年 7 月 26 日，法罗群岛总理代表法罗群岛发表声明，指责欧盟拟对法罗群岛采取的强制经济措施（coercive economic measures）是非法的，只会适得其反。法罗群岛认为，"欧盟拟采取的行动不仅违反《联合国海洋法公约》，规避可供利用的争端解决程序，而且建立在不准确的指控基础之上，是没有必要的过分之举"；表示欧盟所称法罗群岛"退出协商"的说法是错误的，事实上法罗群岛一再呼吁就鲱鱼的捕捞配额举行多边谈判。④ 法罗群岛希望通过这些努力呼吁欧盟放弃拟采取的行动。

2013 年 7 月 31 日，欧盟委员会对法罗群岛采取措施的提议得以

---

① See Unfortunate Outcome of Coastal State Meeting in London, 14. 12. 2012, http://www. government. fo/en/news/news/unfortunate-outcome-of-coastal-state-meeting-in-london/, last visited 13 February 2019.

② See WTO, *European Union-Measures on Atlanto-Scandian Herring*, Request for Consultations, WT/DS469/1, G/L/1058, paras. 9 – 10.

③ See Commission announces possible measures against the Faroe Islands over herring fisheries, http://europa. eu/rapid/press-release_ IP – 13 – 441_ en. htm, last visited 13 February 2019.

④ See Government of the Faroes: Coercive economic measures are illegal and counterproductive, 26. 07. 2014.

通过。① 法罗群岛对此进行了谴责,认为欧盟拟采取的措施是欧盟滥用实力的行为,是不可接受的,并称法罗群岛政府正考虑通过何种国际争端解决机制来解决该问题。②

二 争端解决程序的提起、推进与终止

(一)"鲱鱼仲裁案"程序的提起、推进与终止

2013 年 8 月 16 日,法罗群岛依据《海洋法公约》第 287 条和附件七第 1 条向欧盟发出通知,就欧盟因双方在鲱鱼捕捞配额分配问题上的分歧拟对法罗群岛采取措施的行为启动《海洋法公约》附件七仲裁程序。③ 法罗群岛在通知中表示,双方的争端是一项有关大西洋—斯堪的纳维亚鲱鱼资源分享的涉及《海洋法公约》第 63 条第 1 款④的解释和适用的争端。⑤

在启动仲裁程序的通知中,法罗群岛请求宣布欧盟拟对法罗群岛采取强制经济措施的行为违反《海洋法公约》项下义务,命令欧盟不得对法罗群岛威胁采取或采取强制经济措施。法罗群岛强调欧盟在这一事项上的行动旨在阻止就鲱鱼的捕捞配额达成一致开展必要的合作,并违反了和平解决争端的义务。⑥ 法罗群岛还告知欧盟,依据国际法,

---

① See The Government of the Faroes condemns EU plans to impose coercive economic measures, 31. 07. 2013, http://www. government. fo/en/news/news/the-government-of-the-faroes-condemns-eu-plans-to-impose-coercive-economic-measures/; see also The Faroe Islands takes the EU to international tribunal over intended economic measures, 16. 08. 2013, http://www. government. fo/en/news/news/the-faroe-islands-takes-the-eu-to-international-tribunal-over-intended-economic-measures/, last visited 13 February 2019.

② See The Government of the Faroes condemns EU plans to impose coercive economic measures, 31. 07. 2013.

③ See The Faroe Islands takes the EU to international tribunal over intended economic measures, 16. 08. 2013.

④ 该款规定:"如果同一种群或有关联的鱼种的几个种群出现在两个或两个以上沿海国的专属经济区内,这些国家应直接或通过适当的分区域或区域组织,设法就必要措施达成协议,以便在不妨害本部分其他规定的情形下,协调并确保这些种群的养护和发展。"

⑤ See Arbitral Tribunal, *The Atlanto-Scandian Herring Arbitration*, Procedural Order No. 1, 15 March 2014, PCA Case 2013 - 30, p. 2.

⑥ See The Faroe Islands takes the EU to international tribunal over intended economic measures, 16. 08. 2013.

争端当事方有义务克制采取可能损害最终决定的任何措施；当争端提交国际司法或仲裁法庭以后，应避免采取可能加剧或扩大争端的任何行动。①

2013 年 12 月 9 日，仲裁庭组成，庭长为托马斯·门萨（Judge Thomas A. Mensah），其余 4 名仲裁员分别为：格哈德·哈夫纳（Prof. Gerhard Hafner）、弗朗西斯科·比库尼亚（Prof. Francisco Orrego Vicuña）、平托（Mr. M. C. W. Pinto）、吕迪格·沃尔夫鲁姆（Prof. Dr. Rüdiger Wolfrum），仲裁庭书记处设在常设仲裁法院（案件登记号：2013 – 30）。

2014 年 3 月 15 日，仲裁庭发布第 1 号程序令，《仲裁程序规则》确定了后续程序的时间表，包括法罗群岛提交诉状和欧盟提出初步反对的截止时间。6 月 30 日，仲裁庭发布第 2 号程序令，决定中止仲裁程序 60 天，自该程序令作出之日起计算，直至 2014 年 8 月 29 日。2014 年 9 月 23 日，仲裁庭发布"程序终止令"，决定终止本案。②

在整个仲裁程序中，除了单独指派和协议指派仲裁员并协议指派仲裁庭庭长、与法罗群岛两次共同致信仲裁庭和书记处外，欧盟没有就程序和实体问题向仲裁庭提交任何书面呈述，没有提出任何权利主张。

（二）附件七仲裁庭的程序令

仲裁程序启动后，虽然双方都没有向仲裁庭提交书面呈述，欧盟没有提出管辖权异议，双方也都没有在程序中就实体问题发表任何意见，仲裁庭仍然作出了三份程序令。第一份程序令系仲裁庭依正常推进程序之需要作出，后两份程序令系仲裁庭依当事双方的请求作出。

1. 第 1 号程序令（2014 年 3 月 15 日）

（1）仲裁庭的管辖权。仲裁庭没有明确讨论管辖权问题，但在第 1 号程序令中提及了建立管辖权的各项要素。它们包括：第一，丹麦和欧盟都是《海洋法公约》缔约方。丹麦依据《海洋法公约》第 287

---

① See The Faroe Islands takes the EU to international tribunal over intended economic measures, 16. 08. 2013.

② See Arbitral Tribunal, *The Atlanto-Scandian Herring Arbitration*, Terminal Order, 23 September 2014, PCA Case 2013 – 30, p. 2.

条第 1 款选择国际法院作为争端解决方式，欧盟没有作出选择。第二，《海洋法公约》第 286 条规定，"在第三节限制下，有关本公约的解释或适用的任何争端，如已诉诸第一节而仍未得到解决，经争端任何一方请求，应提交根据本节具有管辖权的法院或法庭"。第三，《海洋法公约》第 287 条第 3 款规定"缔约国如为有效声明所未包括的争端的一方，应视为已接受附件七所规定的仲裁。"第 5 款规定"如果争端各方未接受同一程序以解决这项争端，除各方另有协议外，争端仅可提交附件七所规定的仲裁"。第四，《海洋法公约》附件七第 1 条规定："在第十五部分限制下，争端任何一方可向争端他方发出书面通知，将争端提交本附件所规定的仲裁程序。通知应附有一份关于其权利主张及该权利主张所依据的理由的说明。"第五，法罗群岛在启动程序的通知中援引了《海洋法公约》第 287 条、第 288 条第 1 款和附件七第 1 条，声称该争端是一项有关大西洋—斯堪的纳维亚鲱鱼资源分享的涉及《海洋法公约》第 63 条第 1 款的解释和适用的争端。第六，依据《海洋法公约》附件七第 3 条，由 5 名仲裁员构成的仲裁庭于 2013 年 12 月 9 日组成。第七，当事双方共同提交了程序规则草案；2014 年 3 月 15 日，仲裁庭召集双方在海牙和平宫召开了第一次组织会议。①

　　（2）程序令的主要内容。基于上述，仲裁庭作出如下命令：第一，关于程序规则。在遵守《海洋法公约》（包括附件七）、任命条件（Terms of Appointment）和仲裁庭嗣后作出的程序令之情形下，程序规则应适用于本案程序。对于《海洋法公约》（包括附件七）、程序规则、仲裁庭作出的现有程序令或者任命条款未明确规定的任何程序问题，应由仲裁庭在征求当事方意见后决定。第二，关于程序进行的时间框架。按照程序规则第 8 条和第 12 条及其附件确定如下时间表：法罗群岛应在 2014 年 7 月 15 日 18 点或之前（欧洲中部夏令时间）提交第一次书面呈述；欧盟应在 2014 年 10 月 15 日 18 点或之前（欧洲中部夏令时间）提交第一次书面呈述，包括初步反对。应在

① See Arbitral Tribunal, *The Atlanto-Scandian Herring Arbitration*, Procedural Order No. 1, pp. 2 – 3.

2014 年 11 月 11 日 10 点（欧洲中部时间）就案件分阶段进行问题召开会议。仲裁庭争取在上述会议结束后 15 天内就案件分阶段进行问题作出一份合理的程序令，若延期将寻求当事方的同意。第三，任何一方均有权向仲裁庭申请更改本命令，并详细说明所请求的变更及其原因。①

2. 第 2 号程序令（2014 年 6 月 30 日）

2014 年 6 月 27 日，当事双方共同致信仲裁庭和书记处，表示"特此通知仲裁庭，当事方同意按预定中止程序""当事方因此依照程序规则第 13 条第 3 款请求仲裁庭命令程序中止，中止期限为自相应程序令发布之日起 60 天"。当事双方同时表示，请求中止程序"不损害任何一方在《联合国海洋法公约》项下权利和义务"②。

仲裁庭依照程序规则第 13 条第 3 款"如果当事方同意中止程序，仲裁庭应命令程序中止"之规定，于 2014 年 6 月 30 日作出如下命令：第一，依照程序规则第 13 条第 3 款和当事方一致于 2014 年 6 月 27 日致法庭的通知，仲裁庭命令本仲裁程序自 2014 年 6 月 30 日起中止 60 天。第二，依照程序规则第 13 条第 8 款，在程序中止期间，应停止计算此前为当事方规定的时限，包括 2014 年 3 月 15 日仲裁庭第 1 号程序令规定的时限。第三，当事各方应在 2014 年 8 月 29 日前将有关程序重启或者中止延期的立场告知仲裁庭。③

3. 程序终止令（2014 年 9 月 23 日）

2014 年 8 月 21 日，当事双方共同致信仲裁庭庭长，请求仲裁庭"作出终止仲裁程序的命令"，并称该请求"不损害任何一方在《联合国海洋法公约》项下的权利和义务"④。

仲裁庭依照程序规则第 22 条有关"和解或终止的其他理由"第 26

---

① See Arbitral Tribunal, *The Atlanto-Scandian Herring Arbitration*, Procedural Order No. 1, p. 3.

② See Arbitral Tribunal, *The Atlanto-Scandian Herring Arbitration*, Procedural Order No. 2, 30 June 2014, PCA Case 2013 – 30, p. 2.

③ See Arbitral Tribunal, *The Atlanto-Scandian Herring Arbitration*, Procedural Order No. 2, p. 2.

④ See Arbitral Tribunal, *The Atlanto-Scandian Herring Arbitration*, Terminal Order, p. 2.

条和第 28 条之规定，以及《海洋法公约》附件七第 7 条有关费用和报酬的规定，于 2014 年 9 月 23 日作出如下终止令：第一，依照程序规则第 22 条第 1 款之规定，本仲裁程序终止。第二，依照程序规则第 28 条第 4 款，常设仲裁法院将向当事方交付就本仲裁交存的费用，尚未花费余额将以均等金额返还各方。① 至此，历时一年有余的仲裁程序正式终止，本案终结。

(三)"鲱鱼措施案"程序的提起、推进与终止

法罗群岛启动《海洋法公约》附件七仲裁程序后，欧盟即通过了针对法罗群岛的一揽子措施。2013 年 11 月 4 日，法罗群岛依据世贸组织《关于争端解决规则与程序的谅解》（DSU，以下简称《争端解决谅解》）第 4 条和 1994 年《关税与贸易总协定》（GATT 1994）第 23 条第 1 款，请求与欧盟就其针对法罗群岛对鲱鱼采取的强制经济措施进行磋商，启动了世贸组织争端解决机制（案号：DS469）。② 法罗群岛声明"提出本请求（同时），法罗群岛（丹麦）保留《联合国海洋法公约》项下所有权利。本请求因而不妨碍法罗群岛（丹麦）依据《联合国海洋法公约》已采取或可能采取的行动"。③ 法罗群岛在磋商通知中指控欧盟的 2012 年《鱼类种群养护条例》（"基础条例"）④、2013 年《法罗群岛鲱鱼养护执行条例》（"执行条例"）⑤ 以及欧盟或其成员国采取的任何相关措施，包括指导、修正、支持、补充、取代和/或执行"基本条例"或"执行条例"规定的措施违反了 1994 年《关税与贸易总协

---

① See Arbitral Tribunal, *The Atlanto-Scandian Herring Arbitration*, Terminal Order, p. 2.

② See WTO, *European Union-Measures on Atlanto-Scandian Herring*, Request for Consultations by Denmark in respect of the Faroe Islands, WT/DS469/1, G/L/1058.

③ WTO, *European Union-Measures on Atlanto-Scandian Herring*, Request for Consultations, para. 7.

④ Regulation (EU) of the European Parliament and of the Council of 25 October 2012 on certain measures for the purpose of the conservation of fish stocks in relation to countries allowing non-sustainable fishing, No 1026/2012, *OJ L* 316/34, 14. 11. 2012.

⑤ Commission Implementing Regulation (EU) of 20 August 2013 establishing measures in respect of the Faeroe Islands to ensure the conservation of the Atlanto-Scandian herring stock, No 793/2013, *OJ L* 223/1, 21. 8. 2013.

定》第1条（最惠国待遇）第1款①、第5条（过境自由）第2款②和第11条（普遍取消数量限制）第1款③规定。④ 特别是"执行条例"第5条（措施）第1款和第2款之规定。⑤

双方随后于2013年12月12日进行了磋商，以求达成双方都能接受的方案。遗憾的是，磋商未能解决争端。因此，2014年1月8日，法罗群岛依据《争端解决谅解》第6条和1994年《关税与贸易总协定》第23条向世贸组织争端解决机构（DSB）请求设立专家组审理此案，并要求将该请求事项列入争端解决机构即将于1月22日举行的会议日程。⑥ 由于欧盟的反对，设立专家组的请求在当月22日举行的争

---

① 该款规定："在对进口或出口、有关进口或出口或对进口或出口产品的国际支付转移所征收的关税和费用方面，在征收此类关税和费用的方法方面，在有关进口和出口的全部规章手续方面，以及在第3条第2款和第4款所指的所有事项方面，任何缔约方给予来自或运往任何其他国家任何产品的利益、优惠、特权或豁免应立即无条件地给予来自或运往所有其他缔约方领土的同类产品。"

② 该款规定："对于通过国际过境最方便的路线、来自或前往其他缔约方领土的过境运输，应具有经过每一缔约方领土的过境自由。不得因船籍、原产地、始发地、入港、出港或目的地，或与货物、船舶或其他运输工具所有权有关的任何情况而有所区分。"

③ 该款规定："任何缔约方不得对任何其他缔约方领土产品的进口或向任何其他缔约方领土出口或销售供出口的产品设立或维持除关税、国内税或其他费用外的禁止或限制，无论此类禁止或限制通过配额、进出口许可证或其他措施实施。"

④ See WTO, *European Union-Measures on Atlanto-Scandian Herring*, Request for Consultations, para. 17.

⑤ It provides that, "1. It shall be prohibited to introduce into the territory of the Union, including for transhipment purposes at ports, fish or fishery products set out in Annex which consist of, are made of, or contain Atlanto-Scandian herring or mackerel caught under the control of the Faeroe Islands. 2. The use of Union ports by vessels flying the flag of the Faeroe Islands that fish for Atlanto-Scandian herring or mackerel and by vessels transporting the fish or the fishery products stemming from Atlanto-Scandian herring or mackerel that have been caught either by vessels flying the flag of that country or by vessels authorised by it while flying another flag shall be prohibited. This prohibition shall not apply in cases of force majeure or distress within the meaning of Article 18 of the 1982 United Nations Convention on the Law of the Sea for services strictly necessary to remedy those situations.

⑥ See WTO, *European Union-Measures on Atlanto-Scandian Herring*, Request for the Establishment of A Panel by Denmark in respect of the Faeroe Islands, WT/DS469/2, 10 January 2014, https://docs. wto. org/dol2fe/Pages/FE_ Search/FE_ S_ S006. aspx? Query = (@ Symbol = wt/ ds469/ *) &Language = EN GLISH&Context = FomerScriptedSearch&languageUIChanged = true #, last visited 13 February 2019. 如申诉方提出请求，争端解决机构应在提出请求后15天内为此召开会议。

端解决机构会议上未能通过。① 直至 2014 年 2 月 26 日，争端解决机构
才决定设立本案专家组。②

先后有包括中国在内的 30 个世贸组织成员声称保留本案第三方的
权利。③ 但专家组设立以后并未实际组成，审理程序没有向前推进。
2014 年 8 月 21 日，法罗群岛和欧盟联合致函世贸组织争端解决机构，
表示案件已通过双方协议解决，案件终止。

三　双方的庭外行动与谈判协商

2013 年 8 月 20 日，在法罗群岛启动《海洋法公约》附件七仲裁程
序后，欧盟委员会即通过了针对法罗群岛的一揽子措施。这些措施包
括：禁止进口在法罗群岛控制下所捕捞的鲱鱼和鲭鱼种群和包含或使用
上述鱼类制成的渔业产品（"执行条例"第 5 条第 1 款）；限制由法罗
群岛控制的捕捞鲱鱼和鲭鱼的渔船使用欧盟港口（"执行条例"第 5 条
第 2 款）。④ 这意味着除紧急情况外，一些法罗群岛的船只不得停靠欧
盟港口。⑤ 8 月 21 日，《欧盟官方公报》发布了实施上述措施的"执行
条例"，条例于 8 月 28 日生效。⑥

2013 年 12 月 10 日，相关五方就 2014 年的鲱鱼捕捞配额继续进行

---

① Faroe Island Requests WTO Panel in EU Fisheries Dispute, 18 Bridges Weekly Trade News Digest, no. 2（Jan. 23, 2014），http：//ictsd. org/i/news/bridgesweekly/182586/.

② 《争端解决谅解》第 6 条第 1 款规定："如申诉方提出请求，则专家组最迟应在此项请求首次作为一项议题列入争端解决机构议程的会议之后的争端解决机构会议上设立，除非在该次会议上争端解决机构经协商一致决定不设立专家组。"

③ THEY ARE AUSTRALIA, CHINA, GUATEMALA, HONDURAS, ICELAND, INDIA, JAPAN, NEW ZEALAND, PANAMA, THE RUSSIAN FEDERATION, CHINESE TAIPEI, TURKEY, THE UNITED STATES, ARGENTINA, BRAZIL, MEXICO, NORWAY, PERU AND THAILAND.

④ See COMMISSION ADOPTS TRADE MEASURES AGAINST FAROE ISLANDS TO PROTECT THE ATLANTO-SCANDIAN HERRING STOCK, 20 AUGUST 2013, http：//europa. eu/rapid/press-release_ IP‑13‑785_ en. htm, last visited 13 February 2019.

⑤ 欧盟随后依据"执行条例"通过一份指示性清单，列出禁止使用欧盟港口的船只，除法罗群岛的船只外，还包括悬挂伯利兹、中国以及圣基茨和尼维斯国旗的船只。

⑥ Commission Implementing Regulation（EU）of 20 August 2013 establishing measures in respect of the Faeroe Islands to ensure the conservation of the Atlanto-Scandian herring stock, No 793/2013.

协商，但没有达成协议。各方同意 2014 年 1 月重启谈判。法罗群岛表示将利用重启谈判前的时间与各方展开双边协商，意在最终达成五方都接受的结果。①

2013 年 12 月 14 日，法罗群岛总理表示，如果欧盟撤销针对法罗群岛的强制经济措施，法罗群岛将考虑撤回针对欧盟相关措施启动的《海洋法公约》项下和世贸组织项下的争端解决程序，以促使双方回归常态，加强合作。②

2014 年 6 月 11 日，欧盟发布消息称其与法罗群岛之间的鲱鱼争端接近解决。欧盟表示，经过近几个月来长时间的对话，双方已经就结束鲱鱼争端达成政治谅解。谅解内容包括：法罗群岛同意终止对鲱鱼可持续养护有害的做法，欧盟委员会将提出废除针对法罗群岛的贸易限制措施的条例草案，条例在通过前需欧盟成员国审议；终止法罗群岛在世贸组织和《海洋法公约》项下针对欧盟相关措施启动的争端解决程序。③

2014 年 6 月 12 日，法罗群岛总理发表声明，欢迎双方就解决因欧盟的经济措施所引发的争端达成谅解。法罗群岛总理表示，法罗群岛政府已经决定就取消欧盟强制经济措施和终止相关争端解决程序与欧盟达成协议。④ 法罗群岛总理还表示："欧盟的贸易措施不符合国际法。可以诉诸强制争端解决机制以实际解决争端对法罗群岛这样的小国家具有特殊的价值，可以在必要时保障基于法治所享有的权利。"⑤

---

① See Atlanto-Scandian Herring Negotiations set to Continue into the New Year, 10. 12. 2013, http：//www. government. fo/en/news/news/atlanto-scandian-herring-negotiations-set-to-continue-into-the-new-year/, last visited 13 February 2019.

② See The Faroe Islands and the EU: Need to get relations back on track, 14. 12. 2013, http：//www. government. fo/en/news/news/the-faroe-islands-and-the-eu-need-to-get-relations-back-on-track/, last visited 13 February 2019.

③ See Herring dispute between European Union and Faroe Islands nears end, 11 June 2014, http：//europa. eu/rapid/press-release_ STATEMENT – 14 – 189_ en. htm, last visited 13 February 2019.

④ See Prime Minister welcomes understanding to resolve dispute on EU's economic measures, 12. 06. 2014, http：//www. government. fo/en/news/news/prime-minister-welcomes-understanding-to-resolve-dispute-on-eu-s-economic-measures/, last visited 13 February 2019.

⑤ Prime Minister welcomes understanding to resolve dispute on EU's economic measures, 12. 06. 2014.

2014 年 6 月 27 日，法罗群岛表示，欧盟委员会已向法罗群岛确认正在采取必要措施撤销针对法罗群岛的相关措施。因此，法罗群岛针对欧盟启动的《海洋法公约》项下仲裁程序和世贸组织争端解决程序将暂时推迟。一旦欧盟贸易措施取消，上述程序将立即终止。①

2014 年 8 月 21 日，法罗群岛表示，法罗群岛和欧盟当天已共同向《海洋法公约》附件七仲裁庭请求终止审理程序。法罗群岛还表示，欧盟本周取消了针对法罗群岛的贸易措施，双方之间不再存在分歧；类似终止程序的通知同日也提交给了世贸组织，请求同时终止争端解决程序。②

四　本案的主要特点

"鲱鱼案"最终以双方协议终止程序的方式结案，程序进行过程中以当事方的庭外沟通和谈判协商为主。"鲱鱼仲裁案"仲裁庭成立后依案件需要和依当事方申请就程序问题作出了三份命令，没有处理案件的管辖权和可受理性问题以及实体问题；世贸组织争端解决机构设立了"鲱鱼措施案"专家组，但专家组随后并未实际组成，根本没有机会触及本案的程序和实体问题。从国际争端解决角度看，本案呈现出多个突出特点。

(一) 历经两个强制程序

多数国际争端最终都通过谈判协商解决，本案自谈判协商开始至谈判协商结束，符合这一现实。通常的情况是，争端自始至终都处于外交轨道，没有进入法律程序，特别是强制程序。少数争端解决历经了本案相同的过程，即谈判协商—强制程序—谈判协商的过程。令人印象深刻的是，本案在协议终止之前历经了两个不同的强制程序，这在国际争端

---

① See The Faroe Islands and the European Union agree to settle the dispute，27. 06. 2014，http：//www. government. fo/en/news/news/the-faroe-islands-and-the-european-union-agree-to-settle-the-dispute/，last visited 13 February 2019.

② See Arbitral and WTO proceedings terminated，21. 08. 2014，http：//www. government. fo/en/news/news/arbitral-and-wto-proceedings-terminated/，last visited 13 February 2019.

解决实践中并不多见。这两个不同的强制程序是针对同一事项基于不同的国际条约依据提起的。而且，在本案中这两个强制程序的争端解决机构都没有机会处理案件实体问题。换言之，当事方并非想真正通过强制程序来解决争端。从积极角度看，这一过程展示了国际性法庭"作为和平解决争端促进者的潜在作用远远超过其审理案件的内在权威"[1]；从消极角度看，"强制程序在整个争端解决过程中似乎只是扮演了谈判筹码的角色"[2]。这并不奇怪，依据《海洋法公约》规定，"争端解决强制程序本身不是目的，而是谋求解决争端的一种手段"[3]，"当然可以服务于当事方的谈判协商"[4]。在任何情形下，争端当事方的谈判协商都是争端解决的首选和优选。[5] 从这个角度看，作为"鲱鱼仲裁案"申请方和"鲱鱼措施案"申诉方的法罗群岛在这方面理解非常深刻。当然，这也少不了对手欧盟的心领神会和积极配合。[6]

(二) 双方都不是国家

法罗群岛是丹麦的自治领土，它在国际法上不是一个独立的主权国家，不具有成为《海洋法公约》缔约国（方）的主体资格[7]；它也不是"在处理对外贸易关系及本协定和多边贸易协定规定的其他事项方面拥有完全自主权的单独关税区"，不具有成为世贸组织成员的主体资格[8]。因此，法罗群岛本身既不能启动《海洋法公约》争端解决机制，也不能启动世贸组织争端解决机制。在《海洋法公约》和世贸组织意义上，法罗群岛是《海洋法公约》缔约国和世贸组织成员丹麦的一部

---

① Joe Borg, *Oceans and the Law of the Sea*: *Towards new horizons*, Address at the Conference of the International Tribunal for the Law of the Sea, Hamburg, 02 September 2005, SPEECH/05/475, http://europa.eu/rapid/press-release_ SPEECH－05－475_ en.htm, last visited 13 February 2019.

② 刘衡：《欧盟与国际海洋争端解决》，《欧洲研究》2018 年第 6 期。

③ 同上书，第 124 页。

④ 同上书，第 129 页。

⑤ 《海洋法公约》第 280 条规定："本公约的任何规定均不损害任何缔约国于任何时候协议用自行选择的任何和平方法解决它们之间有关本公约的解释或适用的争端的权利。"

⑥ 事实上，欧盟在这方面理解同样深刻。可参见刘衡《欧盟与国际海洋争端解决》。

⑦ 参见《海洋法公约》第 305 条。

⑧ 参见《建立世界贸易组织协定》第 12 条。

分。法罗群岛之所以可以先后启动《海洋法公约》和世贸组织项下争端解决强制程序，借的是丹麦《海洋法公约》缔约国和世贸组织成员身份。法律上，提起这两个强制程序的是丹麦（法罗群岛）；实际上，提起这两个程序的是法罗群岛（丹麦）。从现有公开信息来看，除了在程序上提供方便外，丹麦没有以任何方式参与两案强制程序，也没有以任何形式参与双方的谈判协商。这种情形在国际争端解决中相对少见。

丹麦是欧盟成员国，法罗群岛是丹麦的自治领土，但是法罗群岛与同属丹麦自治领土的格陵兰一样都不是欧盟成员国，不属于欧盟的一部分。[①] 因此，法罗群岛与欧盟之间的争端不同于丹麦与欧盟之间的争端。《海洋法公约》（国际海洋法）意义上，本案所涉事项为"海洋渔业资源的养护和管理"。按照丹麦（成员国）和欧盟之间的权能安排，它在该事项上的权能已经完全让渡给欧盟，属于欧盟的专属权能（exclusive competences），丹麦自身无权在该事项上针对任何《海洋法公约》缔约国启动《海洋法公约》争端解决机制，当然更无法针对欧盟启动《海洋法公约》争端解决机制。世贸组织（国际贸易法）意义上，本案所涉事项为"国际货物贸易"，该事项所涉权能同样是欧盟的专属权能，丹麦自身无法针对欧盟启动世贸组织争端解决机制。即使丹麦在上述事项上的权能没有或者没有完全让渡给欧盟，它也很难针对欧盟启动相关争端解决程序。欧盟基础条约（《欧盟条约》和《欧盟运行条约》）规定欧盟法院对欧盟成员国之间、成员国与欧盟机构之间就欧盟法的解释或适用问题所产生的争端具有专属管辖权。以《海洋法公约》为例，欧洲法院在先前案例中已经认定：《海洋法公约》在欧盟加入后就成为欧盟法的一部分，有关《海洋法公约》解释或适用的争端实际就是有关欧盟法解释或适用的争端。因此，欧洲法院对欧盟成员国与欧盟机构之间有关《海洋法公约》解释或适用的争端具有专属管辖权。[②]依照《海洋法公约》第282条之规定，丹麦针对欧盟启动《海洋法公

[①] See https：//europa. eu/european-union/about-eu/countries/member-countries/denmark _ en，last visited 13 February 2019.

[②] See *Commission v Ireland*，*Case C – 459/03*，Judgment of the Court（Great Chamber），30 May 2006，paras. 121 – 128.

约》解决程序无疑难度相当大。①

相对欧盟而言,作为丹麦领土一部分的法罗群岛无论在"海洋渔业资源的养护和管理"事项上还是在"国际贸易"事项上,都享有独立的权能。例如,丹麦在批准《海洋法公约》时声明,它在《海洋法公约》调整事项上向欧盟让渡的相关权能不及于法罗群岛。②

在这样一种特殊情形下,《海洋法公约》和世贸组织是否允许作为缔约国一部分的法罗群岛具有启动《海洋法公约》和世贸组织争端解决机制的权利?本案实践给出的答案是可以。争端对方欧盟对此没有提出异议,也没有其他《海洋法公约》缔约国和世贸组织成员对此发表任何看法。也就是说,不是也不可能成为《海洋法公约》缔约方和世贸组织成员的法罗群岛,基于丹麦的《海洋法公约》缔约国和世贸组织成员资格,基于丹麦不享有而自身所享有的在"海洋渔业资源的养护和管理"和"国际或货物贸易"事项上的权能,针对《海洋法公约》缔约方启动了《海洋法公约》争端解决机制,也针对世贸组织成员启动了世贸组织项下争端解决机制。这还意味着,对《海洋法公约》其他缔约国而言,一旦在相关方之间出现有关《海洋法公约》解释或适用的争端,作为《海洋法公约》缔约国的丹麦可以针对其启动《海洋法公约》争端解决机制,作为《海洋法公约》缔约国丹麦一部分的法罗群岛也可能针对其启动《海洋法公约》争端解决机制。这种情形同样可能出现在世贸组织中。

本案的被申请方(被申诉方)是欧盟,它在国际法上的身份是政府间国际组织。首先,欧盟是以国际组织身份依据《海洋法公约》第

---

① 《海洋法公约》第 282 条规定:作为有关本公约的解释或适用的争端各方的缔约各国如已通过一般性、区域性或双边协定或以其他方式协议,经争端任何一方请求,应将这种争端提交导致有拘束力裁判的程序,该程序应代替本部分规定的程序而适用,除非争端各方另有协议。

② "The Kingdom of Denmark recalls that, as a member of the European Community, it has transferred competence in respect of certain matters governed by the Convention. In accordance with the provisions of Annex IX of the Convention, a detailed declaration on the nature and extent of the competence transferred to the European Community was made by the European Community upon deposit of its instrument of formal confirmation. This transfer of competence does not extend to the Faroe Islands and Greenland." See http://www.un.org/Depts/los/convention_agreements/convention_declarations.htm, last visited 13 February 2019.

305 条第 1 款（f）项和附件九成为《海洋法公约》缔约方的，是迄今为止《海洋法公约》唯一一个国际组织缔约方。[①] 截至目前，欧盟已两度卷入《海洋法公约》强制争端解决机制，而且都是附件七仲裁，本案是其中第二起。在这两起附件七仲裁案件中，欧盟的身份都是被申请方，案件所涉事项都是"海洋渔业资源的养护和管理"。其次，欧盟是以单独关税区身份依据《建立世界贸易组织协定》第 12 条第 1 款成为世贸组织成员的。欧盟也是世贸组织迄今唯一一个国际组织成员。最后，有意思的是，欧盟卷入的两起附件七仲裁案件都伴随着世贸组织争端解决程序。在欧盟和智利的"剑鱼案"中，先是欧盟于 2000 年 4 月将智利对剑鱼采取的相关措施提交至世贸组织争端解决机制，智利随后将双方之间的剑鱼争端提请附件七仲裁解决。本案的情况略有不同，法罗群岛将双方的争端先启动附件七仲裁程序，两个多月后又启动了世贸组织争端解决机制。这也是针对同一主题事项同时启动《海洋法公约》强制争端解决机制和世贸组织争端解决机制的仅有两起案件。最终这两起案件都以当事双方协议结案。

（三）平行争端解决程序

如上提及，针对同一主题事项，法罗群岛在启动本案之后随即启动了世贸组织争端解决机制。在 2013 年 11 月 4 日至 2014 年 8 月 21 日，《海洋法公约》附件七仲裁程序与世贸组织争端解决程序平行运行，先后终止。[②]

就同一或类似或密切相关的主题事项，基于不同的国际法依据，两种甚至多种不同的国际争端解决法律程序平行运行的情形在冷战后的国际争端解决中多次出现，且争端事项多涉及海洋事项或者至少是以海洋争端的名义提起；仅在《海洋法公约》争端解决机制运行过程中就出现了 3 次，且都涉及附件七仲裁程序。

---

① 有关欧盟参与《海洋法公约》争端解决机制的法律依据，参见刘衡《欧盟与国际海洋争端解决》。

② 双方同一天向仲裁庭和世贸组织争端解决机构提出终止程序请求，终止日期的差异源于两案不同的程序，没有实质差别。在附件七仲裁中，需要由仲裁庭作出终止程序的决定；而在世贸组织中，只需要当事方作出通知即可。

在"剑鱼案"中，欧盟先于 2000 年 4 月将智利对剑鱼的过境和进口采取的相关措施诉诸世贸组织争端解决机制①，智利同年年底将双方有关剑鱼的争端提起《海洋法公约》附件七仲裁②，开启了平行争端解决程序的先例。后来双方又协议终止附件七仲裁程序，将案件移送国际海洋法法庭（ITLOS）特别分庭处理。除本案被申请方（被申诉方）欧盟卷入的本案和"剑鱼案"外，随后，在爱尔兰和英国之间的"MOX核燃料厂案"中也出现了这种情况。就两国之间因英国在爱尔兰海沿海建设和运行 MOX 核燃料厂所产生的争端，爱尔兰先是 2001 年 6 月依据《保护东北大西洋海洋环境公约》（OSPAR 公约）针对英国启动了该公约项下的仲裁程序③；随后又于 2001 年 10 月启动了《海洋法公约》附件七仲裁程序④⑤。有意思的是，上述三起平行的争端解决程序都涉及欧盟或其成员国。

另有两起平行争端解决程序不涉及欧盟及其成员国。2013 年 4 月，东帝汶为解决其与澳大利亚之间的专属经济区和大陆架划界争端（"帝汶海划界案"），依据双方签署的《帝汶海条约》提请仲裁⑥；2015 年 9 月，东帝汶再次提起《帝汶海条约》项下仲裁⑦。此后，东帝汶又于

---

① See *Chile-Measures affecting the Transit and Importing of Swordfish*, https://www.wto.org/english/tratop_e/dispu_e/cases_e/ds193_e.htm, last visited 13 February 2019.

② See *Case concerning the Conservation and Sustainable Exploitation of Swordfish Stocks in the South-Eastern Pacific Ocean*（*Chile/European Union*）, https://www.itlos.org/cases/list-of-cases/case-no-7/, last visited 13 February 2019.

③ See *Ireland v. United Kingdom*（*OSPAR Arbitration*）, https://pca-cpa.org/en/cases/34/, last visited 13 February 2019.

④ See *MOX Plant Case*（*Ireland v. United Kingdom*）, https://pca-cpa.org/en/cases/100/, last visited 13 February 2019/.

⑤ OSPAR 公约项下仲裁庭作出了仲裁裁决，《海洋法公约》附件七仲裁庭没有作出裁决，由双方协议终止了程序。两国之间的这两个仲裁案在欧洲法院引发了另一起案件。2003年 10 月，欧共体委员会将爱尔兰诉诸欧洲法院，指控后者将其与英国之间的争端诉诸《海洋法公约》附件七的行为违反其《欧共体条约》第 292 条项下义务（C - 459/03, Commission v. Ireland）。为等待欧洲法院对该案作出判决，附件七仲裁庭一再中止程序，最终双方协议终止了附件七仲裁程序。

⑥ See *Arbitration under the Timor Sea Treaty*（*Timor-Leste v. Australia*）, 2013 - 16, https://pca-cpa.org/en/cases/37/, last visited 13 February 2019.

⑦ See *Arbitration under the Timor Sea Treaty*（*Timor-Leste v. Australia*）, 2015 - 42, https://pca-cpa.org/en/cases/141/, last visited 13 February 2019.

2016 年 4 月提起了裁判结果没有拘束力的《海洋法公约》附件五强制调解。① 最终双方解决划界争端的过程多少有点出人意料。在强制调解过程中，双方先是协议于 2017 年 3 月同时终止了两起仲裁案，随后又于 2018 年 3 月缔结了《海上边界条约》，圆满解决了双方在帝汶海的专属经济区和大陆架划界争端。②

2016 年 9 月 16 日，乌克兰针对俄罗斯提起公约附件七仲裁，称争端涉及"黑海、亚速海和刻赤海峡的沿海国权利"③。俄罗斯则指出当事双方的现实争端事关乌克兰"对克里米亚的主权主张"，因而不是《海洋法公约》第 288 条第 1 款所要求的"有关公约解释或适用的争端"④。2017 年 1 月 16 日，乌克兰以俄罗斯支持其境内的恐怖主义为由，依据《制止向恐怖主义提供资助国际公约》和《消除一切形式种族歧视国际公约》在国际法院（ICJ）对俄罗斯提起诉讼。⑤ 俄罗斯在克里米亚的相关行为包括在乌克兰提起诉讼的争端事项之中。就克里米亚的主权而言，附件七仲裁和国际法院诉讼也形成了平行的争端解决程序。

平行争端解决程序这种现象的出现，很大程度上与冷战结束后国际法的碎片化以及在国际争端解决领域国际性法院或法庭的扩散相关，是冷战后，特别是 21 世纪出现的新现象。从现有已经结案的平行程序来看，在爱尔兰和英国之间的"MOX 核燃料厂案"、东帝汶和澳大利亚之间的"帝汶海划界案"中，不同程序相互间产生了明显影响。在

---

① See *Conciliation between The Democratic Republic of Timor-Leste and The Commonwealth of Australia*, https：//pca-cpa. org/en/cases/132/, last visited 13 February 2019.

② See Conciliation Commission, *Report and Recommendations of the Compulsory Conciliation Commission between Timor-Leste and Australia on the Timor Sea*, 9 May 2018, https：//pcacases. com/web/sendAttach/2327, last visited 13 February 2019.

③ See *Dispute Concerning Coastal State Rights in the Black Sea, Sea of Azov, and Kerch Strait* (*Ukraine v. the Russian Federation*), PCA website：https：//pca-cpa. org/en/cases/149/, last visited 13 February 2019.

④ See Arbitral Tribunal, *Dispute Concerning Coastal State Rights in the Black Sea, Sea of Azov, and Kerch Strait*, Procedural Order No. 3, p. 2.

⑤ See *Application of the International Convention for the Suppression of the Financing of Terrorism and of the International Convention on the Elimination of All Forms of Racial Discrimination* (*Ukraine v. Russian Federation*), https：//www. icj-cij. org/en/case/166, last visited 13 February 2019.

"剑鱼案"和本案中，由于国际海洋法法庭特别分庭、附件七仲裁庭和世贸组织争端解决机构都没有实际审理案件，无法判断两种不同的争端解决程序平行运行是否会给案件的处理带来影响或者会带来何种影响。

(四) 程序的透明度

附件七仲裁属于强制仲裁。理论上，当事方依然可以就仲裁程序的公开程度作出约定，没有当事方的同意，原则上不会公开。不过近20年来附件七仲裁利用率较高，程序开放度越来越大，主要案件资料一般都会或早或晚公开。如果当事方之间没有相关保密协议，仲裁庭一般会就公开问题征询争端当事方的意见，当事方不明确反对都会公开。"鲱鱼仲裁案"启动后，主要是当事双方在庭外进行沟通和谈判协商，然后将达成的一致意见通知仲裁庭，比如程序的中止和终止问题，充分体现了当事方对案件的自主控制。这符合《海洋法公约》争端解决机制鼓励和优先当事方协议解决争端的相关规定和基本精神。但本案在资料的公开方面存在缺憾，不知这是否与当事方的协议有关。

首先是法罗群岛启动仲裁所发出的《海洋法公约》附件七第1条项下的"通知"及其附件内容没有公开。这也是所有组建了仲裁庭且已结案的附件七仲裁案件中两起没有公开"通知"及其附件内容的案件之一。[①] 仲裁庭在第1号程序令中略微提及了一下该通知的部分情况，例如说有40页的附件。其次，本案仲裁庭的组建过程也没有公开。仲裁庭在第1号程序令中称，依据附件七第3条，由5名仲裁员构成的仲裁庭于2013年12月9日组成。但是没有按惯例说明该5名仲裁员是如何指派的。例如，法罗群岛指派的仲裁员是谁？欧盟是否也指派了一名仲裁员？欧盟指派了谁？其余3名仲裁员是由当事双方协议指派的还是请求国际海洋法法庭庭长指派的？依常规，国际海洋法法庭在庭长指派附件七仲裁员后会发布新闻稿，没有这方面的新闻稿则可视为庭长没有参与相关仲裁员的指派事宜。从现有信息推测，5名仲裁员由双方各指派1名、协议指派3名，但单方面指派和协议指派的人选则不得而知。就争端解决来说，这两方面的信息比较重要，恰恰这些信息都没有

[①] 另一起是围海造地案（马来西亚诉新加坡），该案也是通过双方协议结案。

公开。

与附件七仲裁庭的临时性不同,世贸组织争端解决机构是常设机构,案件相关信息原则上都要公开。相比"鲱鱼仲裁案","鲱鱼措施案"的资料公开方面的确做得要好一些。世贸组织网站一共公开了三份资料,分别是法罗群岛提起程序的磋商通知、设立专家组的请求和双方终止程序的联合通知。① 问题是,这已经是世贸组织争端解决机构获得的全部案件资料了,仍然比较有限。

(五) 其他

本案还有一个特点是结案速度比较快。"鲱鱼仲裁案"从程序启动到终止仅 13 个月,是结案较快的一件附件七仲裁案件。② "鲱鱼措施案"从程序启动到终止则更快,不到 11 个月,也是世贸组织争端解决机构中结案很快的案件。另外,本案也是通过当事方协议终止仲裁程序的方式结案的四起附件七仲裁案中的最新一起。③ 本案在历经两个强制程序之后依然得以通过谈判协商加以解决,为国际争端解决提供了新实践和新思路。

---

① See https：//docs. wto. org/dol2fe/Pages/FE_ Search/FE_ S_ S006. aspx? Query = （@ Symbol = wt/ds469/ * ）&Language = ENGLISH&Context = FomerScriptedSearch&languageUIChanged = true#, last visited 13 February 2019.

② 结案速度最快的附件七仲裁案件是"自由号"案(阿根廷诉加纳),2012 年 10 月 29 日启动,2013 年 9 月 27 日终止,历时只有 11 个月。

③ 其他三起分别是 MOX 核燃料厂案、围海造地案和"自由号"案。

直接适用法理论在欧盟国家的
发展历程考略
A Brief Account of the Development of
Theory of Rules of Immediate Application
in EU Countries

董金鑫[*]

摘要： 长久以来直接适用法构成冲突法的一大难题。尽管直接适用法制度已经在《中华人民共和国涉外民事关系法律适用法》当中得以确立，但中国直接适用法理论仍有很大的不足，进而影响其在司法实践中的正确适用。根据比较法的实践，通过探讨法国的公序法、英国的超越法、德国的干预规范以及荷兰的优先规则等若干代表性国家的直接适用法理论的形成过程，描述直接适用法制度"欧盟化"的历史发展，为我国直接适用法制度的理论完善提供借鉴和帮助。

关键词： 直接适用法；强制规范；欧盟；《罗马条例Ⅰ》

Abstract： For a long time, rules of immediate application constitute one of the most difficult issues in the field of conflict law. Although the institution of rules of immediate application has been established in the Act of the PRC on Application of Law to Foreign-Related Civil Relations, the theory of rules of immediate application of China is not perfect enough, and this is why it is not fully utilized in the juridical practice. According to the practice of com-

---

* 董金鑫，中国石油大学（华东）法学系副教授、硕士生导师，武汉大学国际法博士。

parative law, it explores the formation process of theory of rules of immediate application in a number of representative countries, such as *lois de police* of France, overriding statutes of United Kingdom, *Eingriffsnormen* of Germany and *voorrangsregels* of Netherland, which describes the historical development of "Europeanization" of institution of rules of immediate application, so as to provide a help and lesson to the perfection of the theory of rules of immediate application of China.

Key words: Rules of immediate application; mandatory rules; EU; Rome I Regulation

2010 年颁布的《中华人民共和国涉外民事关系法律适用法》第 4 条首次确立了我国直接适用法制度，即中国法律对涉外民事关系有强制性规定的，直接适用该强制性规定。结合 2008 年欧盟《罗马条例 I》第 9 条第 1 款的定义，此类强制性规定为维护一国在政治、社会、经济与文化等领域的重大公共利益，无须多边冲突规范的指引，直接适用于国际民商事案件。然而直接适用法在法理上仍较为孱弱，不仅表现为迄今我国国际私法教材缺乏对直接适用法问题的论述，还导致了司法实践发生多起误用、滥用直接适用法制度的案件，影响当事人乃至公众对涉外民事审判法律适用的预期。无疑的是，直接适用法理论乃是一项舶来品，必须从比较法的角度探究其发展历程。放眼欧盟，在直接适用法制度全面确立之前，国际私法理论层面已经有较多关注，从而为国际、国内立法的最终接纳奠定了坚实的基础。代表性的观点有法国的公序法、英国的超越法、德国的干预规范以及荷兰的优先规则理论，以下将逐一进行分析。

一 法国的公序法理论

虽然法国传统国际私法主要由法国最高法院（*Cour de cassation*）的判例构成，但其直接适用法理论建构走在世界前列，被国际私法学界公认为是直接适用法系统研究的肇始，[①] 对欧盟[②]乃至其他国家和地区的直接适用法制度产生重大影响。然而仔细审视以公序法为代称的法国强行法理论，不难发现其最初的含义与直接适用法大相径庭，只是在理论和实践中加以改造才逐步成为超越冲突规范的选法机制。

在具体展开之前，首先对用语的翻译作如下说明："*Lois de police*"指维护公共秩序的法律，简称公序法。自李浩培先生开始通常译为"警察法"的做法不适当。法语的"*police*"源自希腊语的"*politeia*"，在当时的历史背景特指国家运行（organisation of the state），[③] 或者说公共行政（public administration）甚至公共生活的组织[④]。这在国际投资公约中也有体现。[⑤]《2012 年美式双边投资协定范本》第 5 条"最低限度的待遇标准"将"充分保护及安全"解释为要求每一缔约方依据习惯国际法提供"管理保护"（police protection）。这并非纯粹警察或治安上的保护，而是指所有的行政措施。另外，除了直接适用法之外，公序法有时还被称为公法（*lois de droit public*）、属地法（*lois territoriales*）、政策法（*lois politiques*）、保护法（*lois protectrices*）。[⑥]

（一）公序法的渊源：《法国民法典》第 3 条第 1 款

《法国民法典》第 3 条第 1 款规定，有关公共秩序和安全的法律（*Les lois de police et de sûreté*，statutes relating to public policy and safety），

---

① 参见韩德培、肖永平《国际私法》，高等教育出版社、北京大学出版社 2014 年版，第 51 页。

② 1980 年《罗马公约》签订于共同体时代。1991 年《马斯特里赫特条约》即《欧洲联盟条约》首次出现了"欧盟"的概念，而作为取代欧共体的独立法人的欧盟是在《里斯本条约》生效后才出现。为了表述简便，文中的欧盟有时也指代欧共体。

③ See Jan-Jaap Kuipers, *EU Law and Private International Law*, Martinus Nijhoff, 2011, p. 130.

④ Jürgen Basedow, "The Law of Open Societies: Private Ordering and Public Regulation of International Relations", *Recueil des Cours*, Vol. 360, (2012), 431. 法国传统国际私法存在公共秩序法（lois ordre public）的分类。二者实质范围相似，但方法不尽相同，前者构成新的选法方法，后者基于积极公共秩序的考虑。

⑤ 参见玉田「国際投資協定における知的財産権の保護可能性──自由な技術移転と対価回収の確保」，投資協定仲裁研究会報告書（平成 22 年度），第 64 页。

⑥ See Ali Mezghani, "Méthodes de Droit International Privé et Contrat Illicite", *Recueil des Cours*, Vol. 303, (2003), 250.

对法国境内的居民均有约束力。此处的"公共秩序和安全的法律"是公序法的最初渊源。该款为比利时等国所效仿,但被同样拥有法国法传统的《魁北克民法典》拒绝,理由是公共秩序和安全的法律与民法关系无直接关联。①

该款在形式上与直接适用法制度差别甚大,更接近于公法属地适用规则的范畴。《法国民法典》的制定背景处于法则区别说盛行的年代,此时萨维尼式的双边冲突规范尚未出现。因此,《法国民法典》第 3 条为仅指向法国法的单面规则。该条第 2 款和第 3 款分别规定法国人的身份和能力以及在法国的不动产适用法国法,对应人法和物法的范畴。而第 1 款则指既关涉人又关涉物的混合法则,按照法国法则区别说的观点仍要属地适用。② 此外,沿用《法学阶梯》编排体系的《法国民法典》分人、物、行为三编,不难得出第 3 条第 1 款针对法国居民在法国的行为,尤其是指侵权和合同。由此公共秩序和安全的法律并非法律适用的例外,而是一般性地作为法国法适用于发生在本国的民事行为的依据。可见,与其说《法国民法典》第 3 条第 1 款是超越双边选法机制的制度,毋宁说它构成较为原始、有待完善的单边冲突规范。

在实践中,该款曾作为公共秩序保留这一冲突法的例外机制适用。③ 随着孟西尼的观点在法国的传播,上述条款构成反映积极公共秩序的本国法适用的依据。与直接适用法不同,积极公共秩序所保护的法律范围广泛,一切要求属地适用的法律规范都可纳入其中。总之,《法国民法典》第 3 条第 1 款的适用范围不断扩大,最初主要关乎刑法等传统公法的监管作用,适用于侵权领域,④ 而后用以宣告违

---

① Germain Brière, "Les Conflits de Lois quant aux Biens et aux Personnes" (Analyse de L'article 6 du Code Civil), *Les Cahiers de Droit*, Vol. 3, No. 6, (1958), 135.

② 法国达让特莱认为,当法则的一部分是人法,另一部分是物法,构成所谓的混合法则(statuta mixta),仍应如物法那样属地适用。Kurt Lipstein, "General Principles of Private International Law", *Recueil des Cours*, Vol. 135, (1974), 120. 参见［德］马丁·沃尔夫《国际私法》(上),李浩培、汤宗舜译,北京大学出版社 2009 年版,第 29 页;陈卫佐《比较国际私法——涉外民事关系法律适用法的立法、规则和原理的比较研究》,法律出版社 2012 年版,第 452 页。

③ 《法国民法典》第 6 条规定的实体意义的公序良俗可发挥这一作用。

④ 参见［法］巴迪福、拉加德《国际私法总论》,陈洪武等译,中国对外翻译出版公司 1989 年版,第 376 页。

反外汇管制①、价格控制、竞争法的合同无效，之后又用来保护弱者。从发展历程可以看出公序法具有不同的机能，从规定强制规范的积极公共秩序规则到仅能导致行为无效（*l'annulation des actes*）的规则，不一而足。②

（二）公序法理论的出现：弗氏的学说

《法国民法典》第 3 条第 1 款适用的混乱状况直到弗朗西斯卡基（以下简称弗氏）的系统观点形成后才得以改变。通过对法国国际私法实践的长期观察，弗氏在 1958 年出版的《反致理论与国际私法体系的冲突》一书中首次提出了直接适用法，被公认是直接适用法理论的创始人。他认为，萨维尼式的双边冲突规范产生于法律冲突仍十分有限且各国法律体系基本相称的西欧社会背景之下，这种状况已经时过境迁。尽管通说仍认为作为辅助性工具的公共秩序用以修正法律选择的结果，但司法实践并非如此。那些具有公共秩序性质的法国规范往往直接适用于所有本地法考虑的情况，排除冲突规范的指引。③

之后，弗氏援用《法国民法典》第 3 条第 1 款为依据，以公序法取代直接适用法的表述，④ 构建系统的理论体系。他认为，公序法是指其遵守为维护一国政治、社会和经济运行所必要的法律（*lois dont l'observation est nécessaire pour la sauvegarde de l'organisation politique, sociale ou économique du pays*），具有如下特征：1. 干预不是冲突规范运行的结果；2. 适用范围由立法者单边决定；3. 可能属地也可能属人；4. 干预构成私人活动的例外，但就维护一国重大公益发挥重要

---

① 借助《法国民法典》第 3 条，可以将外汇管制法视为行政、刑法或纯粹政治性的限制，从而严格遵循属地原则。Ehwad C. Freutel, "Exchange Control, Freezing Order and the Conflict of Law", *Har. L. R.*, Vol. 56, No. 1, (1942), 45.

② Stanislas De Peuter, "L'application du droit public étranger en droit international prive: Un Profil", *Int'l Bus. L. J.*, No. 1, (1990), 93.

③ Phocion Francescakis, La théorie du renvoi et les conflits de systèmes en droit international privé, Sirey, (1958). Cited in Nathalie Voser, Die Theorie der Lois d'application immédiate im internationalen Privatrecht: Untersuchung zur zwingenden Anwendung von Bestimmungen des schweizerischen Rechts gemäss Art. 18 IPRG, Helbing & Lichtenhahn, 1993, S. 7.

④ 虽然梅耶有不同看法，但一般认为二者的含义相同。Alfred E. von Overbeck, "Cours Général de Droit International Privé", *Recueil des Cours*, Vol. 176, (1982), 177.

的作用。① 由此,他特别强调公序法对维护一国公益的必要性,这也是放弃使用直接适用法的原因。在援用第 3 条第 1 款作为出于公益考虑而无须冲突规范指引的公序法存在依据的同时,弗氏对该款的内容进行了扬弃,淡化其属地性质。② 由此公序法并非一切基于属地联系适用的法律,基于属人或其他联系适用的强制规范可以因为自身功能所需构成弗氏定义的公序法。③

公序法理论在法国学界备受争议。一种观点认为该定义不精确,现代国家的立法没有不维护经济社会利益,公序法和其他法律的区别不过是程度而已;④ 另一种则认为其太过狭窄,如保护消费者之类的特定人群的立法,因不满足维护社会运行的要求而被排除在外。⑤ 还有的单从法律选择的角度界定公序法,即那些可直接适用的法律,无论默示还是明示,都根据自身的空间适用标准确定适用范围,无须双边冲突规范的指引。⑥

(三) 公序法的具体表现

1. 公序法的判断标准

公序法采用功能主义的路径,其适用范围由立法背后的政策目标控制,由此在选法过程中无须冲突规范的指引。就判断步骤而言,除根据法律规定的适用范围确立公序法的资格——1995 年修订后的《法国消

---

① See Phocion Francescakis, "Lois d'application Immédiate et Droit du Travail", *R. C. D. I. P.* , Vol. 63, No. 2, (1974), 273 – 296. Cited in G. Parra-Aranguren, "General Course of Private International Law-Selected Problems", *Recueil des Cours*, Vol. 210, (1988), 129. A. V. M. Struycken, "La Contribution de L'Académie au Développement de la Science et de la Pratique du Droit International Privé", *Recueil des Cours*, Vol. 271, (1998), 45.

② Francescakis, Conflits de Lois (Principes Généraux), "Répertoire de Droit International", *Encyclopédie Dalloz*, Vol. 1, Paris, pp. 480 – 481.

③ 受传统做法的影响,通常认为公序法指代属地适用的强制规范,这一点反映在欧盟法院审理的 Arblade 案的判决当中。ECJ, 23 November 1999, Joint cases C – 369, 376/96 (Arblade and Leloup).

④ Yvon Loussouarn, "Cours Général de Droit International Privé", *Recueil des Cours*, Vol. 139, (1973), 328.

⑤ Marie-Christine & Meyzeaud-Garaud, *Droit International Privé*, 2éd bréal, 2008, p. 45.

⑥ Burau & Muir Watt, *Droit International Privé*, Presses Universitaires de France, 2007, p. 560.

费者法典》第 L. 135 - 1 条①、《有关租船和海上运输的法律》第 16 条第 1 款②——外，需要在个案中判断，关键在于明确立法的意图以及所涉公益的重要性。

就具体标准而言，代表性观点认为应兼采形式标准、技术标准和最终标准。③ 首先应从形式上判断强制规范是否通过单边规则确定空间适用范围；④ 其次可借助已有的法律概念判断某一法律是否构成属地适用的法律；如仍不能明确，则最后需要求助于维护公共秩序的属性。该观点的特点在于采用技术标准，即归结于已有的法律分类。但所谓属地适用法的概念模糊，与公序法一样充满争议，难以运用。

2. 公序法的代际划分和分布领域

第一代公序法出于保护国民经济的需要，如外汇管制、竞争法，具有公法的性质。20 世纪 70 年代以后又出现了以消费者权益保护为代表的第二代公序法。⑤ 此类公序法传统上属于私法领域，更具有保护本国人的属人法特性。但与属地性联系密切，不仅仅构成当事人意思自治的矫正，还作为那些积极公共秩序的特别条款（Clauses speciales d'ordre public positif）的分类。与公共秩序的联系说明公序法同时指向价值与政策，其范围十分地广泛，以致法国劳动法的大多数规范都被视为公序法。⑥ 如早在 1973 年，法国行政法院即认定监管劳工关系的法国法构成公序法。故在法国雇用超过 50 个雇员的公司，即

① 即使合同准据法有相反的规定，如果消费者或非专业人士在欧盟成员国境内拥有住所并且所提议的合同在此订立或执行，则第 L. 132 - 1 条适用于那些合同准据法为非欧盟成员国法律的情形。Créé par Loi No. 95 - 96 du 1 février 1995 - art. 5/6 JORF 2 février 1995.

② 该法适用于装运港或目的港为法国港口的运输合同，这被认为是法国公序法的重要表现。Khaldoun Said Qtaishat, "Le role de l'ordre public et des lois de police dans les relations internationales privees", *European Journal of Social Sciences*, Vol. 41, No. 2, (2010), 11.

③ Yvon Loussouarn, "Cours général de droit international privé", *Recueil des Cours*, Vol. 139, (1973), 321.

④ 如果采用此种标准，则《法国民法典》第 3 条的三款都构成公序法，而明显只有第 1 款属于此种情形。

⑤ 梅耶不仅将公序法视作直接适用法的一部分，还将之分为三类：1. 保护合同一方当事人的法律，如关于消费者、劳动者的法律；2. 为维护领土内的交易公平和安全而统一适用的法律，如某些婚姻财产制；3. 保护广泛的社会集体利益的法律，主要是公法。See Pierre Mayer, "Les lois de police étrangères", *JDI*, Vol. 108, No. 2, (1981), 288 - 292.

⑥ Jan-Jaap Kuipers, *EU Law and Private International Law*, Martinus Nijhoff, 2011, p. 128.

使总部位于国外，也不免适用法国工会法的规定。① 类似的是，法国最高法院认定保护劳工代表权利的法国法对在法国开展业务的所有公司和其他组织具有约束力，即便此时劳动合同的准据法为外国法。② 只要雇员在法国工作，外国公司是否在法国设立机构、分支或地址在所不问。③

此外，法国的司法实践还在支付海员解雇金④、保护作品的完整性⑤、婚姻财产制度⑥、消费者信用⑦等领域确立了公序法。但不是所有反映公共秩序的立法都能构成公序法，其最终适用乃极其例外的情形。如法国法院认为，1991 年 6 月 25 日商事代理人的法律第 12 条即《法国商法典》第 L. 134 - 1 条有关在终止商事代理合同时给予代理人补偿的规定，仅构成保护国内公共秩序的法律，而非适用于国际秩序领域的公序法。⑧

3. 外国公序法的适用

弗氏只关注法院地的公序法，对外国法当中的同类规范未作太多考虑。⑨ 在他看来，外国公序法只能经双边冲突规范的指引适用。然而经过弗氏的理论提炼，公序法已经逐渐摆脱《法国民法典》第 3 条第 1 款的绝对属地适用的束缚，⑩ 反映一国积极公共秩序的法律未必不能在域外直接适用。毕竟此种无须运用一般选法方法的特殊规定普遍存在于各国法律体系当中。

---

① Syndicat Général du personnel de la Compagnie des wagons-lits c/la Compagnie des wagons-lits, CE, 29. 6. 1973.

② Ass. Cass. Plen., 10. 7. 1992.

③ Cass. Soc., 14. 2. 2001.

④ Cass., 5. 3. 1969.

⑤ Civ. 1ère, 28. 5. 1991.

⑥ Civ. 1st, 20. 10. 1987.

⑦ Civ. 1ère, 7. 10. 2001.

⑧ Com., 28. 11. 2000.

⑨ Pierre Mayer, Les lois de police étrangères, JDI, Vol. 108, No. 2, (1981), 317.

⑩ 虽然公序法对欧洲乃至世界的直接适用法的立法影响重大，但此类制度只表明其不顾本应适用的法而适用，并未要求属地适用，具体的适用范围只能由直接适用法自身决定。See Jürgen Basedow, "The Law of Open Societies: Private Ordering and Public Regulation of International Relations", *Recueil des Cours*, Vol. 360, (2012), 431 - 432.

对此，巴蒂福尔和拉加德认为，当外国公序法属于冲突规范指引准据法所在的法域时，不考虑该国的公序法会忽略法律体系的统一性，因此公序法并非只能由制定国适用；另外，当案情与该国存在足够的联系时，现实主义理念要求考虑准据法之外的外国公序法。① 总之，公序法理论为外国公序法在法国的适用预留了空间。②

不过在实践中，法国法院不承认适用要求过分的外国公序法。在1965 年的 *Fruehauf* 案③中，一家由美国公司控制的法国子公司对外出售组装拖车的零部件，该批拖车将销往中国。由于美国对华采取严格的贸易封锁政策，美国财政部根据《与敌贸易法》的规章要求美国公司禁止子公司参与销售。如不履行该合同，法国子公司将面临巨额索赔，进而导致企业破产、工人下岗。为防止损害结果的发生，应公司少数法国董事的申请，当地商事法院及巴黎上诉法院另行指定了管理人员，以对抗上述美国财政部命令的域外效力。

二　英国的超越法理论

超越法（overriding statutes）理论诞生于英国，④ 而后对包括我国香港地区在内具有英联邦法律传统的国家和地区产生了广泛影响。在探讨制定法与冲突法的关系时，英国国际私法权威莫里斯在1946 年发现了超越法的端倪，即在英国议会制定的法律当中越来越多地包含特殊的法律选择条款，旨在明确国内法规则的适用范围。⑤ 此类不顾冲突法的一般规则而在自身规定的适用范围内必须适用的制定法构成准据法支配的

① ［法］巴迪福、拉加德：《国际私法总论》，陈洪武等译，中国对外翻译出版公司1989 年版，第351 页。

② 受海牙法律适用公约适用外国法律体系的开明态度的影响，法国最终接受了《罗马公约》第 7 条第 1 款。Hélène Gaudemet-Tallon, "The Influence of the Hague Conventions on Private International Law in France", *NILR*, Vol. 40, No. 1, (1993), 35.

③ Fruehauf Corp. v. Massardy, Ct. App. Paris, (1965).

④ 除此之外，直接适用法在英国还以公共政策、不法性、实质有效性等形式出现。See Kerstin Ann-Susann Schäfer, Application of Mandatory Rules in the Private International Law of Contracts, Peter Lang, 2010, p. 91.

⑤ J. H. C Morris, "The Choice of Law Clause in Statutes", *Law Quarterly Review*, Vol. 62, (1946), 170.

例外，它存在的理由是，如果由当事人选择外国法支配合同关系，则违反立法监管合同事项的意图。①

(一) 超越法出现的原因

与直接适用法不同，传统英国冲突法视野下的超越法仅指英国议会通过的制定法对冲突法的超越。英国为普通法系国家，判例法与制定法二元并存。在冲突法欧盟化之前，英国冲突法主要以判例法的形式存在。作为一项宪法原则，制定法优于普通法规则，故其不必受制于一般的冲突规范，可以做出改变。②"二战"以后，受福利国家观念的影响，英国的传统私法领域出现了大量不允许当事人选择的制定法。这些立法包含保护特定人群的强制规范，必然突破当事人选法原则，而英国冲突法长期由判例法支配，这迫使议会在必要时为制定法确立适用范围，故探讨作为冲突法的判例法与作为实体法的制定法的关系成为英国冲突法的重要命题。③

虽然从冲突法的角度，制定法同样处在待援引的地位，但受制于制定法高于判例法的观念，英国冲突法的理论和实践都在小心处理本国冲突法和制定法的关系。由于议会主权（Parliamentary Sovereign）和立法最高（Legislative Supremacy）原则的存在，④ 法院低于议会的宪法地位使其有义务将本国的立法适用于跨国案件，由此确定英国制定法的属地范围一度被认为与冲突法的适用过程毫无关联。⑤ 特别在现代，为避免法律适用的解释权完全由法院掌控，英国议会在立法时多特别明确法则的适用范围，此种成文法规定的法律适用范围自然优于作为普通法的冲突规范。相反，一旦立法没有明确包含超越冲突法的规定，是否具有超越效力则是法律解释的问题。由于传统普通法存在立法不希望域外适用

---

① Lawrence Collins, et al., eds., *Dicey, Morris & Collins on the Conflict of Laws*, 14th ed., Sweet & Maxwell, 2006, p. 25.

② Jan-Jaap Kuipers, *EU Law and Private International Law*, Martinus Nijhoff, 2011, p. 165.

③ See F. A. Mann, Statutes and the Conflict of Laws, Bri. Yb. Int. L., Vol. 40, (1972 – 1973). Stuart Dutson, Territorial Application of Statutes, Mon. U. L. R., Vol. 22, (1996).

④ Adrian Briggs, *The Conflict of Laws*, 2nd ed., Oxford University Press, 2008, p. 51.

⑤ Uglješa Grušić, "The Territorial Scope of Employment Legislation and Choice of Law", *The Modern Law Review*, Vol. 75, No. 5, (2012), 751.

的假定，① 则法院多会推定其属地适用，从而需要冲突规范的指引，除非有明显的立法政策表明这样做不合理。② 总之，直接适用法在英国出现的原因有其独特之处。

（二） 超越法的分布

按照法则对适用范围的规定，《戚希尔、诺斯和福赛特论国际私法》将强制性制定法分为明确表示具有全部超越效力的制定法、明确表示具有有限超越效力的制定法、明确表示不具有超越效力的制定法、没有明确表示是否具有超越效力但包含属地范围条款的制定法、既没有规定超越效力又不包含属地范围条款的制定法五类。除了明确表示不具有超越效力的制定法外，其他的都有可能构成超越法。③

根据存在的领域，超越法可以分为能导致私人合同无效的经济管制立法，如外汇管制法；④ 为保护特定弱势人群的立法，如劳工保护法、消费者权益保护法；⑤ 为实施统一民商事国际公约的国内配套立法，如海上货物运输法、海事赔偿责任限制、航空运输法。⑥ 总之，作为英国冲突法对制定法分类的结果，超越法是比较松散的体系，既包括特别私法领域的强制规范，又包括能发生私法效果的公法性管制规范；既包括一国单独制定的强行法，又包括为履行国际义务而实施的统一国际公约的立法。以下结合英国的相关立法说明超越法理论在实践中的运用。

---

① Adrian Briggs, "The Principle of Comity in Private International Law", *Recueil des Cours*, Vol. 354, (2011), 96.

② Susanne Knofel, "Mandatory rules and Choice of Law: A Comparative Approach to Article 7 (2) of the Rome Convention", *J. Bus. L.*, No. 3, (1999), 245.

③ See James J. Fawcett & Janeen M. Carruthers, eds., *Cheshire, North & Fawcett Private International Law*, 14th ed., Oxford University Press, 2008, pp. 732 – 736.

④ 又如 2000 年《金融服务和市场法》第 28 条和第 30 条规定，未经许可的当事人或经由不法通信订立的投资协议不可执行。

⑤ 如 1977 年《不公平合同条款法》第 27 条第 2 款、1979 年《货物销售法》第 56 条、1974 年《贸易联盟和劳动关系法》第 30 条第 6 款以及 1996 年《雇佣权利法》第 204 条［前身是 1978 年《雇佣保护（联合）法》第 153 条第 5 款］。此类适用范围条款皆表明该法中的某些强制规范构成超越法。

⑥ 如 1961 年《航空运输法》第 1 条第 1 款、1965 年《公路货物运输法》第 1 条、1971 年《海上货物运输法》第 1 条第 2 款、1995 年《商船法》第 183 条第 1 款。

1. 经济管制立法

为服务战时经济的需要，英国在"二战"期间颁布了一系列的管制立法，超越法的理念由此而生。根据 1939 年《紧急权力（防卫）法》（Emergency Powers［Defence］Act）第 3 条第 1 款制定的《金融防卫条例》（Defence Finance Regulation）第 2 条规定，除特定交易人外，在没有得到财政部批准的情况下，任何英国人举借外汇的合同非法无效。这被认为具有域外适用的效力。在 Boissevain 案中，① 被告系居住在摩纳哥的英国人，从当地的荷兰籍原告处借入一笔法郎，允诺在"二战"后以约定的汇率用英镑偿还，并为此向原告签发一张付款人为英国银行的支票。被告未主动履行协议，支票也被证实为空头。原告在英国起诉，被告以合同违反英国外汇管制法为抗辩。一审上诉法院的丹宁法官认为，该案准据法为英国法，合同违反《金融防卫条例》无效。上议院认为，英国的外汇管制适用于所有英国人，不论交易发生在何地，所谓自体法无关紧要。这说明外汇条例具有超越合同自体法适用的资格。

哈特雷认为该案的判决结果对原告不公正，他不受英国法约束，而被告却可以从自己的过错中获利，但法院很难做出不同的判决，否则会损害英国强行法的效力。② 此种解释令人怀疑。虽然战时外汇管制的首要任务在于防止外汇未经许可而擅自流出，并通过限制英国的国民或居民举借外债的方式实现，但是不能因为本国人不履行公法义务而一概认定涉及另一国人的合同无效。

一方面，管制措施的适用必须服务于立法宗旨。如果达不到立法的目的，这种适用是过分的。首先，限制本国人举借外债是为了防止外汇的流失，从而使一国对本国内的外汇进行统筹利用以应对战争所需。该案借贷的发生地和双方当事人的住所地都在摩洛哥，有理由认为应在此地归还。被告完全可以利用其在英国之外的资金偿还，这不影响英国的收支情况。其次，合同约定借款人使用英镑偿还贷款，英镑作为英国的

---

① Boissevain v. Weil，［1949］1KB 482（CA）；［1950］AC 327.

② Trevor C. Hartley，"Mandatory Rules in International Contracts：The Common Law Approach"，*Recueil des Cours*，Vol. 266，（1997），421.

法定货币，其流出境外或由外国人持有无损本国的外汇储备，涉案金额也不足以扰乱一国的货币体系以及收支平衡。最后，合同约定的偿还时间在战后，此时英国的外汇管制虽未取消，但毕竟已不同于战时。另一方面，即使管制措施的适用条件得以满足，也要考虑公益和私益的平衡，不能一味地破坏合同机制。为跨国交易的便利，应该谨慎认定合同无效。如果外国当事人在缔约时不知道也不应知道该管制措施的存在，其对合同有效的期待值得保护。况且公法的实施一般要受地域的限制，在交易地并非英国的情况下，当事人很难相信该措施能够域外适用。①

2. 保护特定人群的立法

英国超越法最典型的情形发生于消费者合同和劳动合同领域。② 以《分期付款购买法》（Hire Purchase Act，《租购法》）为例，该法包含许多保护消费者利益的条款，如要求合同采取特种形式以及在特定情况下允许消费者解除合同。此类法令以前没有包括国际适用范围的条款。如果赋予国际销售合同的当事人选择外国法的行为以效力，则很有可能使得上述法令给予消费者的保护落空，从而违背其制定的意图。由此一来，有必要寻找为维护上述法令的宗旨而适用的依据。因为传统英国冲突法限制使用公共秩序保留以及很难证明存在逃避法律（Evasion of the Law），法院更愿意通过解释的方式发现议会对立法适用范围的意图。③

在苏格兰法院审理的 English 案中，④ 英格兰公司和苏格兰居民签

---

① 从国际法对管辖权分配的角度，曼恩对该案给予激烈的批评。一国不应该对非居民的国民行使管辖权，合理的做法是限制解释英国外汇管制法的适用范围。See F. A. Mann, "The Doctrine of Jurisdiction in International Law", *Recueil des Cours*, Vol. 111, (1964), 124 – 125.

② See P. Beaumont & P. McEleavy, *Anton's Private International Law*, 3rd ed., Thomson Reuters, 2011, p. 510.

③ See T. C. Hartley, "Some Aspects of the Draft Convention from the Point of View of British Law, in Ole Lando", et al., eds., *European Private International Law of Obligations*, Mohr Siebeck, 1975, p. 108.

④ English v. Donnelly, [1958] SC 494. 澳大利亚也有类似的案件。维多利亚州的卖方和新南威尔士州的买方在维多利亚州订立合同，约定适用维多利亚州的法律。案件涉及新南威尔士州1941年《租购协议法》，新南威尔士州法院认为该法只有具有准据法资格才可适用。澳大利亚高院认为这违反立法意图，推翻了这一判决。Kay's Leasing Corp v. Fletcher, [1964] 116 CLR124, [1964] 64 SR (NSW).

订一份购销合同，协议在苏格兰磋商且消费者在苏格兰签字。① 虽然合同约定适用英格兰法，但通过对法律意图的适当解释，法院认为这不妨碍在苏格兰生效的 1932 年《租购和小额债务法》（Hire Purchase and Small Debt [Scotland] Act）对消费者在苏格兰境内签订的购销合同的适用。

3. 统一民商事国际公约的配套立法

在 Hollandia 案中②，作为托运人的原告利用承运人的船舶将设备从英国运至荷属西印度群岛，约定适用荷兰法。运输途中发生的货损远远高于荷兰法规定的承运人责任限额，原告在英国提起诉讼。案件发生时，英国已经是《海牙—维斯比规则》的缔约国，而荷兰则仍适用《海牙规则》。本案的责任限制条款根据实施《海牙—维斯比规则》的 1971 年英国《海上货物运输法》（Carriage of Goods by Sea Act）第 8 条无效。该法第 5 条规定其适用于所有启运自英国港口的海上运输，本案无疑满足此要求。英国上诉法院认为实施《海牙—维斯比规则》的《海上货物运输法》具有超越法的性质，如果允许当事人通过选择另一国法律的方式排除该法的适用，则会有损《海牙—维斯比规则》的效力。因而《海上货物运输法》可以不顾当事人选择的自体法适用。

英国著名国际私法学者曼恩和莫里斯曾就此发生激烈争执。③ 曼恩认为英国《海上货物运输法》只有在英国法构成合同准据法时才能适用，莫里斯则根据英国议会的意图支持直接适用该法。本质上，《海上货物运输法》并非直接适用法的范畴，而具有实施国际条约的国内法地位。④ 英国特殊的宪政结构⑤决定其参加的条约都必须转化为国内法，即使那些内容十分明确的自执行条约也不例外。作为英国实施《海牙—维斯比规则》的结果，《海上货物运输法》的适用范围与该条

① 该签字只构成要约，只有公司以承诺的形式接受后方可成立。

② The Hollandia, [1983] 1 AC 565 HL.

③ See J. G. Collier, "Conflict of Laws Carriage of Goods by Sea-Hague-Visby Rules-Contracting out", *The Cambridge Law Journal*, Vol. 82, No. 2, (1982), 253 – 255.

④ See F. A. Mann, The Proper Law in the Conflict of Laws, Int'l & Comp. LQ, Vol. 36, (1987), 450.

⑤ 英国宪政层面的权限分配遵循行政权与立法权的分离，即订立条约的权力归于英王，而立法权完全由议会把持。

约一致。① 为统一法之目的，条约的适用范围自然专设条文加以规定，不受冲突规范的影响。缔约国无论以转化还是纳入的方式实施，都要遵循国际法优于国内法的原则，善意履行国际义务。因而，英国法院超越当事人选法适用《海上货物运输法》与其他缔约国不顾冲突规范适用《海牙—维斯比规则》一致，构成国际统一实体规范直接调整的方式。

根据《罗马公约》第 21 条"与其他公约的关系"规定，该公约不妨碍由本公约缔约国或欧洲共同体成为或即将成为其成员国的国际公约的适用。故在《罗马公约》背景下，英国法院应援引该条作为《海牙—维斯比规则》适用的依据。② 至于当出现一国不受统一民商事国际公约约束的情况，此类规则的目的、宗旨对一国的公共利益是否至关重要，则是一件悬而未决的事情。③

（三）英国超越法理论的欧盟化

一方面，尽管存在不合理的成分，超越法构成现代意义的直接适用法制度在英国法上的雏形，为确定直接适用法的范围提供了参考；另一方面，超越法仅仅服务于英国成文法超越以普通法形式表现的冲突规范。与直接适用法背后的重大公益要求相比，其更看重规则由本国议会制定的身份，尽管成文法的强制性也构成超越冲突规范选择的重要因素。总之，虽然超越法调和了英国成文法与判例法的冲突，实现了英国立法和司法的法律适用职能的合理分配，但也导致这一概念仅仅局限于本国成文法。然而超越法毕竟构成冲突规范选法的例外，打破了自体法大一统的局面，为直接适用法制度在英国的确立提供了契机。目前，随着《罗马公约》《罗马条例Ⅱ》《罗马条例Ⅰ》在英国的生效，超越法的理论基础发生变化，范围也不断扩大，逐步与直接适用法协调一致。

---

① 首先，1971 年《海上货物运输法》第 1 条第 2 款明确规定《海牙—维斯比规则》具有法律的效力；其次，根据《海牙—维斯比规则》第 10 条对适用范围的规定，当提单在某一缔约国签发或起运港位于缔约国，公约必须适用。

② James J. Fawcett, et al. , *International Sale of Goods in the Conflict of Laws*, Oxford University Press, 2005, p. 834.

③ 故海事责任限制的强制规范可能仅构成国内强制规范。

1. 理论基础的改变

随着英国冲突法的欧盟化，原本由案例和学说支配的冲突法已经大规模成文化，这不仅表现为英国议会制定的 1990 年《合同（准据法）法》的颁布，还体现在可以为欧盟成员国直接适用的一系列法律适用条例的出台。于是，超越法的存在基础发生变化，即不再以解决立法和司法在制定法适用范围判定上的争执为任务，而是弥补双边冲突规范选法机制的不足，服务于对一国至关重要的直接适用法的适用。

对英国冲突法而言，应根据欧盟的法律适用条例判定何种规范构成超越法，而不是借助制定法寻找超越法存在的依据。如果英国制定法不满足上述要求，即使在司法实践当中被认定为超越法，也不得直接适用。由于《罗马条例Ⅰ》第 9 条第 1 款强调直接适用法对保护其所属国诸如政治、社会或经济组织之类的公共利益的重要性，如果认为直接适用法是出于维护公益的需要而不得不适用的规范，则 1996 年英国《雇佣权利法》（Employment Rights Act）等传统英国强行法的超越法资格有被推翻的可能，因为维护特定人群利益是否构成一国最为重要的公益存在争议。

2. 适用范围的扩大

受国际私法欧盟化的影响，超越法从英国本国合同领域的制定法向判例法、第三国法以及合同领域发展，这使得超越法与直接适用法的适用范围趋于一致。

（1）从制定法到判例法。原本超越法是成文法的法律适用范围条款对作为普通法的冲突规范的超越，只能是制定法。而《罗马公约》第 7 条第 2 款下的法院地直接适用法也可以是判例法。这一点特别反映在公约法文本中，草案使用的"*loi*"被修改为"*droit*"，以避免造成仅包括制定法的误解。对此，英国国际私法权威著作——《戴赛、莫里斯和柯林斯论冲突法》认为，由判例法确立的合同违反英国公共政策无效的具体规则，如关于帮诉、限制贸易以及违反友好国家法律等规范不法合同的规定同样应纳入超越法的范畴当中。①

---

① Lawrence Collins, et al. , eds. , *Dicey, Morris & Collins on the Conflict of Laws*, 14th ed. , Sweet & Maxwell, 2006, p. 26.

（2）从法院地法到第三国法。由于超越法是为了调和成文法与判例法之间的冲突，英国超越法仅指具有超越普通法适用的本国制定法，不会考虑法院地国和准据法所属国外的第三国直接适用法的效力。将超越法局限于法院地法的做法在《罗马公约》生效后也没有改变。由于公约第7条第1款的新奇以及由此引发不确定性的恐惧，英国对此提出保留。在《罗马条例Ⅰ》的制定过程中，英国一度不准备加入该条例，最重要的原因是欧盟委员会提出的条例草案基本照搬了《罗马公约》第7条第1款的内容。作为妥协，欧盟修改了此款规定，使之与英国传统判例确立的法院不得强制执行/履行构成履行地国下违法的合同的这一普通法规则①相一致，于是英国接受了《罗马条例Ⅰ》第9条第3款。②

（3）从合同领域到其他领域。从超越法的分类可以清晰地看出，超越法原本存在于合同领域。无论经济管制法、为保护特定人群的立法还是实施统一民商事国际公约的国内配套立法，都离不开合同法的范畴。此后，1995年《英国国际私法（杂项规定）》又在侵权和不法行为领域引入了直接适用法制度。③ 而随着统一非合同之债法律适用的《罗马条例Ⅱ》的生效，这种情况发生变化。该条例的第16条明确规定了法院地直接适用法的适用。由于欧盟法高于英国的国内法，故此超越法存在的范围从合同之债全面延伸至非合同之债领域。

三　德国的干预规范理论

就直接适用法理论在德国的发展历程，除了解决合同领域的一国直接适用法在他国适用的特别联系理论外，还要关注具有基础重要性的干预规范理论。

---

① Ralli Brothers v. Compañia Naviera Sota Y Aznar, [1920] 2 KB 287 (CA).

② 该款规定，可以赋予那些合同债务将要或已经履行地国法中的超越型强制条款以效力，只要此类条款能够导致合同履行不合法。在决定是否给予此类规范以效力时，应考虑到它们的性质和目的以及适用或不适用的后果。

③ 其第14条第4款规定，本部分不妨碍那些在特定情况下仍可适用的有效国际私法规则或改变本可适用的国际私法规则的规定发挥作用。该条的范围不应从字面理解，普遍认为其仅仅针对英国侵权领域的直接适用法。See Richard Plender & Michael Wilderspin, *The European Private International Law of Obligation*, 3rd ed., Sweet & Maxwell, 2009, p. 742.

(一) 德国传统国际私法的态度

早在传统国际私法盛行的时代,直接适用法问题就已经蕴含在建立双边选法体系的学说当中。服务于国际法律共同体的需要,萨维尼在其鸿篇巨著——《现代罗马法体系》第八卷当中提出了法律关系本座说以构建双边选法体系,① 这在国际私法的发展史上被视为哥白尼式的革命。作为例外情形,他也关注到了各国法律体系中存在一些"严格积极、强制性的规则,由于它们的性质不适合自由对待"(*Gesetze von streng positiver, zwingender Natur, die wegen ihrer Natur zu jener freien Behandlung. nicht geeignet sind*)。② 法律关系本座说建立在各国法律体系形式平等且具有可交换性的基础之上,此类体现了一国特殊政策的政治、治安或国家经济性质的法律规则只能由制定国加以适用。

就此类规范的判断,萨维尼认为,能否构成上述例外情形取决于立法者的意图。然而由于此种明确宣示往往是不存在的,故只能求助于对强制规范的分类。对此,他将强制规范区分为单纯为保护当事人权利的强制规范以及出于公益必须适用的强制规范,③ 只有后者才拥有超出纯粹法律范围的目标,并认为此类性质非常的规则将随着法治的发展而减少。④ 在现代社会,需要直接适用的强制规范反而大量增加,似乎他的预言有误。然而,萨维尼的学说建立在近代私法体系的基础上,公法干预私人生活不是其主要考虑的问题。更何况直接适用法未全面取代双边选法方法。⑤ 总之,萨维尼的学说为强制规范在双边选法体系的适用预

---

① 他的目的在于"对每个法律关系,按照它的性质,确定属于哪个法律的,或者是受哪个法律支配的"从而找到一个法律关系的"本座"——按照他的用语——是在什么地方。[德]马丁·沃尔夫:《国际私法》(上),李浩培、汤宗舜译,北京大学出版社 2009 年版,第 39 页。

② Friedrich Karl von Savigny, System des heutigen römischen Rechts, Vol. VIII, Veit & Comp, 1849, S. 33 ff.

③ Seyed Nasrollah Ebrahimi, *Mandatory Rules and other Party Autonomy Limitations*, Athena Press London, 2005, p. 251.

④ Friedrich Karl von Savigny, System des heutigen römischen Rechts, Vol. VIII, Veit & Comp, 1849, S. 35.

⑤ Paul Heinrich Neuhaus, Abschied von Savigny?, RabelsZ, Bd. 46, H. 1, (1988), 17 - 18.

留了空间，从而为直接适用法此种单边选法理论的复兴埋下伏笔，最终使得干预规范理论应运而生。

（二）干预规范的起源

在 20 世纪的六七十年代，干预规范理论逐渐兴起，成为直接适用法在德国法上的代名词。① 探讨干预规范不得不提及德国公法领域的禁止规范（Verbotsnormen）。此类规范基于交易的内容予以禁止，从而发生私法效果，这突出反映在《德国民法典》（Bürgerliches Gesetzbuch，BGB）第 134 条违反法律禁止（gesetzliches Verbot/Verbotsgesetz，statutory prohibition）的法律行为无效当中。② 根据德国的判例，③ 禁止规范直接针对交易的成立，有别于要求当事人履行特定义务的强制规范。此种规范实体内容的公益性和法律适用的优先性使得其构成对当事人意思自治的超越和限制，甚至需要延伸至涉外领域，故干预规范构成禁止规范在国际私法上的表现。④

与法国的公序法和英国的超越法不同，德国的干预规范并无明确的创始人，不过通常认为最早由德国学者诺伊豪斯提出。⑤ 他将功能性选法模式引入国际私法，运用干预规范调整不可接受的实体结果。在他看来，干预规范出于公共利益的目的作用于私法关系，实质性地限制当事人的意思自治，其中重要的例子便是合同履行禁令。⑥ 就干预规范的地

---

① 《国际合同法中的（特别是有经济法性质的）干预规范的联系》乃是该领域最早的专著。Dieter Schulte, "Die Anknüpfung von Eingriffsnormen, insbesondere wirtschaftsrechtlicher Art", *im Internationalen Vertragsrecht, Ernst und Werner Gieseking*, 1975.

② 又如《德国民法典》第 823 条第 2 款对侵权领域的法律禁止进行规定。

③ BGH NJW, (1993), 2873.

④ 干预规范之干预通常伴随着公法或准公法规范，同时发生私法效果，构成"双面规范"。See Frank Fischer, "Revolutionary Ideas" and the Swiss Statute on Private International Law, in K. Boele-Woelki, et al., eds., *Convergence and Divergence in Private International Law: liber amicorum Kurt Siehr*, Eleven International Publishing, 2010, p. 107.

⑤ Paul Heinrich Neuhaus, *Die Grundbegriffe des internationalen Privatrechts*, Mohr Siebeck, 1962, S. 58. 早在 1936 年，纽梅叶在《国际行政法》第 4 卷已经使用干预规范（Eingriffsnorm）指代延期支付的规定、征收以及贸易禁令等外国公法措施，但国际行政法的角度与国际私法有所差别。Karl Neumeyer, *Internationales Verwaltungsrecht*, IV, 1936, S. 243. Cited in Kurt Siehr, Ausländische Eingriffsnormen im inländischen Wirtschaftskollisionsrecht, RabelsZ, Bd. 52, H. 1 - 2, (1988), 41.

⑥ Paul Heinrich Neuhaus, *Die Grundbegriffe des internationalen Privatrechts*, Mohr Siebeck, 1976, S. 33.

位，尽管自萨维尼式的选法方法盛行以来其在欧洲的学理中难觅，但此类规范将会激增，构成与传统方法不同的必要方法。①

(三) 干预规范的内涵

干预规范可以作两种解读。② 其一，基于国家管制的需要出现的干预私人关系的监管性立法，③ 此种解读更适合于实体法中的禁止规范；其二，特别立法需要在自身适用范围内适用，从而干扰正常的选法机制，④ 这更具有冲突法所指。然而上述解释在国际私法领域没有实质差异，于前者，干预私人生活的立法必然不能由当事人决定，需要突破传统的选法模式；于后者，之所以要干扰正常的选法机制，仍在于此种立法本身的公益性质。

由于干预规范与实体法中的禁止规范关系密切，普遍认为只有公法才有成为干预规范的可能。故对作为判断依据的公益要素的界定非常严格，主要平衡私人利益的特别私法原则上不构成干预规范。⑤ 根据司法判决，首先，进出口监管、价格和外汇管制、反垄断法以及对固定建筑师和工程师费用的规定构成干预规范；其次，保护租户和购房者以及残疾劳动者和孕妇雇员利益的规则也被纳入其中。相反，消费者信贷法、减少临时雇员工时、不公平解雇等法律皆因旨在平衡私人利益而不被视为干预规范。⑥

---

① H. Patrick Glenn, Die Grundbegriffe Des Internationalen Privatrechts by Paul Heinrich Neuhaus, Am. J. Comp. L., Vol. 27, No. 1, (1979), 123.

② 干预法的用语模糊。此类规则不区分国内和国际适用意愿，可以解读为干预私人的意思自治 (Eingriff in die Privatautonomie)，也可以认为是干扰国际私法的基本机制 (Eingriff in das allgemeine Gefüge des IPR)。See Michael Coester, Die Berücksichtigung fremden zwingenden Rechts neben dem Vertragsstatut: Rechtsmethodische und-politische Überlegungen zu Art. 7 Abs. 1 des Europäischen Vertragsübereinkommens vom 19. 6. 1980, ZVglRWiss, Bd. 82, (1983), 3.

③ See Frank Vischer, "General Course on Private International Law", Recueil des Cours, Vol. 232, (1992), 151.

④ G. Parra-Aranguren, "General Course of Private International Law-Selected Problems", Recueil des Cours, Vol. 210, (1988), 130.

⑤ Jan Kropholler, Internationales Privatrecht, 6. Auflage, Mohr Siebeck, 2006, S. 498.

⑥ See Richard Plender & Michael Wilderspin, The European Private International Law of Obligation, 3rd ed., Sweet & Maxwell, 2009, pp. 340 – 341.

在学理上，干预规范的判断应遵循以下步骤。首先，当国际适用的要求可以从文字中得出，如《德国反限制竞争法》第 130 条第 2 款"本法适用于在调整范围内产生效果的所有限制竞争行为，即使上述行为发生在本法生效范围之外"，则构成干预规范；其次，如果强制规范隐含要求单边适用的特别冲突规范，则同样表明其构成干预规范，如《德国民法典》第 244 条、《德国商法典》第 89b 条。① 不过，维护公益即发挥干预功能仍作为干预规范最终的判断标准。② 在实践中，德国联邦最高法院在审理一起借贷案件时强调，《德国民法施行法》第 34 条所指的干预性强制规范只有在呈现公共利益因素时才可直接适用，而不仅仅用于保护和协调缔约方的利益冲突。③ 在审理一起关于中奖通知效力的案件时，联邦最高法院认可了《民法典》第 661a 条"经营者应向消费者履行中奖承诺"的规定具有干预规范的性质。该条虽然没有明确超越属性，但只要中奖通知向居住在德国的消费者发出，就必须适用。理由是此种打击欺诈消费者的行为能维护正当公平的竞争秩序，符合公益的要求。④

（四） 干预规范的理论基础和适用争议

言干预规范的理论基础，多认为它构成单边主义对萨维尼式的传统双边选法机制的超越。就此，德国学者舒里希提出的集束模式（Bündelungsmodell）值得一提。⑤ 与柯里的政府利益分析（Governmental interest analysis）⑥ 等美国现代选法理论类似，该学说关注规范背后

---

① Thomas Rauscher, hrsg, Europäisches Zivilprozess-und Kollisionsrecht：Rom I-VO, Rom II-VO, Sellier European Law Publishers, 2011, S. 427.

② 德国法院如何判定干预规范的实践，还可参见王葆莳《德国联邦最高法院典型判例研究——国际私法篇》，法律出版社 2015 年版，第 148—176 页。

③ BGH, 13. 12. 2005, RIW, H. 1, (2006), 389.

④ BGHZ 165, 172.

⑤ Klaus Schurig, Kollisionsnorm und Sachrecht：Zu Struktur, Standort und Methode des internationalen Privatrechts, Duncker & Humblot, 1981, S. 89 ff. Klaus Schurig, Zwingendes Recht, «Eingriffsnormen» und neues IPR, RabelZ, Bd. 54, H. 2, (1990), 235.

⑥ 这一译法有不妥之处，其实际强调立法的旨趣。参见许庆坤《"政府利益"分析抑或"法律适用意愿"分析》，《法学新论》2013 年第 4 期。柯里的观点，参见邓正来《美国现代国际私法流派》，中国政法大学出版社 2006 年版，第 91 页。

的适用意图，摒弃了双边主义和单边主义的区分，认为所有类别的冲突规范都是针对拥有相同冲突法利益的一定集束范围的个体规则，只是集束的规模有大小之别。大的包括某一类别法律关系的一系列规则，小的则针对具体事项或单一的制定法条文。那些拥有具体冲突法利益的制定法受自身包含的冲突规范的约束，进而归入直接适用法。这得到了一些德国学者的支持，被认为是干预规范适用的唯一合理理由。①

干预规范是国家调控经济的必然产物，但其具体运用仍有争议。其一，如何确定法律是否具有干预规范的性质；其二，如何判断规范的适用联系，毕竟大部分的立法不会加以明确规定；其三，外国干预规范须满足哪些条件才能在德国适用。首先，外国法的适用应发生适当合理的利益。其次，案件与该外国存在必要的联系。② 最后，虽然德国国际私法所言的干预规范和实体法上的禁止规范关系密切，二者是否等同也有待证明。③ 需要说明的是，即使在纯粹的国内案件，能影响合同效力的禁止规范的判断也并非易事。

四　荷兰的优先规则理论

作为直接适用法的对应，荷兰存在优先规则（voorrangsregels）的表述。④ 与前面提到的英国超越法、法国公序法及德国干预规范相比，优先规则理论对直接适用法理论的传播发展影响较小，在此略作介绍。

---

① Johannes Fetsch, Eingriffsnormen und EG-Vertrag: Die Pflicht zur Anwendung der Eingriffs-normen anderer EG-Staaten, Mohr Siebeck, 2002, S. 37 ff. 其书评，see CML Rev, Vol. 42, No. 5, (2005), 1538 – 1541。

② Hans Jürgen Sonnenberger, Le Droit International Privé Allemand a la fin du Vingtième Siècle: Progrèss ou Recul, in Symeon C. Symeonides, ed., Private International Law at the End of the 20th Century: Progress or Regress?, Kluwer Law International, 2000, pp. 226 – 227.

③ 有学者主张宽泛理解禁止规范，即不限于能导致合同无效的规范，还包括可以修改合同条款的规范。See Paul Hauser, Eingriffsnormen in der Rom I-Verordnung, Mohr Siebeck, 2012, S. 74 ff.

④ 在《罗马公约》的荷兰语文本中，直接适用法被表述为法律的强制规范（bepalingen van bijzonder dwingend recht）。

（一）理论层面

荷兰学者德温特创设了优先规则理论，即规范拥有如此重要的社会职能以至根据其自身目的适用于国际案件。虽然其仍使用强制规范（dwingend recht）的表述，但并非所有的强制规范都必须在国际案件中适用。此种选法限制不应以强制规范为限，也不应交由公共秩序决定，而是二者之间的分类。① 此类规范既包括租购法、与商事代理有关的劳动合同法，又包括为实现重要的社会经济职能而位于公私法交界的法律。比如租赁法、劳动关系法、外汇管制法、禁止金约款、价格法、进出口法、反倾销法以及国有化的法令。②

优先规则往往伴随着确定其国际适用范围的规则（scope-rule）。③ 成文法有时明确包含此类规则，如《荷兰民法典》第6编第247条第4款规定，如果消费者在荷兰拥有惯常居所，则针对消费合同中的标准条款的规定必须予以适用。此时法官很容易确定优先规则的存在，④ 无须再探究范围规则针对的条款是否构成直接适用法。⑤ 一旦立法未明文规定，则只能通过适当解释的方式确定。⑥ 这需具备两个条件：其一，案件和规则或制定法所服务的基本社会、经济利益存在直接密切的联系；其二，优先规则维护的利益较准据法的整体适用利益更大。⑦

---

① L. I. De Winter, Dwingend Recht bij Internationale Overeenkomsten, NTIR, Vol. 11, No. 4, (1964), 331. 早在1940年作者已经作如上界定。De Winter, De grenzen van de contractvrijheid in het international privaatrecht, Weekblad voor Privaatrecht, Notarisambt en Registratie, 1940, p. 3675, cited in Nicolas Nord, Ordre Public et Lois de Police en Droit International Privé, Université Robert Schuman, 2003, p. 329.

② See Jan C. Schultsz, Dutch Antecedents and Parallels to Article 7 of the EEC Contracts Convention of 1980, RabelZ, Bd. 47, H. 2, (1983), 270.

③ L. Strikwerda, De Overeemkomst in het IPR, Maklu, 2010, p. 143.

④ Cathalijne van der Plas, Het Leerstuk van de Voorrangsregels Gecodificeerd in Boek 10: Werking (ssfeer), NIPR, Afl. 3, (2010), 422.

⑤ See Mathijs H. Ten Wolde, Codification and Consolidation of Dutch Private International Law: The Book 10 Civil Code of the Netherlands, Yb. Priv. Int. L., Vol. 13, (2011), 399.

⑥ Boele-Woelki, et al., Dutch Private International Law at the End of the 20th Century: Pluralism of Methods, in Symeon C. Symeonides, ed., Private International Law at the End of the 20th Century: Progress or Regress?, Kluwer Law International, 2000, p. 300.

⑦ See Mireille van Eechoud, Choice of Law in Copyright and Related Rights, Kluwer Law International, 2003, pp. 44 – 45.

(二) 实践层面

在司法实践当中，荷兰法院强调直接适用法需要与案件存在密切联系。故某一强制规范在抽象层面可能构成潜在的直接适用法，而在具体案件中则因为与案情联系不足而丧失直接适用的资格。根据 1945 年荷兰《特别劳动关系法》（Buitengewoon Besluit Arbeidsver-houdingen，BBA）第 6 条，[①] 雇主只有在获得当地机关批准时才可以解雇雇员。该法没有明确适用范围，但可以推知其具有保护私人雇员和荷兰的劳动市场的双重功能。[②] 在美国公司未经批准解雇荷兰雇员的案件中，劳动合同约定适用纽约州法。[③] 荷兰最高法院认为，《特别劳动关系法》旨在适用于所有影响荷兰劳动市场的雇佣关系。原告因解雇而需要在荷兰寻找新的工作或寻求社保救助，构成法令适用的情形。

在另一起劳动争议中，荷兰最高法院却认可了当事人约定的美国得克萨斯州法的效力。[④] 原告为得克萨斯州公司派遣到荷兰工作的美国雇员，其在解聘后出人意料地留在荷兰。就准据法和优先规则的关系，该院认为，荷兰优先规则的适用需要正当理由，即《特别劳动关系法》旨在保护的利益较充分发挥作用的劳动合同准据法的利益更大。衡量本案中的准据法和合理优先规则的利益，不存在期待当事人重返荷兰劳动市场的正当理由。与荷兰的联系不足以改变荷兰对劳动关系保护和外国准据法充分考量之间的利益平衡，无法达到援引荷兰的优先规则的程度。[⑤]

---

① 在劳动领域，类似的如为确保在荷兰居住的外国雇员能够获得法定最低收入的 1968 年《最低工资和最低津贴法》。See R. van Rooij & Maurice V. Polak, Private International Law in the Netherlands, Kluwer Law and Taxation Publishers, 1987, p. 125.

② H. L. E. Verhagen, Agency in Private International Law: The Hague Convention on the Law Applicable to Agency, Martinus Nijhoff, 1995, p. 244.

③ Mackay v. American Express, Hoge Raad, 8. 1. 1971, NJ, (1971), 129 (Mackay I).

④ Sorensen v. Aramco Overseas Company, Hoge Raad, 23. 10. 1987, NJ, (1988), 842.

⑤ See Th. M. De Boer, The EEC Contracts Convention and the Dutch Courts: A Methodological Perspective, RabelZ, Bd. 54, H. 1, (1990), 60 - 61.

五 对上述直接适用法理论的评价

尽管都处在国家干预经济社会生活的类似大环境下，由于法律传统与实际需要的差异，西欧诸国的直接适用法理论的表现方式不尽相同。构建法国的公序法理论的弗氏求助于原本含义模糊的《法国民法典》第 3 条第 3 款，并将之改造为超越冲突规范的选法机制。对同样长期不具有国际私法立法传统的英国，其超越法理论则主要服务于本国制定法较传统以普通法形式存在的冲突规范的优先适用，进而缓和作为判例法的冲突法和包含特殊适用范围的制定法之间的紧张关系。这是基于英国独特法律文化发生的结果，与修正传统选法机制的直接适用法不尽相同。与上述二者不同的是，德国的干预规范理论受到《德国民法典》第 134 条法律行为违反禁止规定的启示，更倾向于将之限制在直接关涉国家公益的公法禁止规范的范畴，从而排除能够通过冲突规范指引的特别私法的直接适用资格，在方法论上更加纯熟。而荷兰的优先规则理论虽然影响较小，却已经从个案的角度判断直接适用法的存在，蕴含着利益平衡的要求。上述理论最终在国际私法欧盟化的过程中殊途同归，有力推动了直接适用法制度在欧盟层面的确立。

《欧盟外资安全审查条例》
法律基础的合法性存疑
Legitimacy Problem of the Legal Basis of the EU Regulation on Establishing a Framework for Screening Foreign Direct Investments

叶　斌[*]

摘要： 2019 年 3 月 19 日，欧洲议会与理事会通过首部在欧盟层面建立外资安全审查机制并且试图协调成员国外资安全审查机制的条例。欧盟委员会背离原先处理主权财富基金的立场，将共同商业政策作为该条例的法律基础，并且认为欧盟具有专属权能并采取共同决策的立法程序。对欧盟立法措施及其缔结的国际协定而言，法律基础的选择极为重要，不适当的法律基础将导致法令无效。鉴于外资安全审查也涉及欧盟资本自由流动规则，本文通过比较分析欧洲联盟基础条约和欧洲联盟法院的判例法，特别是 2017 年第 2/15 号意见（欧盟新加坡投资协定案），来论证该条例法律基础的合法性存疑。文章认为，欧盟外资安全审查条例构成欧盟法单方面承诺资本自由流动的"后退"措施，其法律基础应该是《欧洲联盟运行条约》第 64 条，而非共同商业政策。

关键词： 资本自由流动；外国直接投资审查；公共安全；法律基础；欧盟法

---

* 叶斌，中国社会科学院欧洲研究所欧盟法研究室主任，副研究员，国际法学博士。

Abstract：On 19 Feburary 2019, the European Parliament and the Council of European Union adopted the Regulation（EU）2019/452 which is the first Regulation on establishing a framework on screening foreign direct investment on the EU level and attempt to coordinate the foreign investment security review mechanism of some of its member states. The Regulation（EU）2019/452 declares that its legal basis is under Common Commercial Policy（CCP）, which has deviated from European Commission's former position on SWFs in 2008, and the EU has exclusive competence to adopt the act under co-decision procedure. The choice of the appropriate legal basis has constitutional significance for EU legislative acts. Since the FDI Screening would fall in the scope of the freedom of capital movements, this article analyzes the appropriateness of the legal basis of the proposed legislation by comparing and analyzing the founding treaties of EU and settled case-law of the Court of Justice of European Union, especially its Opinion 2/15（EU-Singapore Free Trade Agreement）of 16 May 2017. The article argues that the Regulation（EU）2019/452 constitutes a step backwards in EU law as regards the liberalisation of the movement of capital from third countries, whose legal basis should not be the CCP under Article 207 but the Article 64. 3 of the TFEU.

Key words：Free Movements of Capital；FDI Screening；Public Policy or Public Security；Legal Basis；EU Law

2017 年 9 月 13 日，欧盟委员会公布首部在欧盟层面建立外资安全审查机制并且试图协调成员国相关机制的条例草案。① 2018 年 12 月 6 日，欧洲议会、欧盟理事会和欧盟委员会就该草案达成临时政治协议。② 2019 年 3 月 19 日，欧盟正式通过《欧洲议会和理事会对进入联

① European Commission, "Proposal for a Regulation of the European Parliament and of the Council Establishing a Framework for Screening of Foreign Direct Investments into the European Union", 2017/0224（COD）, COM（2017）487 final, Brussels, 13. 9. 2017.

② Provisional Agreement Resulting from Interinstitutional Negotiations, PE631. 953v01 – 00, 6. 12. 2018.

盟的外国直接投资建立审查框架的第 2019/452 号欧盟条例》①（以下简称"条例"），条例于 4 月 10 日生效，2020 年 10 月 11 日施行。这部欧盟条例通过授权欧盟委员会以"安全与公共秩序"为由审查外国对欧投资项目，建立初步"中心化"的审查框架。条例允许欧盟成员国维持现有的投资安全审查机制，同时要求所有成员国与委员会合作，合作内容包括年度汇报与及时通知义务，无论成员国是否已经建立了这种审查机制。与先前委员会提交的草案相比，条例最终文本做了许多修订，进一步加强委员会在新框架中的地位，不仅将涉及经济竞争力乃至具有排外情绪的因素补充至原草案的审查范围，诸如虚拟基础设施、水、医疗、媒体、房地产、能源储备、纳米技术、生物技术，并且赋予委员会以委托立法权，授权委员会可日后扩充或者修订所谓"具有联盟利益的计划和项目"。

《欧盟外资安全审查条例》的核心目的是回应近年来中国对欧盟高新技术企业并购或基础设施投资项目引发的所谓"安全关切"。② 欧盟委员会主席容克在 2017 年盟情咨文中不指名道姓地指出："我们不是幼稚的自由贸易者。欧洲必须捍卫自身的战略利益。这就是为什么今天我们提议新的欧盟投资审查框架。如果外国国有公司想要购买欧洲的港口、我们的部分能源基础设施或者防务技术企业，这只能发生在阳光之下，必须经过审查和辩论。我们有政治责任知晓正在我们自己后院发生的事情，这样才能保护我们必要的集体利益。"③ 将草案的公布日期放在容克发表盟情咨文的同一天，并且欧盟主要机构同意将其纳入本届欧洲议会结束前优先通过的立法事项，表明欧盟对尽早通过该草案具有很强的政治意愿。

但是，《欧盟外资安全审查条例》在法律基础上存在合法性问题。

---

① Regulation (EU) 2019/452 of the European Parliament and of the Council of 19 March 2019 Establishing a Framework for the Screening of Foreign Direct Investments into the Union, OJ L 79, 21.3.2019, p. 1.

② 对欧盟草案及法律基础合法性的详细分析与论证，参见叶斌《欧盟外资安全审查立法草案及其法律基础的适当性》，《欧洲研究》2018 年第 5 期。

③ European Commission-Press release, State of the Union 2017 – Trade Package: European Commission proposes framework for screening of foreign direct investments, Brussels, 14 September 2017.

对欧盟立法措施及其缔结的国际协定而言，法律基础的选择极为重要。欧洲联盟法院曾在第 2/00 号意见中明确指出，选择适当的法律基础具有宪法意义。① 如果一项欧盟立法选择了错误的法律基础，将导致法令无效。该条例声称其法律基础是经《里斯本条约》修订后的欧盟共同商业政策（Common Commercial Policy, CCP），因为欧盟对共同商业政策具有专属权能，所以欧盟对投资安全审查具有专属权能，从而采取普通立法程序。尽管根据《里斯本条约》，外国直接投资确实被纳入欧盟具有专属权能的共同商业政策，但是条例所建立的审查机制毫无疑问将会限制资本的自由流动，而资本的自由流动（Free Movement of Capital）一直以来属于成员国与欧盟的共享权能，并且适用不同的立法程序。欧盟成员国投资安全审查的法律基础一直是资本自由流动的安全例外条款，这种法律基础的改变，可能造成法律上的真空。

一 法律基础：共同商业政策还是资本自由流动？

根据 2009 年生效的《里斯本条约》，欧盟取得对外国直接投资的专属权能。《欧洲联盟运行条约》第 207 条，被该条例视为建立欧盟对外国直接投资审查的法律基础。然而，条例还涉及内部市场的资本自由流动，而且处理安全议题，前者属于联盟与成员国的共享权能领域，后者专属于成员国。根据欧盟基础条约，欧盟机构的权能来自成员国的授权。由此产生的问题是，如果欧盟立法涉及不同的权能领域，哪一个是正确的法律基础？

欧洲联盟法院通过判例发展出了一套分析方法来确定哪些属于联盟共同商业政策。② 第一步，是判断有关法令是否属于欧盟的对外行动。根据《欧洲联盟运行条约》第 207 条第 1 款，"共同商业政策应在联盟对外行动的原则与目标框架内实施"。欧洲法院将其解释为共同商业政策涉及与第三国的贸易。第二步，是判断其根本目的是否旨在促进、方

---

① Opinion 2/00 of 6 December 2001, ECR I - 9753, para 5.

② See Opinion 2/15 of the Court（Full Court）, 16 May 2017, ECLI：EU：C：2017：376, paragraph 33 - 36.

便或管理这种贸易，并且对其有直接和立即的影响。欧盟立法草案很难通过第一个步骤的测试，因为草案实际上是处理欧盟内部市场接收到的外国投资，这些投资参与内部市场的运行，并且对内部市场具有直接和立即的影响。正如 2008 年欧盟委员会在关于主权财富基金的政策文件中所承认的，"欧盟贸易政策的主要目的之一，是为了打开第三国的市场，使其向欧盟投资者开放，其原则与内部市场的原则是一样的"①。换言之，共同商业政策旨在促进欧盟对外投资，而外国对欧投资则受欧盟内部市场规则调整。如果采用这种解释，不同领域法律基础的冲突就迎刃而解了，欧盟对外国直接投资审查的适当法院基础应是欧盟内部市场规则中的资本流动自由条款，即《欧洲联盟运行条约》第 64 条，而非共同商业政策的第 207 条。

不同于货物自由流动、人员自由流动和开业自由仅仅适用于欧盟成员国，资本自由流动原则还另外适用于成员国与第三国的关系。根据《欧洲联盟运行条约》第 63 条，这种对全世界开放欧盟市场的单方面承诺，不需要互惠或者对等（reciprocity）。条约第 64 条第 2 款和第 3 款分别规定了在欧盟层面管理或限制外国直接投资的两种立法程序。由于这两款从来没有被使用过，有学者称其为"睡美人"。②

将《欧洲联盟运行条约》第 64 条第 3 款作为欧盟投资安审立法的法律基础，无疑会向全世界释放欧盟正在收回对外单方面开放市场的信号。该款规定，"只有理事会才可以在咨询欧洲议会后，以一致通过的方式，根据一项特别立法程序，在涉及流入或来自第三国的资本流动方面制定构成联盟法上退步的措施"。也就是说，该草案本应采取特别立法程序，需要取得成员国的一致同意，欧洲议会只有有限的咨询权。

当然，《欧洲联盟运行条约》第 64 条第 2 款也有可能成为欧盟投资安审立法的法律基础。该款规定，"欧洲议会和理事会应根据普通立法程序，就涉及流入或来自第三国的直接投资（包括房地产投资）、设

---

① Communication from the Commission to the European Parliament, the Council, the European Economic and Social Committee and the Committee of the Regions: A Common European Approach to Sovereign Wealth Funds, Brussels, 27. 2. 2008, COM (2008) 115 final, at. 3. 2, p. 8.

② Steffen Hindelang, *The Free Movement of Capital and Foreign Direct Investment: The Scope of Protection in EU Law*, Oxford University Press, 2009, pp. 304 – 305.

立商业机构、提供金融服务、允许证券进入资本市场等方面的资本流动制定措施"。该款可以用于授权欧盟机构监管来自第三国的投资，前提是草案应做根本上的修改，不是限制第三国对欧投资，而是对其进行管理。

二　专属权能还是共享权能？

如果某个政策领域属于欧盟的专属权能，通常而言，除非特别情况，如在过渡期内，成员国不再有权保留其原有机制。从这个角度来看，《欧盟外资安全审查条例》维护成员国现有机制，并且不打算取代它们，其背后的原因是成员国对安全政策具有天然的权力。《欧盟外资安全审查条例》在条例建议草案的基础上还进一步强调，条例不妨碍国家安全仍是各成员国独一无二的责任以及成员国保护其核心安全利益的权力（《欧洲联盟条约》第 4 条）。取代成员国投资安审机制的完全中心化方案，将面临成员国的强烈反对，因为对安全的考虑实际上是属于成员国的。如果成员国承认欧盟对投资安全审查具有专属的权能，那就意味着成员国要继续已有的审查机制就需要得到欧盟机构的许可，并且未来可能被完全取代。欧盟成员国需要考虑批准《欧盟外资安全审查条例》后造成的这一法律后果。

外国直接投资被纳入欧盟的专属权能，并不意味着与外国直接投资有关的事项一定就属于欧盟的专属权能，因为外国直接投资很可能只是附属于这个审查机制。2017 年 5 月，欧洲联盟法院裁定，《欧盟新加坡自贸协定》中的投资者诉国家争端解决机制不属于欧盟的专属权能，而是共享权能。欧洲法院的论证是，投资争端解决机制虽然涉及外国直接投资，但是其性质只是附属于外国直接投资，其本质是使成员国法院失去对投资争端的管辖权。① 就本文所讨论的投资安全审查而言，对安全问题的考量恰恰不是附属的，而是这个机制的核心。由此可以推论，《欧盟外资安全审查条例》建立的投资安全审查机制与成员国安全政策

---

① Opinion 2/15 of the Court (Full Court), 16 May 2017, ECLI：EU：C：2017：376, paragraph 293.

密切相关，而安全政策属于成员国的专属权能。如果没有其他有说服力的论点，《欧盟外资安全审查条例》自称的法律基础将很难得到上述欧盟法院判例法的支持。

哪些专家将会参加欧盟外资审查机制，也将有助于对该领域权能性质的理解。很难想象，纯粹的投资专家有足够的能力考量安全议题。

三 背离先前欧盟委员会对主权财富基金(SWFs)的立场

将《欧盟外资安全审查条例》与欧盟委员会 2008 年关于主权财富基金的立场相比较，可以发现欧盟委员会法律分析与推理是不一致和不连贯的。主权财富基金 (SWFs) 通常被认为是国家所有的投资工具，在大多数情况下属于间接投资，但是在某些情况下也控制或参与公司管理，从而构成直接投资。《里斯本条约》是在 2007 年通过的，尽管到 2009 年年底才生效，但是很难想象，委员会的法律专家在起草有关主权财富基金立场文件时不会注意外国直接投资已被条约纳入共同商业政策。

对于处理以主权财富基金方式投资的欧盟法律框架，当时欧盟委员会认为："与其他形式的投资一样，以主权财富基金方式进行的投资受相同欧盟规则的约束，不论外国或国内投资，都适用《欧共体条约》第 56 条规定的成员国之间以及成员国与第三国之间的资本自由流动原则。资本自由流动不是绝对的，作为条约的一项基本原则，根据《欧共体条约》第 52 条第 2 款，它在欧盟层面受两方面的调整：其一，共同体可以特定多数决定的方式通过与第三国直接投资有关的、涉及资本流动的措施；其二，不排除欧共体可以一致决策的方式引入限制直接投资的措施。"① 这里很显然，欧盟委员会认为任何限制直接投资的措施应该以原《欧共体条约》第 57 条第 2 款，即当前《欧洲联盟运行条

---

① Communication from the Commission to the European Parliament, the Council, the European Economic and Social Committee and the Committee of the Regions: A Common European Approach to Sovereign Wealth Funds, Brussels, 27. 2. 2008, COM (2008) 115 final, at. 3. 1, p. 6.

约》第 64 条第 3 款为法律基础。

当时，有不少人建议针对主权财富基金建立新的机制，例如有人建议欧盟模仿美国成立外国投资委员会，或者建立欧盟范围的审查机制，或者对非欧盟的外国投资建立所谓"黄金股机制"。欧盟委员会在上述政策文件中指出，所有这些建议都存在释放错误信号的危险，使人误以为欧盟打算从开放投资机制的承诺"后退"（stepping back），而且，这些建议也难以与欧盟法和欧盟的国际义务相一致。①

《欧盟外资安全审查条例》生效后，2008 年欧盟关于主权财富基金的立场面临失效的境地。然而问题无法被掩盖，前述政策文件中提出的问题需要欧盟立法者的解释，为什么《欧洲联盟运行条约》第 64 条没有作为条例的法律基础，该条例建立的外资安审机制如何与欧盟法和欧盟的国际义务相一致？

四 2009 年至 2019 年的法律真空？

在科学论教会案（Église de Scientologie）② 中，欧洲联盟法院裁定法国以公共政策或者安全存在威胁为由对投资实施的事前审批机制，原则上适用《欧洲联盟运行条约》第 65 条第 1 款第 2 项。该裁定明确地将欧盟成员国层面的外资安全审查机制归入资本自由流动的安全例外条款之下。裁定得到其他欧盟成员国国内法的承认，例如 2017 年 7 月修订的德国《外国贸易与支付法令》③ 第四条规定："为了确保联邦德国在《欧洲联盟运行条约》第 36 条、第 52 条第 1 款和第 65 条第 1 款意义上的公共秩序或者公共安全，可以对交易和行为加以限制。"

然而，《欧盟外资安全审查条例》并不是从上述资本自由流动章节

---

① Communication from the Commission to the European Parliament, the Council, the European Economic and Social Committee and the Committee of the Regions: A Common European Approach to Sovereign Wealth Funds, Brussels, 27. 2. 2008, COM（2008）115 final, at. 4. 1, p. 8.

② Judgment of the Court of 14 March 2000, Église de Scientologie, Case C – 54/99, ECR I – 1335.

③ Außenwirtschaftsgesetz-AWG durch Artikel 4 des Gesetzes vom 20. Juli 2017（BGBl. I S. 2789）.

取得合法性，而是从共同商业政策，这导致新的法律问题。根据《欧洲联盟运行条约》第 2 条第 1 款，"当两部条约赋予联盟在某一特定领域享有专属权能时，只有联盟可在此领域立法和通过具有法律约束力的法令，成员国仅在获得联盟授权或实施联盟法令的情况下才可在此等领域立法或通过具有法律约束力的法令"。如果外资安全审查属于欧盟的专属权能，那么在 2009 年《里斯本条约》生效到 2019 年《欧盟外资安全审查条例》生效的 10 年间，成员国外资安全审查机制就长期处于无授权的非法状态。

这不仅背离欧盟的法治原则和法律的确定性原则，而且使成员国的现行投资安全审查机制陷入十分尴尬的境地。更为严重的法律后果是，投资人可能通过司法程序而导致成员国审查机构已经做出的审查决定无效。

五　结论

《欧盟外资安全审查条例》的法律基础存在诸多疑问。从上文剖析中可以发现，欧盟委员会弃用资本流动自由规则而改用共同商业政策却是可以理解的。第一，共同商业政策是欧盟的专属权能，将《欧盟外资安全审查条例》的法律基础认定为共同商业政策意味着欧盟权能的最大化，不仅有权在欧盟层面建立外资安全审查框架，而且将现有成员国外资安全审查机制的法律基础归结为欧盟的授权，从而可以径直约束成员国审查机制，并且为未来实现中心化的欧盟外资审查机制打下伏笔。第二，在立法程序上，如果采取资本流动为法律基础，则需要欧盟理事会以一致方式通过草案，以这种程序通过一部充满争议的立法草案无疑是非常困难的。第三，更为重要的是，由于《欧洲联盟运行条约》第 64 条第 3 款将限制措施称为"构成联盟法上的后退"，如果将其作为法律基础，即是毫不掩饰地承认欧盟外资安全审查立法是对资本流动自由基本原则和对外开放投资市场承诺的后退，而这恰恰是欧盟委员会不愿承认的。

然而，错误的法律基础将会导致一系列严重的后果。欧盟立法者不仅需要解释《欧盟外资安全审查条例》与欧盟法和国际法的一致性问题,还要面对成员国投资安全审查机制法律基础变化所导致的法律真空。

由于《欧盟外资安全审查条例》实际上涉及资本自由流动,并且在很大程度上涉及共同外交与安全政策,欧盟权能的这种特性影响了《欧盟外资安全审查条例》本身的设计。安全政策一直被视为成员国的专属权能,该领域的特殊性使得欧盟委员会无权在安全审查框架下做出具有约束力的权力,因为成员国才是安全审查的最后决策者。

正如有些欧洲学者敏锐观察到的,欧盟成员国事实上又回到《欧洲联盟条约》生效之前就存在的情境,欧盟成员国被"再授权"来决定欧盟内部市场对外国直接投资的开放水平。① 《欧盟外资安全审查条例》带来法律基础的合法性问题,它正在拉开欧盟撤回单方面对外资完全开放承诺的序幕。

---

① Steffen Hindelang and Niklas Maydell, "The EU's Common Investment Policy-Connecting the Dots", in Marc Bungenberg, Jorn Griebel and Steffen Hindelang eds. , *International Investment Law and EU Law*, Springer, 2011, p. 11.

对公私合作制(PPP)定义的再探讨：
基于新公共治理的视角
Public Private Partnership（PPP）：A Conceptual Analysis from the Interdisciplinary Perspective

李以所*

摘要：被视为新公共治理的一部分的 PPP，迄今为止作为一个概念还没有形成共识性定义。很多学者大都采用与个案相关的事实描述，对 PPP 诸多属性特征的概括和侧重各有不同。本文尝试根据目前尤其是德国关于 PPP 的文献进行分析，以期对 PPP 跨学科的属性特征进行确认。从经济学、政治学和法学视角出发，对 PPP 参与者的身份、目标和相互关系三个中心议题进行重点探讨，并在此基础上实现对 PPP 概念的统一理解。这对 PPP 理论与实践的发展完善具有急迫且根本的现实意义。

关键词：新公共治理；公私合作制 PPP；跨学科研究；德国

Abstract：Public Private Partnerships（PPPs）are perceived as part of the New Public Governance（NPG）discourse. In the past PPPs have been given many meanings, many authors used individual definitions, but no common definition has so far evolved. The aim of this paper is so identify common criteria across disciplines for PPPs through an analysis of current academic

* 李以所，中国社会科学院中德合作中心副主任，欧洲研究所副研究员，德国国家行政学院（DUV-Speyer）管理学博士，中共中央编译局政治学博士后。

PPP literature. Based on an interdisciplinary understanding of PPP as part of NPG new approaches on the fulfilment of (voluntary) municipal tasks can be analysed and developed in the future.

Key words：Public Private Partnership (PPP)；New Public Governance；Interdisciplinary Research；Germany

一 引论：研究的问题和方法

在中国，PPP 从 20 世纪 80 年代的星星之火，到现如今的势可燎原，[①] 早已为官方和民间所熟识并热议。但如何定义这个西方舶来的新概念，迄今尚未形成通说。[②] 在西方的学术界和实务界亦是如此，参与者们都从各自的角度出发，做出多番关于 PPP 概念的定义尝试，但结果仍然莫衷一是。[③] 在汗牛充栋的 PPP 文献中，PPP 的概念或界限模糊，或简单重复，甚或基于意识形态的不同而天生带有偏见。[④] 对 PPP 含义阐释的笼统性，使其成为可以包罗所有公私合作形式的

---

① 在中国，2015 年被称为 PPP 元年。参见蒲坚《PPP 的中国逻辑》，中信出版社 2016 年版。

② 即便是 PPP 在中国的译法也是多种多样，比如除"公私合作制"和"公私伙伴关系"外，还有"政府民间合作模式"，参见王灏《城市轨道交通投融资问题研究》，中国金融出版社 2006 年版；"公私部门协力关系"，参见朱森村《公私部门协力关系之研究：以台北市推展小区大学个案分析》，台北：政治大学公共行政研究所 1999 年版；"公私合伙模式"，参见郭升勋《公私合伙理论与应用之研究》，台北：政治大学公共行政研究所 1999 年版；"政府与社会资本合作模式"，参见曹珊《政府与社会资本合作（PPP）模式政策法规与示范文本集成》，法律出版社 2016 年版。

③ Detlef Sack，"PPP Zwischen politischem Projekt, medialer Diskussion und administrativer Routine-Zur Einführung"，in：*dms-der moderne Staat* 6Jg.，2013，S. 311 – 319；Jan Ziekow und Alexander Windoffer，*Public Private Partnership. Struktur und Erfolgsbedingungen von Kooperationsarenen*，Nomos：Baden-Baden，2008，S. 25；Holger Mühlenkamp，"Public Private Partnership aus der Sicht der Transaktionskostenökonomik und der Neuen Politischen Ökonomie"，in：Dietrich Budäus (Hrsg.)，*Kooperationsformen zwischen Staat und Markt. Theoretische Grundlagen und praktische Ausprägungen von Public Private Partnership*，Nomos：Baden-Baden，2006，S. 29.

④ Derick W. Brinkerhoff and Jennifer M. Brinkerhoff，"Public-Private Partnerships：Perspectives on Purposes, Publicness, and Good Governance"，*Public Administration and Development* 31st，2011，pp. 2 – 14.

"筐",① 直接导致了 PPP 概念的无限延展，而作为科学概念所必需的结构严谨性也因之荡然无存。② 目前多数学术著作大都先采用一个宽泛的基础定义，指出 PPP 是一种形式并不确定的公私合作，然后从各自不同的视角出发，围绕着 PPP 的目标给出其概念描述。③ 在这种情况下，对 PPP 概念的追索又回到了问题的原点：一种众说纷纭的状态。④ 事实上 PPP 现在仅是作为简略或实用的代号，来指代公私部门之间各种合作的不同表现形式。

不过 PPP 属于新公共治理的一部分，已成为多数学者的共识。⑤ 尤其是在德国，PPP 多被理解为地方政府为了实现当地治理现代化的一种制度安排，⑥ 其具体表现为公共部门在实施治理的过程中，引进了民间

---

① 参见李以所《公私合作制在德国的构建与治理战略》，《经济与管理评论》2016 年第 6 期。

② Dietrich Budäus und Birgit Grüb, "Public Private Partnership: Theoretische Bezüge und praktische Strukturierung", in: *Zeitschrift für öffentliche und gemeinwirtschaftliche Unternehmen* (ZögU) 30Jg., 2007, S. 247.

③ Krumm Thomas und Karsten Mause, "Public-Private Partnerships als Gegenstand der Politikwissenschaft", in: *PVS Politische Vierteljahresschrift* 50Jg. (1), 2009, S. 109; Winkelmann Thorsten, *Public Private Partnership: Auf der Suche nach Substanz. Eine Effizienzanalyse alternativer Beschaffungsformen auf kommunaler Ebene*, Nomos: Baden-Baden, 2012, S. 97.

④ Gunnar Folke Schuppert, *Grundzüge eines zu entwickelnden Verwaltungskooperationsrecht. Regelungsbedarf und Handlungsoptionen eines Rechtsrahmens für Public Private Partnership*. Rechts-und verwaltungswissenschaftliches Gutachten erstellt im Auftrag des Bundesministeriums des Innern, 2001, S. 5.

⑤ Carsten Greve and Graeme A. Hodge, "Conclusions: Rethinking public-private partnerships", in: Carsten Greve and Graeme A. Hodge ed., *Rethinking public-private partnerships. Strategies for turbulent times*. Abingdon, Oxon, New York, NY, 2013, p. 211.

⑥ 因为德国媒体对 PPP 的关注焦点（此处尤指传统纸质媒体）一般集中在公共基础设施的建设领域，故一般的德国公众大都认为 PPP 仅与此领域有关。对于 PPP，其相应德语词汇为 Öffentlich-Private Partnerschaft (ÖPP)。目前在德语文献中，PPP 和 ÖPP 是被平行采用的。德国部分学者一度强调采用 ÖPP 的表达方式，其意图是在公私合作领域内确定具有特殊性的德国路径，当然这个设想迄今依旧是应者寥寥。参见 Wolfgang Gerstlberger und Michael Siegl, *Öffentlich-Private Partnerschaften. Ein Konzept für die zukünftige Gestaltung öffentlicher Aufgaben?* Expertise im Auftrag der Abteilung Wirtschafts-und Sozialpolitik der Friedrich-Ebert-Stiftung. Bonn, 2011, S. 8; Philip Boll, *Investitionen in Public-Private-Partnership-Projekte im öffentlichen Hochbau unter besonderer Berücksichtigung der Risikoverteilung. Eine theoretische und empirische Untersuchung*. Köln, 2007, S. 1; Andreas Pfnür, Christoph Schetter und Henning Schöbener, *Risikomanagement bei Public Private Partnerships*. Berlin-Heidelberg, 2010, S. 7.

社会或市场的力量。① 在新公共治理的框架内研究 PPP 的准则范例、参
与者情况及其互动和合作形式，有可能会将观察 PPP 的不同视角统一
起来。② 本文将 PPP 置放在新公共治理框架内的目的是要寻找两个问题
的答案。

（1）PPP 是否具有跨学科的属性特征，如果是，那么对其含义的
认识和理解能否在新公共治理的框架内实现统一？（2）在该框架内，如
何组织对 PPP 的跨学科研究？

从 PPP 在德国的发展进程和应用领域可以看出，德国学者对 PPP
概念的探讨是在跨学科范围内进行，主要涉及经济学、政治学和法
学。因为通过观察和分析相关的 PPP 文献，归纳和汇总各种关于 PPP
的概念要素，③ 将经常被概括的属性特征进行系统化整理，主要就涉
及这三个学科领域。从跨学科的视角出发，结合与之相关的专业理
论，对这些 PPP 的概念要素进行探讨，并在此基础上尝试阐述其共同
特征，这是在新公共治理框架下对 PPP 进行跨学科理解的出发点。同
样，发现并总结这些属性特征是从治理的角度对 PPP 展开跨学科研究
的基本前提。④

---

① Detlef Sack, "Krise und Organisationswandel von lokaler Governance-Das Beispiel Public Private Partnerships", in: Michael Haus und Sabine Kuhlmann (Hrsg.), *Lokale Politik und Verwaltung im Zeichen der Krise?* Wiesbaden, 2013, S. 144.

② Wolfgang Gerstlberger, Wolfram Schmittel und Jens Janke, *Public Private Partnership als neuartiges Regelungsmuster zwischen öffentlicher Hand und Unternehmen*, Düsseldorf, 2004, S. 35.

③ 尽管对 PPP 概念进行适当的定义存在着很多困难，但是在这些文献中还是有着诸多带有个性色彩的特征描述，反映了不同作者对 PPP 这一概念的理解。参见 Jan Ziekow, "Rechtlicher Fragen der Öffentlich-Privaten Partnerschaften (ÖPP) Für das Handwerk.", in: Hans-Ulrich Küpper (Hrsg.), *Chancen und Risiken von PPP. Eine Betrachtung aus ökonomischer und juristischer Perspektive.* München, 2012, S. 135.

④ 需要注意的是，本文分析研究的多数德文文献大都是关注当前主流的 PPP 应用可能性，比如公共基础设施、高层建筑或高速道路的建设等。许多作者都以经济效益为导向的新公共管理理论的视角进行研究和探讨。而通过抽提和对焦 PPP 作为新公共治理一部分的核心特征，可以挖掘出 PPP 在完成自愿性的地方公共任务方面的拥有多种应用的可能性，比如 PPP 在城镇燃气、暖气供应方面的应用以及通过 PPP 项目的形式建设运营城镇游泳馆等。参见 Wolfgang Gerstlberger und Michael Siegl, *Öffentlich-Private Partnerschaften. Ein Konzept für die zukünftige Gestaltung öffentlicher Aufgaben?* Expertise im Auftrag der Abteilung Wirtschafts-und Sozialpolitik der Friedrich-Ebert-Stiftung. Bonn, 2011, S. 14; Anne-Sophie Lang, "Baden in einem richtigen Bürgerbad.", in: *Frankfurter Allgemeine Sonntagszeitung*, 28.09.2014, S. 20.

二　谁和谁合作：PPP 伙伴的确定

（一）合作伙伴本来的身份性质不改变

在 PPP 项目中，无论采取何种形式达成公私合作，合作伙伴都应保持各自的身份性质不变。基于公私合作而产生新的联系并不会导致参与者失去其原有的组织性或专有的经济属性。尽管很多学者并没有明确的表达，将之视为 PPP 的基本特征，但从真实意思的角度评估，对此在经济学和政治学领域中已形成了共识。[①] 只是法学学者并没有给予特别关注，他们基本认为这个特征就是 PPP 与生俱来的，因为 PPP 的实质是委托方和被委托方之间，也即不同法人之间签署的一份合同，参与交易的各方都会保持其本来的身份特征，PPP 合同的产生并不自然导致法人身份的合并。

（二）伙伴式的合作需要社会信任机制的配合

以 PPP 在德国的初期理论和研究框架为基础，有学者将此标准引入学术讨论之中。他们将 PPP 视为一个社会经济体系，这个体系的核心内容就是个体之间的交易行为，他们彼此的信任起着决定性的作用。[②] 因在 PPP 合同订立时的初始状况是复杂多变乃至混乱无序的，PPP 绝非是某个合同或多个合同的简单组合。在 PPP 项目行进过程中，参与各方总是要应对没有提早预见到的各种情况，简单僵化的一切"按合同办事"，其结果常是事与愿违。要想实现多方共赢，就必须要借助社会信任机制。[③] 这一论点的基础是社会资本

---

① Thorsten Winkelmann, "Auf dem Weg zum schlanken Staat? Public-Private-Partnership auf dem Vormarsch", in: Eckhard Jesse (Hrsg.), *Europas Politik vor neuen Herausforderungen*. Opladen, 2011, S. 287.

② Dietrich Budäus und Birgit Grüb, "Public Private Partnership: Theoretische Bezüge und praktische Strukturierung", in: *Zeitschrift für öffentliche und gemeinwirtschaftliche Unternehmen* (ZögU) 30Jg., 2007, S. 245 – 272.

③ Dietrich Budäus, "Public Private Partnership-Kooperationsbedarf, Grundkategorien und Entwicklungsperspektiven", in: Dietrich Budäus (Hrsg.), *Kooperationsformen zwischen Staat und Markt. Theoretische Grundlagen und praktische Ausprägungen von Public Private Partnership*, Nomos: Baden-Baden, 2006, S. 16.

理论，① 因此信任机制是 PPP 项目中的不可或缺的重要部分。② 需要
注意的是，在 PPP 项目的实际操作中，信任机制的引入并非易事。
合同内容的不完善，项目进行中突发的谈判，潜规则和人际关系，
参与方收受贿赂都会对信任的实现造成威胁和阻碍。③ 为了避免这些
情况，就必须寻找在监管和信任之间的最佳结合点。目前在政治学
关于 PPP 的文献中，很难找到对合作伙伴信任关系问题的特别关注。
但在 PPP 的法学文献中则经常性地间接涉及社会信任机制。因为即
便是在没有将"彼此信任"作为 PPP 属性特征的情况下，也可以依
据法哲学原理将其从承诺责任转化到 PPP 合同之中。④ 因此，"伙伴
式合作还需要社会信任机制的配合"这一特征，在学术讨论中并无
特别争议。

（三）至少各有一个参与主体分别来自公共或私人部门

在 PPP 项目中，至少各有一个参与主体分别来自公共或私人部门，
这也被视为 PPP 的基本特征，许多学术文献对此都有阐述。⑤ 一般来
说，确定参与主体是否属于公共部门并无争议，但对私人部门的划归则
有着不同的理解。因为除了私人经济的、以盈利为目的的公司或法人之
外，还可以有公民、非政府组织等其他多领域、多层次的参与者有可能

---

① Robert D. Putnam, "Tuning In, Tuning Out: The Strange Disappearance of Social Capital in America.", in: *Political Science and Politics* 28 Jg. (4), 1995, p. 664.

② Birgit Grüb, *Sozialkapital als Erfolgsfaktor von Public Private Partnership*, Berlin, 2007, S. 104.

③ Detlef Sack, "Eine Bestandsaufnahme der Verbreitung, Regelungen und Kooperationspfade vertraglicher PPP in Deutschland-Effizienz, Kooperation und relationaler Vertrag.", in: Dietrich Budäus (Hrsg.), *Kooperationsformen zwischen Staat und Markt. Theoretische Grundlagen und praktische Ausprägungen von Public Private Partnership*, Nomos: Baden-Baden, 2006, S. 71.

④ 也就是说每个合同相对人都有责任约束自己要信守承诺，唯如此，其他的合作伙伴也才会守诺履行相应的义务。参见 Marc-Philippe Weller, *Die Vertragstreue. Vertragsbindung, Naturalerfüllungsgrundsatz, Leistungstreue*, Tübingen, 2009, S. 162.

⑤ Gerold Ambrosius, "Die Entwicklung Öffentlicher-Privater Partnerschaften seit den 1980er Jahren, die fördernden und die hindernden Faktoren", in: *dms-der moderne Staat* 6 Jg., 2013, S. 322; Dietrich Budäus und Birgit Grüb, "Public Private Partnership: Theoretische Bezüge und praktische Strukturierung", in: *Zeitschrift für öffentliche und gemeinwirtschaftliche Unternehmen* (ZögU) 30 Jg., 2007, S. 248.

成为 PPP 项目中的合作伙伴。[①] 由此就产生了一个问题：这些参与者是应划归为私人部门还是属于中间地带的"第三部门"?[②]

在关于 PPP 的政治学文献中，有观点认为合作参与者可以来自整个社会领域[③]也是 PPP 的基本特征。所以正如在企业公民（Corporate Citizenship，CC）参与领域中可观察到的那样，私人企业和社会组织之间持续性的共同协作也可能成为 PPP。[④]

从法学的视角观察，PPP 是一个旨在完成公共任务而在作为委托方的公共部门和被委托的私人部门之间的长期的、全面的、整体的、有合同约束的合作。[⑤] 公共部门作为委托方和私人部门作为被委托方，这一明确的描述也清晰地表明，在法学视域内的 PPP 仅考虑来自公共和私人部门的参与者。对于来自第三部门的社会组织，则要考虑其在 PPP 中的作用，被归入公共或私人部门皆有可能。[⑥]

---

① Krumm Thomas und Karsten Mause, "Public-Private Partnerships als Gegenstand der Politikwissenschaft", in: *PVS Politische Vierteljahresschrift* 50Jg. (1), 2009, S. 110.

② 合作伙伴的部门归属原则上需要具体问题具体分析。但"第三部门"的存在，并无争议。公共部门和第三部门之间的合作或者来自所有三个部门的参与者共同合作 PPP，也有可能。参见 Annette Zimmer, "Bürgerschaftliches Enagement und Management: Führungskräfte im Dritten Sektor. ", in: Dietmar Bräuning und Dorothea Greiling (Hrsg.), *Stand und Perspektiven der Öffentlichen Betriebswirtschaftslehre II.*, Berlin, 2007, S. 533; Jan Ziekow und Alexander Windoffer, *Public Private Partnership. Struktur und Erfolgsbedingungen von Kooperationsarenen*, Nomos: Baden-Baden, 2008, S. 41.

③ 也即来自国家机关、经济部门和社会组织等。

④ Detlef Sack, *Governance und Politics. Die Institutionalisierung öffentlich-privater Partnerschaften in Deutschland. Baden-Baden*, 2009, S. 20.

⑤ Christian Schede und Markus Pohlmann, "Vertragsrechtliche Grundlagen", in: Martin Weber, Michael Schäfer, Friedrich Ludwig Hausmann, Hans Wilhelm Alfen und Dietrich Drömann (Hrsg.), *Public Private Partnership. Rechtliche Rahmenbedingungen*, *Wirtschaftlichkeit*, *Finanzierung. München*, 2006, S. 102; Günter Püttner, "Chancen und Risiken von PPP aus juristischer Sicht. ", in: Dietrich Budäus (Hrsg.), *Kooperationsformen zwischen Staat und Markt. Theoretische Grundlagen und praktische Ausprägungen von Public Private Partnership*, Nomos: Baden-Baden, 2006, S. 99.

⑥ 当然在这里还要考虑到，伴随社会的飞速发展和治理现代化的需要，第三部门的意义和作用在日益增强和提高。它归属公共或私人部门并非一成不变，可以根据 PPP 的组织形式的调整而变化。那么就很有必要将迄今只涉及两个部门的 PPP 概念扩展为三个部门。那个时候，第三部门取代公共部门或私人部门参与 PPP，将会是一种常态。比如第三部门和公共部门的 PPP 合作形式：Public Citizen Partnership (PCP)；第三部门和私人部门的合作形式：Civil Private Partnership (CPP) 等。

　　PPP 的经典形式是来自公共部门的政府主体和来自私人部门的以盈利为目的的企业之间的合作。至于相关的合作发生在什么领域，则并不重要。① 当某合作项目并不以盈利为目标时，就产生了一个 PPP 的表现形式，它一般被确定为 Public Social Private Partnership（PSPP）项目。这种项目的特点是，公共机构、私营公司或基金会以及公民个人共同合作履行某公益任务，其目的在于推进社会福祉和实现社会愿望。②

　　鉴于拥有一个以盈利为目的的参与方并不是建立和运行 PPP 的必要特征，所以来自公共部门和第三部门③的参与方也可以建立合作。在英文的学术文献中将这种服务给付定义为"合作生产"，④ 这种 PPP 合作被进一步描述为"公共公民合作"，⑤ 其特征表现为公共机构和市民共同努力完成地方乡镇的公共任务，⑥ 在具体的公共任务的履行

---

　　① 比如 PPP 项目可以涉及文化、教育、民政事务等领域，也可以在交通、体育、休闲、司法、安保等领域内出现。

　　② 这种社会公益性项目通常是为幼儿园、学校、大学或者地方乡镇的青少年成长工作提供支持。参见 Günter Fandel, Allegra Fistek und Brigitte Mohn, "Erfassung von Synergieeffekten von Projekten des Public Social Private Partnership（PSPP）." in: *Zeitschrift für Betriebswirtschaft*（ZfB）80Jg.（9），2010，S. 922.

　　③ 来自第三部门的参与方可以是非营利组织（NPO）和非政府组织（NGO），也可以是合作社（e G）和协会（e. V.）组织。由此便可以在更大的范围内去理解 PPP，因为从狭义理解，PPP 有时仅局限于公共基础设施项目；但从广义而言，公共政策网络、社区发展推动等都可以视作 PPP 大家庭中的一部分。参见 Dorothea Greiling, "Public-Private Partnership: a driver for efficient public services or just an example of wishful thinking.", in: *Zeitschrift für öffentliche und gemeinwirtschaftliche Unternehmen*（ZögU）Beiheft 37，2009，S. 112；Roger Wettenhall, "Mixes and Partnership through times.", in: Graeme A. Hodge, Carsten Greve and Anthony E. Boardman ed., *International Handbook on Public-Private Partnerships*. Cheltenham-Northampton, MA, 2010, p. 17 – 42.

　　④ Viktor Pestoff, "Co-production, new public governance and third sector social services in Europe", in: *Ci-ências Sociais Unisinos* 47 Jg.（1），2011，p. 17.

　　⑤ 这也被理解为是 PPP 的一种，即 Public Citizen Partnership（PCP）。参见 Elisabeth Reiner, Dietmar Rößl and Daniela Weismeier-Sammer, "Public Citizen Partnership", in: *cooperative*（3），2010，p. 58 – 61.

　　⑥ 比如德国地方乡镇的公共基础设施民用风力发电厂、公共的室内和室外游泳池等，现在多由市民和乡镇政府成立具有合作性质的合作社来建设和运营。参见 Richard Lang and Dietmar Roessl, "Contextualiying the Governance of Community Co-operatives: Evidence from Austria and Germany.", in: *VOLUNTAS: International Journal of Voluntary and Nonprofit Organizations* 22nd（4），2011，p. 721；Julia Thaler, Katharina Spraul und Bernd Helmig, "Aufgabenkritik freiwilliger kommunaler Aufgaben: Zur Entstehung von Akzeptanz für Öffentlich-Private Partnerschaften", in: *Zeitschrift für öffentliche und gemeinwirtschaftliche Unternehmen*（ZögU）Beiheft 42，2013，S. 112 – 127.

上,市民可全部或部分地取代公共机构,或至少为任务的履行提供支持。如果该合作确有经济收益,则要保留在当地,用于项目本身发展之需要。

还有一种 PPP 形式是私营企业和社会机构尤其是非政府组织之间的合作伙伴关系,其中社会组织负责传统上原本由公共部门承担的公共任务的履行。支撑这种公私合作变形的理论基础,可以在企业公民领域中找到。① 而企业公民这一概念又是企业社会责任理论的基础。有德国学者很早就有预见性地指出,将企业社会责任融合到公私合作制之中就会引发 PPP 的良性变形。② 由此可以想象的是,一个 PPP 项目的参与方将有可能来自公共机构、私人部门和社会组织这三个领域。③

鉴于 PPP 项目在实际操作中可以细分为多种不同的表现形式,同时又考虑到第三部门的飞速发展和巨大作用,那么前面所提到的标准"至少各有一个参与主体分别来自公共或私人部门"就过于狭窄了,也即根据合作方的来源性质,可以扩大解释为"至少各有一个参与方是来自公共或私人或第三部门"。

三 为何合作:PPP 伙伴的目标

(一) 合作伙伴之间没有目标冲突

在上述三个学科领域中,关于 PPP 的目标有着不同的讨论。在经济学方面,合作伙伴各自的目标都被置于并列优先的地位。在政治学文献中则没有专门就 PPP 的目标展开讨论,其关注点是合作伙伴各自的

---

① Holger Backhaus-Maul, Christiane Biedermann, Stefan Nährlich und Judith Polterauer (Hrsg.), *Corporate Citizenship in Deutschland. Gesellschaftliches Engagement von Unternehmen. Bilanz und Perspektiven*, VS Verlag für Sozialwissenschaften: Wiesbaden, 2010.

② Dietrich Budäus, "Public Private Partnership-Kooperationsbedarf, Grundkategorien und Entwicklungsperspektiven", in: Dietrich Budäus (Hrsg.), *Kooperationsformen zwischen Staat und Markt. Theoretische Grundlagen und praktische Ausprägungen von Public Private Partnership*, Nomos: Baden-Baden, 2006, S. 25.

③ 如前所述,一个 PPP 项目,当以纯社会效益为目标时,可以 Public Social Private Partnership(PSPP) 的合作形式出现。比如在学前教育领域中,一个以公共福利为目标的注册协会,也即公益性社会组织可以作为一家幼儿园的举办者,它作为委托方将该幼儿园委托给以盈利为目标的私人经营者,而地方政府则用公共财政给这家注册协会以必要的补贴。

动机。而从法学视角观察，PPP 的目标只有在参与各方的合同中得以确认才有意义。原则上说，处理可能出现的合作伙伴之间的目标冲突，其中心问题是厘清它们各自的基本导向。公共部门的行为以增加民众福利为导向，私营企业则是以盈利为根本出发点。根据德国宪法的相关规定，公共部门有义务实现国家财政资金使用的经济性。[①] 地方政府为了改善环境提升竞争力而进行的公益性经营活动也要遵循经济性的原则，从这个意义上说，在以盈利为目的和以增进公共福祉为本二者之间是可以找到结合点的。因此从经济学视角讨论 PPP 参与方各自的目标时，常会提及"目标共同体"或"共同利益"的概念，[②] 当然这并非意味着各方要实现目标的一致性。[③] 所谓的目标共同体应该理解为，尽管 PPP 参与者有着不同的行为理性，但实施 PPP 的目的在于能够更好地实现各自的目标。如果 PPP 项目中存在着目标冲突，某伙伴目标的实现要以牺牲另一伙伴的目标为代价时，真正意义上的 PPP 也就不复存在了。[④] 所以除合作伙伴各自目标之外，一个 PPP 的成立也需要共同的目标，它在一定程度上为参与者确定各自目标提供了行动框架，同时也是 PPP 项目走向成功的基本前提。[⑤]

在政治学文献方面并没有深入研究参与方个体或共同目标的问题，而是关注有哪些动机会让参与各方考虑选择 PPP。必须明确的是，这里

[①] 参见德国联邦基本法第 114 条第 2 款。

[②] Jan Ziekow, "Rechtlicher Fragen der Öffentlich-Privaten Partnerschaften（ÖPP）Für das Handwerk. ", in: Hans-Ulrich Küpper（Hrsg. ）, *Chancen und Risiken von PPP. Eine Betrachtung aus ökonomischer und juristischer Perspektive.* München, 2012, S. 135; Thomas Lenk and Manfred Röber, "Public-Private Partnership as Part of Public Sector Modernisation. ", in: Thomas Lenk, Manfred Röber, Martina Kuntze, Matthias Redlich and Oliver Rottmann（ed. ）, *Public-Private Partnership, An Appropriate Institutional Arrangement for Public Services?* Baden-Baden, 2011, p. 1.

[③] Heinrich Degenhart, Sabine Clausen und Lars Holstenkamp, *Flächenfonds als öffentlich-private Partnerschaft*, *Ein Finanzierungskonzept zur Mobilisierung von Brachflächen am Beispiel der Stadt Hannover*, Baden-Baden, 2011, S. 220.

[④] Dietrich Budäus, "Public Private Partnership-Kooperationsbedarf, Grundkategorien und Entwicklungsperspektiven", in: Dietrich Budäus（Hrsg. ）, *Kooperationsformen zwischen Staat und Markt. Theoretische Grundlagen und praktische Ausprägungen von Public Private Partnership*, Nomos: Baden-Baden, 2006, S. 16.

[⑤] Jan Ziekow und Alexander Windoffer, *Public Private Partnership. Struktur und Erfolgsbedingungen von Kooperationsarenen*, Nomos: Baden-Baden, 2008, S. 52.

的目标和动机并不等同，因为动机是为什么考虑采用 PPP 的根源。当
参与者的动机不一致时，并不会对 PPP 达成互补目标产生消极影响。
而个体或共同的目标主要与具体项目相关联，是从基础动机或行为逻辑
中发展而来的。[1]

从法学角度而言，一个没有目标冲突的合作是有可能的，因为各种
目标都可以在达成的多项协议中得以反映和展现。[2] 甚至有些目标也可
能被描述在一个没有法律效力的协议中，[3] 还有些目标虽可能在合同中
并没有明确规定，但会通过合同的具体履行来实现。故在理论上可以推
定，只要签订合同就不存在目标冲突。[4] 当然在实践中这种没有目标冲
突的状态，也会伴随项目发展而产生改变。[5] 鉴于此，专为 PPP 项目而
签订的洋溢着务实精神的不完全契约就应运而生了。[6] 这类契约一般只
给出项目的框架安排和部分合同义务的详细说明，随着时间推移和情势
变更，参与各方需要持续地就合同内容进行调整以满足现实需要。[7] 在
这种情况下，基于各自立场对合同内容随时进行调整、解释和补充，就
可以及时消解参与各方可能出现的目标冲突，或者推延冲突出现时间，
使 PPP 项目得以正常推进。

从三个学科领域来看，PPP 的顺利实现必须以参与方的个体目标的

---

[1]　有德国学者确证了可以派生出不同动机的三种情况：（1）公共部门参与方的动机；
（2）私人参与者的动机；（3）超越参与者界限的动机。参见 Detlef Sack, *Governance und Poli-
tics. Die Institutionalisierung öffentlich-privater Partnerschaften in Deutschland*, Baden-Baden, 2009.

[2]　比如共同目标就可以被规定在框架协议中，也可以被规定在具体的运营合同中，甚
至在已经签订的合同的序言中也可以对参与方的共同目标做出描述。

[3]　Jan Ziekow und Alexander Windoffer, *Public Private Partnership. Struktur und Erfolgsbedin-
gungen von Kooperationsarenen*, Nomos：Baden-Baden, 2008, S. 52.

[4]　因为通常可以假定，参与各方因为愿意执行合同而签订合同。

[5]　德国在这个方面的典型案例是，联邦政府和 Toll Collect 联合财团因德国卡车收费系统
延迟上线而进行的高速收费系统仲裁程序。参见 Max Haerder, "Der ewige Milliardenpoker um
die Maut", Toll Collect, *WirtschaftsWoche*, 2012.

[6]　不完全契约源自经济学的合同理论。参见 Holger Mühlenkamp, "Effizienzgewinne und
Entlastungen öffentlicher Haushalte durch Public Private Partnerships", in：Hans-Ulrich Küpper
（Hrsg.）, *Chancen und Risiken von PPP, Eine Betrachtung aus ökonomischer und juristischer Perspek-
tive*. München, 2012, S. 76.

[7]　Detlef Sack, "Zwischen Usurpation und Synergie-Motive, Formen und Entwicklungsprozesse
von Public Private Partnership.", in：*Zeitschrift für Sozialreform* （ZSR）55Jg.（3）, 2009, S. 221.

互补性为前提，而无须特别要求各自目标的一致性。本着求同存异的原则，在尊重各自不同目标需求的基础上，找寻到一个整体性的共同目标，形成目标共同体就可以了。

（二）合作伙伴要完成某项公共任务

PPP 项目必须是以完成某项公共任务为目标而进行的。在经济学文献中，学者们大都将完成某项公共任务作为 PPP 的本质特征。[①] 当然这一目标并非总是在文献中作为 PPP 的特征被明确提及，一般都是从具体论述中推导得出。[②] 而政治学文献则常将完成某公共任务作为 PPP 的前提条件。不过在这些文献中并未对"什么是公共任务"进行详尽阐释，多是一般性的概括描述。[③] 在法学文献中，对公共任务和 PPP 的探讨首先涉及的是公共基础设施的建设和服务的提供。[④] 它们明确指出采用 PPP 完成公共任务与传统方式的不同，此时私人接受公共部门的委托，协助其履行公共职责，进而完成公共任务。[⑤] 在 PPP 框架内由私营方提供的公共产品可以是高层建筑、地下工程的建造、维

---

① Holger Mühlenkamp, "Public Private Partnership aus der Sicht der Transaktionskostenökonomik und der Neuen Politischen Ökonomie", in: Dietrich Budäus (Hrsg.), *Kooperationsformen zwischen Staat und Markt. Theoretische Grundlagen und praktische Ausprägungen von Public Private Partnership*, Nomos: Baden-Baden, 2006, S. 30; Heinrich Degenhart, Sabine Clausen und Lars Holstenkamp, *Flächenfonds als öffentlich-private Partnerschaft*, *Ein Finanzierungskonzept zur Mobilisierung von Brachflächen am Beispiel der Stadt Hannover*, Baden-Baden, 2011, S. 217.

② Dietrich Budäus und Birgit Grüb, "Public Private Partnership: Theoretische Bezüge und praktische Strukturierung", in: *Zeitschrift für öffentliche und gemeinwirtschaftliche Unternehmen* (ZögU) 30Jg., 2007, S. 247.

③ Matthias Freise, "Innovationsmotoren oder Danaergeschenk? Zur Legitimität Öffentlich-Privater Partnerschaften in Governancearrangements der kommunalen Gesundheitspolitik." in: *Zeitschrift für Sozialreform* (ZSR) 55Jg. (3), 2009, S. 233; Detlef Sack, *Governance und Politics. Die Institutionalisierung öffentlich-privater Partnerschaften in Deutschland. Baden-Baden*, 2009, S. 20.

④ Joachim Wieland, "Privatisierung öffentlicher Aufgaben-Gestaltungsmöglichkeiten, Grenzen, Regelungsbedarf." in: *Niedersächsische Verwaltungsblätter* (NdsVBI) (2), 2009, S. 33 – 37.

⑤ 也就是说在委托合同的有效期内，私人部门要和公共部门协作完成整个项目的规划设计、融资、运营、给付等环节。参见 Christian Schede und Markus Pohlmann, "Vertragsrechtliche Grundlagen", in: Martin Weber, Michael Schäfer, Friedrich Ludwig Hausmann, Hans Wilhelm Alfen und Dietrich Drömann (Hrsg.), *Public Private Partnership. Rechtliche Rahmenbedingungen*, *Wirtschaftlichkeit*, *Finanzierung*. München, 2006, S. 102.

护和经营，交通道路、工程设施或其他较大型的，特别是艺术性较高的建筑。[1] 还有德国的法学学者提出，PPP 并不仅局限于不动产领域，也可应用于为了完成公共任务所必需的流动经济产品的制造与管理或者服务的提供。[2]

　　PPP 以某项公共任务的存在为前提，但相关任务的内容却不是特定的。对与 PPP 相关的公共任务的本质和内容的详细阐述，只能配合个案中的具体计划和评价才能进行，所以目前的文献大都给出的是关于公共任务的初步概括，非常缺少在抽象意义上对公共任务的总结和限定。公共任务的内容源自制度性框架，也就是说制度对公共任务的确定起着决定性的作用。[3] 同时公共任务还受时代制约，可能在几年内就会发生变化，进而造成 PPP 应用领域的调整。[4] 为了完成公共任务，只要从经济性和现实性原因考虑 PPP 是合理且必要的，政府即可将之引入。[5] 通过与私人部门或社会组织的合作，政府可以将整个或部分的履行责任移交给合作伙伴，但自己至少要保留担保责任。[6]

　　一般 PPP 任务的行动区域主要与政策或社会目标有关。特别是在公共产品和服务的提供方面，供应保障本是专属于政府的职责，但随着

---

　　[1] Jörg Christen, "Einführung PPP-Handbuch." in: Bau und Stadtentwicklung (BMVBS) Bundesministerium für Verkehr und Deutscher Sparkassen-und Giroverband (DSGV) (Hrsg.), *PPP-Handbuch. Leitfaden für öffentlich-private Partnerschaften*, Bad Homburg, 2009, S. 9.

　　[2] 只要这些产品和服务在原则上有被规划、生产、经营和使用的可能。参见 Christian Schede und Markus Pohlmann, "Vertragsrechtliche Grundlagen", in: Martin Weber, Michael Schäfer, Friedrich Ludwig Hausmann, Hans Wilhelm Alfen und Dietrich Drömann (Hrsg.), *Public Private Partnership. Rechtliche Rahmenbedingungen, Wirtschaftlichkeit, Finanzierung*. München, 2006, S. 103.

　　[3] 在这里的制度性框架一般是指联邦的基本法、各联邦州的宪法以及地方乡镇的法律和法规。参见 Margrit Seckelmann, "Die historische Entwicklung kommunaler Aufgaben." in: *dms-der moderne Staat* (2), 2008, S. 269.

　　[4] Werner Abelschauser, "Wirtschaftliche Wechsellagen, Wirtschaftsordnung und Staat: Die deutschen Erfahrungen." in: Dieter Grimm (Hrsg.), *Staatsaufgaben*, 1996, S. 224.

　　[5] 李以所：《公私合作伙伴关系（PPP）的经济性研究》，《兰州学刊》2012 年第 6 期。

　　[6] 也即无论何种情况出现，最终国家都要保证公共任务会被完成。参见 Heinrich Degenhart, Sabine Clausen und Lars Holstenkamp, *Flächenfonds als öffentlich-private Partnerschaft. Ein Finanzierungskonzept zur Mobilisierung von Brachflächen am Beispiel der Stadt Hannover*, Baden-Baden, 2011, S. 218；李以所《国际金融危机中的德国公私合作制论析》，《欧洲研究》2017 年第 1 期。

国家角色的变迁，政府只有与私营公司或社会组织合作才能够以合理的成本来实现供应。① 对此，必须要清晰地界定 PPP 与其他履行公共任务的工具或手段的不同。事实上，在不同领域中被命名为 PPP 的若干案例并不是真正意义上的 PPP。② 只有公私部门就公共产品的生产或服务的提供进行共同规划，同时公共部门也以适宜的形式参与任务的履行时，才能将该项目标识为 PPP。③

概括来说，唯有当合作伙伴在国家法律的框架内完成某项公共任务，且该任务的履行与合作伙伴的目标并无冲突时，才会有真正意义上的 PPP 产生和存在。

四　怎么合作：合作伙伴之间的关系和风险分担

（一）PPP 的形式化

从经济学视角观察，原则上 PPP 参与者之间的合作是需要形式化的。④ 公私合作的组织形式不同，其对应的形式化程度也就各异。一般情况下，有三种程度不同的组织形式：默契型、契约型和组织型。⑤ 所谓默契型，是指公私部门之间一种形式表现非常灵活的合作，通常偏重

---

① Norbert Thom und Adrian Ritz, "Möglichkeit der Wertschöpfungssteigerung durch Public Private Partnership.", in: Norbert Bach, Wolfgang Eichler und Bernd Buchholz (Hrsg.), *Geschäftsmodelle für Wertschöpfungsnetzwerke*, Wiesbaden, 2003, S. 448.

② 很多 PPP 项目要完成的目标其实并非公共任务，最多只是一种以采购为目的的行为。或者涉及的只是经营模式的变换或调整，那么这种情况更确切地说应该属于公共部门授权给私营企业，而非二者之间的合作。比如某污水处理的项目，地方乡镇政府可以将该项目的融资和经营以合同形式移交给某私营企业。又比如政府将一个公共游泳池移交给某私人投资者等。参见 Christoph Strünck und Rolf G. Heinze, "Public Private Partnership", in: Bernhard Blanke, Stephan von Bandemer, Frank Nullmeier und Göttrik Wewer (Hrsg.), *Handbuch zur Verwaltungsreform*, Wiesbaden, 2005, S. 122.

③ 参见李以所《公私合作制在德国的构建与治理战略》，《经济与管理评论》2016 年第 6 期。

④ Wolfgang Gerstlberger und Michael Siegl, *Öffentlich-Private Partnerschaften. Ein Konzept für die zukünftige Gestaltung öffentlicher Aufgaben?* Expertise im Auftrag der Abteilung Wirtschafts-und Sozialpolitik der Friedrich-Ebert-Stiftung. Bonn, 2011, S. 2.

⑤ Sibylle Roggencamp, *Public Private Partnership. Entstehung und Funktionsweise kooperativer Arrangements zwischen öffentlichem Sektor und Privatwirtschaft*, Frankfurt a. M., 1999, S. 49.

于非正式,其形式化的程度最低,随后依次趋高的则是契约型 PPP① 和组织型 PPP②。后面两种形式化程度较高的合作,其实施和运行得到保障的依据是相应的法律规定。参与各方之间的合作支撑点至少会在框架协议中给予明确规定,也即 PPP 的存在基础是各方签订的合同或具有合同性质的文件。即便是成立共同的合作公司,也要以公司合同作为基本依据。③

在政治学文献方面,关于 PPP 形式化的讨论属于边缘课题,一般只是间接地在 PPP 分类问题中进行研究,比如当某 PPP 作为混合经济型企业组织时,常会指明合作伙伴之间有紧密的受合同约束的联系。④当描述 PPP 的不同类型时,一般会说明支撑其形式化的法律规定,但不会再做进一步的分析。故可确定在政治学视角下,PPP 有不同程度的形式化区分已经得到认可,但就此缺乏相对深入的细致研究。

在法学方面,PPP 的形式化问题在相关讨论中是不可或缺的。多数法学学者认为,合作协议是 PPP 存在的必要基础。⑤ 他们主要研究参与合作的当事人在合同方面的具体规定,并根据这些规定的来源来研讨PPP 的形式化问题。特别是在德国的不动产经济领域中,关于 PPP 的实践经验已经非常丰富,通过其主要的合同模式的法律安排,PPP 显示出高程度的形式化几乎就是必然的结果。⑥

---

① 以合作伙伴共同商定的合同或约定为基础的合作,也即依托合同确定的公私合作(Vertrags-PPP)。

② 政府与私营企业或其他参与者联合组建的合作公司,也即所谓的混合经济公司(Organisations-PPP)。

③ 对于草约性质的约定也要给予足够的注意,在很多时候,它对后续合同的签订具有指导性的意义,尽管其形式化的程度很低,但也可以作为一种形式确定下来。参见 Heinrich Degenhart, Sabine Clausen und Lars Holstenkamp, *Flächenfonds als öffentlich-private Partnerschaft. Ein Finanzierungskonzept zur Mobilisierung von Brachflächen am Beispiel der Stadt Hannover*, Baden-Baden, 2011, S. 220.

④ Detlef Sack, "Zwischen Usurpation und Synergie-Motive, Formen und Entwicklungsprozesse von Public Private Partnership.", in: *Zeitschrift für Sozialreform* (ZSR) 55Jg. (3), 2009, S. 219.

⑤ Detlef Krasemann, *Public Private Partnership. Rechtliche Determinanten der Auswahl und Konkretisierung von Projekten als Public Private Partnership*, Hamburg, 2008, S. 7.

⑥ Christian Schede und Markus Pohlmann, "Vertragsrechtliche Grundlagen", in: Martin Weber, Michael Schäfer, Friedrich Ludwig Hausmann, Hans Wilhelm Alfen und Dietrich Drömann (Hrsg.), *Public Private Partnership. Rechtliche Rahmenbedingungen*, *Wirtschaftlichkeit*, *Finanzierung*. München, 2006, S. 104.

因此在所要求的形式化程度上，这三个学科领域的观察视角和力度是有区别的。关于默契型的非正式合作是否构成 PPP 的第一层级，目前仍然存疑，因为它对合作双方而言都有着相当的不确定性，也欠缺必要的法律保障。显然，只是依靠参与方的默契在非正式的基础上实施合作是非常困难的，尤其是当各方目标发生冲突且不可调和时，合作伙伴之间所采取的行动往往不是对方所期待的，事实上这种案例屡见不鲜。正式的合作形式，一般就是指契约型 PPP 和组织型 PPP，就会拥有法律给予的安全保障。因此这两种形式化了的公私合作就是真正意义上的 PPP。①

(二) 持续性的调整需求

在经济学们看来，参与者持续性的调整需求也是 PPP 的基本要素。② 这表明 PPP 的合作形式并非一成不变，而是各方不断应对诸多状况的调整过程。实践证明，一个新建组织在初始时期总会存在太多需要完善之处，③ 持续调整的需求也就自然产生。④ 正因 PPP 产生于不完全信息的环境之中，合作伙伴们签订的常是不完全契约，这在经济学文献中毫无争议。⑤ 鉴于很多状况具有不可预见性，事后调整和补充协商根本无法回避，这也为持续的调整需求提供了依据。⑥

---

① Gerold Ambrosius, "Die Entwicklung Öffentlicher-Privater Partnerschaften seit den 1980er Jahren, die fördernden und die hindernden Faktoren", in: *dms-der moderne Staat* 6Jg., 2013, S. 322.

② Sibylle Roggencamp, *Public Private Partnership. Entstehung und Funktionsweise kooperativer Arrangements zwischen öffentlichem Sektor und Privatwirtschaft*, Frankfurt a. M., 1999, S. 55.

③ 这是在国民经济学研究框架下新组织经济学重点关注的课题。参见 Birgit Grüb, *Sozialkapital als Erfolgsfaktor von Public Private Partnership*, Berlin, 2007, S. 48.

④ 正因如此，不完全契约理论和交易成本理论成为研究 PPP 的基础。

⑤ Rahel Schomaker, "Public Private Partnerships aus Sicht der Neuen Institutionenökonomik-Theoretische Überlegungen und empirische Evidenz" in: Jan Ziekow (Hrsg.), *Wandel der Staatlichkeit und wieder zurück? Die Einbeziehung Privater in die Erfüllung öffentlicher Aufgaben (Public Private Partnership) in/nach der Weltwirtschaftskrise*, Baden-Baden, 2011, S. 223.

⑥ Holger Mühlenkamp, "Public Private Partnership aus der Sicht der Transaktionskostenökonomik und der Neuen Politischen Ökonomie", in: Dietrich Budäus (Hrsg.), *Kooperationsformen zwischen Staat und Markt. Theoretische Grundlagen und praktische Ausprägungen von Public Private Partnership*, Nomos: Baden-Baden, 2006, S. 34.

在政治学关于 PPP 的文献中大都采用 PPP 的一般性定义，持续的调整需求这一特征并未被明确提及。不过，还是有很多学者指出了 PPP 需要一个协商和谈判的框架。在这个框架中总是会间接地看到调整需求，具体表现是参与方基于现有的不完全契约对现实情况进行重新协商和洽谈。其实，在 PPP 运行期间把相应的合同规定或条款调适到更加精准正确的程度，这本就该是公私合作的基本要求。① 而且 PPP 的文化就是偏爱"柔性"，规避"刚性"的。既然是合作，那么彼此之间必要的同感，甚至共同的价值观就不是微不足道的了，所以那种参与各方"共同的希冀"也可作为 PPP 谈判过程中的一个附加要素。②

在 PPP 法学意义的概念中也同样缺乏持续的调整需求这一特征。如前所述，在法学学者看来，合同的构成以及对每个合同相对人的保障是 PPP 的中心问题。出于法律人的职业习惯，认为项目伊始就应穷尽所有可能的明确规定合作方的权利和义务，所谓不完全契约或权责不确定的合同，因欠缺法律理性本来就不应该产生。③ 提出持续性的调整需求并无必要，因为各自的权责都已经体现在合同之中。从法律角度评估，这种认识和主张当然没有错误。但不可回避的现实情况是在 PPP 开始阶段，根本无法将全部合作细节都协商一致写入整个运行期间都有效的合同之中，这种复杂性也是 PPP 在招投标阶段一般需要采用竞争性谈判方式的原因。④ 如果按照理想的状态完成一份没有调整需求的 PPP 合同，那定会是界内经典。很遗憾在迄今为止的案例实践中，这个经典合同还没有出现。鉴于 PPP 在结构

---

① Maria Oppen und Detlef Sack, "Governance und Performanz. Motive, Formen und Effekte lokaler Public Private Partnerships", in: Gunnar Folke Schuppert und Michael Zürn (Hrsg.), *Governance in einer sich wandelnden Welt*, Wiesbaden, 2008, S. 270.

② Lilian Schwalb, *Kreative Governance? Public Private Partnerships in der lokalpolitischen Steuerung*, Wiesbaden, 2011, S. 27.

③ Günter Püttner, "Chancen und Risiken von PPP aus juristischer Sicht.", in: Dietrich Budäus (Hrsg.), *Kooperationsformen zwischen Staat und Markt. Theoretische Grundlagen und praktische Ausprägungen von Public Private Partnership*, Nomos: Baden-Baden, 2006, S. 102.

④ 参见李以所《竞争性谈判的适用：基于德国经验的分析》，《领导科学》2013 年第 32 期。

形式设计方面不可能做到滴水不漏，签订不完全的或不尽理性的合同就成了务实选择。① 在整个任务履行中定期产生或重复产生各种调整需求，恰恰就是 PPP 的属性特征。很多在文献中被列举的所谓 PPP 案例，用"调整需求"这一特征来校准的话，大都不是 PPP，而是属于通过经典合同完成的公共采购。② 这些情况虽可被视为公私部门之间的合作，但并不能称为 PPP。

（三）合作具有"长期性"

在几乎所有的经济学文献中，总是能被找到的一个概念特征是：合作伙伴关系的长期性。对于长期性这个特征，学界并没有给出具体的时间范围，只是确定了一个方向性理解，即要把 PPP 视为需要细致规划和管控的长期过程。③ 与此相关联的还有 PPP 的生命周期原则，这是在固定基础设施建设范围内的公私合作的一个核心要素。④ 遵循生命周期原则意味着对项目的每个价值创造阶段都要有统揽全局的考虑，只有这样才会使得各阶段之间的衔接高效有力无漏洞，这较之"各管一段"的传统方式更具经济性优势。从经济性分析的角度来看，私人部门至少要在整个项目生命周期的两个以上的价值创造阶段承担责任，才属于PPP。⑤ 这就可以追溯到契约型 PPP 中支配权的核心要义，因为当私营方负责多个项目阶段时，他要承担涉及项目生命周期的整体责任，才是

---

① Dietrich Budäus und Birgit Grüb，"Public Private Partnership（PPP）：Zum aktuellen Entwicklungs-und Diskussionsstand"，in：Hartmut Bauer（Hrsg.），*Verwaltungskooperation. Public Private Partnerships und Public Public Partnerships*，Potsdam，2008，S. 423；Thorsten Beckers und Jan-Peter Klatt，"Eine institutionenökonomische Analyse der Kosteneffizienz des PPP-Ansatzes"，in：*Zeitschrift für öffentliche und gemeinwirtschaftliche Unternehmen*（ZögU）32Jg.，2009，S. 331.

② 持续性的调整需求是 PPP 和一般采购合同进行区别界定的主要标准。

③ Heinrich Degenhart，Sabine Clausen und Lars Holstenkamp，*Flächenfonds als öffentlich-private Partnerschaft. Ein Finanzierungskonzept zur Mobilisierung von Brachflächen am Beispiel der Stadt Hannover*，Baden-Baden，2011，S. 220.

④ Thorsten Beckers und Jan-Peter Klatt，"Eine institutionenökonomische Analyse der Kosteneffizienz des PPP-Ansatzes"，in：*Zeitschrift für öffentliche und gemeinwirtschaftliche Unternehmen*（ZögU）32Jg.，2009，S. 325 – 338.

⑤ Holger Mühlenkamp，"Effizienzgewinne und Entlastungen öffentlicher Haushalte durch Public Private Partnerships"，in：Hans-Ulrich Küpper（Hrsg.），*Chancen und Risiken von PPP，Eine Betrachtung aus ökonomischer und juristischer Perspektive*，München，2012，S. 72.

高效且经济地完成相应公共任务的基本保障。① 很明显，一次性的公共
采购过程并不能简单相加成 PPP，因为 PPP 是一种通过市场进行的综合
性、多回合的产品或服务交换。②

在政治学文献中也将长期性作为 PPP 概念的根本特征。与经济学
中的情况相同，也没有规定具体的时间范围，只是笼统地强调了项目伙
伴之间合作关系的持续性。有德国学者用"项目参与者之间或长或短
的持续性合作"来描述 PPP 的长期性，③ 但至于多久符合"长"或
"短"的定义，则语焉不详。从法学视角观察，在公共基础设施建设方
面的生命周期原则也体现出了 PPP 项目的长期性。④ 与通常意义上的一
次性公共采购不同，PPP 项目是跨越价值创造多个阶段的持续性合
作。⑤ 基于生命周期原则和过程导向而形成的合作，排除了一次性的公
共采购和短期的债务关系，这是区别 PPP 和其他履行公共任务工具的
重要参照。⑥

合作关系的长期性是确定是否 PPP 的一个重要标准，但其重点并
不是具体的年数，而是私营、公共和第三部门的参与者之间的合作所体
现出的必要的持久性。对这类合作而言，足够的时间是必需的。只有在
时间有足够保证的情况下，参与各方通过持续性调整逐步建立长期互

---

① Gerold Ambrosius, "Die Entwicklung Öffentlicher-Privater Partnerschaften seit den 1980er Jahren, die fördernden und die hindernden Faktoren", in: dms-der moderne Staat 6Jg., 2013, S. 333.

② Jan Ziekow und Alexander Windoffer, Public Private Partnership. Struktur und Erfolgsbedingungen von Kooperationsarenen, Nomos: Baden-Baden, 2008, S. 45.

③ Detlef Sack, Governance und Politics. Die Institutionalisierung öffentlich-privater Partnerschaften in Deutschland. Baden-Baden, 2009, S. 20.

④ 在公共基础设施建设领域内 PPP 合同的持续时间，使长期性特征用可能的时间范围得以证明。一般来说，涉及利用私营方知识产权或采用租赁模式的合同最长达到 30 年、采用持有人模式的合同最长达到 20 年。参见李以所《德国公私合作制促进法研究》，中国民主法制出版社 2013 年版，第 18 页。

⑤ Christian Schede und Markus Pohlmann, "Vertragsrechtliche Grundlagen", in: Martin Weber, Michael Schäfer, Friedrich Ludwig Hausmann, Hans Wilhelm Alfen und Dietrich Drömann (Hrsg.), Public Private Partnership. Rechtliche Rahmenbedingungen, Wirtschaftlichkeit, Finanzierung. München, 2006, S. 102.

⑥ Jan Ziekow, "Rechtlicher Fragen der Öffentlich-Privaten Partnerschaften (ÖPP) Für das Handwerk.", in: Hans-Ulrich Küpper (Hrsg.), Chancen und Risiken von PPP. Eine Betrachtung aus ökonomischer und juristischer Perspektive. München, 2012, S. 137.

信，进而在共同解决问题的过程中形成真正的目标共同体。[1] 此外，关系合同的存在也决定了合作的长期性。[2] 还需要补充强调的是，前面所提及的生命周期原则主要是在固定性基础设施和高层建筑建造领域内，为确定 PPP 提供界定标准。在新公共治理的背景下，也存在着不遵守生命周期原则的 PPP。

（四） 合作伙伴统筹组建风险共同体

在经济学文献中，PPP 另外的属性特征是风险共同体的组建。在 PPP 合作框架内，每个合作伙伴都应承担起该项目特有的风险，根据其经验和任务指令对这些风险做出最优的预估、规避和管控。[3] 组建风险共同体，合作方之间就必须得平等相待。这种讲究地位平等的公私伙伴关系，[4] 已经和传统意义上在行政管理范畴内的从属性的公私关系完全不同了。公共部门不能再自上而下地针对私人部门发出指令，进行风险责任的分配，而是要将现有的项目风险，按照参与各方的风险管控能力，通过平等协商的形式进行合理分配。[5]

在政治学关于 PPP 的讨论中，合作伙伴间的风险分配显得无关紧要甚至没有任何作用。尽管在个别文献中指出了 PPP 项目应按照参与者的不同的风险承受能力进行风险分担，但并未将组建风险共同体看作

---

[1]　Christian Pauli, *Entwicklung einer Entscheidungshilfe zur Beurteilung der PPP-Eignung kommunaler Bauvorhaben*, Kassel, 2009, S. 91.

[2]　关系合同的特征就是参与交易的合作伙伴之间基于复杂的社会关系而产生的高强度互动，并在结果上表现为共同决策的达成。参见 Peter Paffhausen, *Entscheidung über eine Öffentlich Private Partnerschaft. Empfehlungen für kommunale Entscheidungsträger beim Eingehen einer institutionellem Öffentlich Private Partnerschaft*, Dissertation Universität Potsdam, 2010, S. 42.

[3]　Heinrich Degenhart, Sabine Clausen und Lars Holstenkamp, *Flächenfonds als öffentlich-private Partnerschaft. Ein Finanzierungskonzept zur Mobilisierung von Brachflächen am Beispiel der Stadt Hannover*, Baden-Baden, 2011, S. 219.

[4]　Jan Ziekow und Alexander Windoffer, *Public Private Partnership. Struktur und Erfolgsbedingungen von Kooperationsarenen*, Nomos: Baden-Baden, 2008, S. 40.

[5]　Hans Wilhelm Alfen und Katrin Fischer, "Der PPP-Beschaffungsprozess.", in: Martin Weber, Michael Schäfer, Friedrich Ludwig Hausmann, Hans Wilhelm Alfen und Dietrich Drömann (Hrsg.), *Public Private Partnership, rechtliche Rahmenbedingungen, Wirtschaftlichkeit, Finanzierung*, München, 2006, S. 3.

PPP的特征。[①]

从法学专业角度看，如何对待风险是 PPP 讨论框架的重要组成部分。在一些 PPP 定义中还提到了风险共同体的存在。但在合作伙伴之间是否能够地位平等地根据风险管控能力进行风险分配，迄今还没有明确的答案。[②]

目前在德国学界关于 PPP 的文献中，还没有形成对"风险"概念的一致性理解。[③] 但在公共部门的投资决策中，风险因素作为重要参考指标而具有特殊意义却是不争的事实。在诸多案例中，一项公共任务应该通过 PPP 还是采用传统方式由公共部门独力完成，主要取决于基于经济性调查做出的风险评估。[④]

迄今大多数的 PPP 实践案例，对风险的规避基本都是合作伙伴"自扫门前雪"。但 PPP 的真正内涵之一就是合作伙伴们制定并实施共同的风险规避战略。参与各方都在其擅长的领域内施展其独特的专业才能，这都有可能为相对的合作伙伴提供启发和必要的智力支持，进而造成项目整体性增值的效果。[⑤] 这种"互相学习"对整个社会和每个 PPP 的参与者都具有积极意义。

由此，在合作伙伴之间进行风险分担是 PPP 概念的中心特征。PPP 项目中的风险管控程序，结合可能的激励结构，提供了具有最佳性价比

---

① Detlef Sack, *Governance und Politics. Die Institutionalisierung öffentlich-privater Partnerschaften in Deutschland. Baden-Baden*, 2009, S. 149.

② Jan Ziekow, "Rechtlicher Fragen der Öffentlich-Privaten Partnerschaften (ÖPP) Für das Handwerk.", in: Hans-Ulrich Küpper (Hrsg.), *Chancen und Risiken von PPP. Eine Betrachtung aus ökonomischer und juristischer Perspektive*. München, 2012, S. 137.

③ Holger Mühlenkamp, "Effizienzgewinne und Entlastungen öffentlicher Haushalte durch Public Private Partnerships", in: Hans-Ulrich Küpper (Hrsg.), *Chancen und Risiken von PPP. Eine Betrachtung aus ökonomischer und juristischer Perspektive*. München, 2012, S. 94.

④ Thorsten Beckers und Jan-Peter Klatt, *Zeitliche Homogenisierung und Berücksichtigung von Risiko im Rahmen von Wirtschaftlichkeitsuntersuchungen*, Endbericht zu dem Projekt "Übertragbarkeit der klassischen betriebswirtschaftlichen Methoden zur Festlegung von Diskontierungszinssätzen bei Wirtschaftlichkeits-untersuchungen auf die öffentliche Verwaltung", Auftraggeber: Bundesrechnungshof. Unter Mitarbeit von Giacomo Corneo und Holger Mühlenkamp, Technische Universität Berlin, Berlin-Speyer, 2009.

⑤ Sibylle Roggencamp, *Public Private Partnership. Entstehung und Funktionsweise kooperativer Arrangements zwischen öffentlichem Sektor und Privatwirtschaft*, Frankfurt a. M., 1999, S. 148.

的完成公共任务的方式。

五　公私合作制与新公共治理的关联性

总体观察 PPP 在上述学科中的文献，可发现围绕其概念的讨论主要集中在三个主题：以参与部门来源为依据的 PPP 构成；在完成公共任务时不同的目标设定；机会共享和风险分担的作用及其对伙伴关系的影响。通过对这三个主题的文献分析基本可以推导出 PPP 的属性特征。

根据 PPP 表现出来的诸多特性，可初步得出结论：实现对 PPP 的一致性理解是有可能的。那些认为根本就不会有精准的 PPP 概念，或对 PPP 进行定义肯定是徒劳的观点实在太过消极和悲观。① 作为基于不同学科视角而产生的共同交集，这些属性特征应成为 PPP 概念研究的基点。

进入 21 世纪，随着全球化的不断深入和技术进步的迅猛发展，经济社会活动的复杂性日益增加，公共政策的执行和公共服务的提供都开始面临前所未有的挑战和困难。传统的以官僚制为特点的公共行政和所谓的以竞争为特征的新公共管理都无法应对公共服务的设计、提供以及管理的复杂现实。② 政府已不再是整合公共秩序的唯一角色，其合法性和影响力越来越需要社会中其他行动者的协助和配合。作为一种吸收了组织社会学及网络理论的因应方案，新公共治理超越了"行政—管理"二分法，用一种更全面和更注重整合的策略，强调在国家角色日益多元化的背景下不同部门间的协同与合作。它为公共任务的履行和完成提供了合理且务实的框架结构，克服了进入 21 世纪以来政府治理愈渐碎片

---

① 德国学者舒伯特曾评论说，那些试图给出 PPP 定义的做法，与"用针把布丁缝在墙上"的行为并无二致。参见 Gunnar F. Schuppert, *Grundzüge eines zu entwickelnden Verwaltungskooperationsrechts-Regelungsbedarf und Handlungsoptionen eines Rechtsrahmens für Public Private Partnership*, Rechts-und verwaltungswissenschaftliches Gutachten erstellt im Auftrag des Bundesministeriums des Inneren, Juni 2001, S. 4.

② 竺乾威:《新公共治理：新的治理模式?》,《中国行政管理》2016 年第 7 期。

化的困境。① 作为实现新公共治理的路径之一，PPP 革新了公共产品和服务的提供方式，对国家角色的正向变迁具有重要而深远的意义。PPP 要想获得进一步的良性发展，就必须在不同的学科领域、公共机构和社会组织之间推进多样式的合作。与此相适应，对 PPP 的研究也要从跨学科的视角，进行综合性和整体性的考察。各学科分析的角度和侧重点多有不同，但学科之间"地位平等"，无论是经济学、政治学还是法学，都不拥有天然就绝对正确的学说。一般都是本着具体问题具体分析的原则，结合案例从各学科对 PPP 的理解和认识中汲取有价值的观点，用以指导实践。② 到现在为止，针对 PPP 的研究还没有形成一个跨学科的完整体系，③ 对 PPP 概念的理解更缺乏一致性的共识。在学术讨论中就存在对 PPP 的多样化表述："制度安排、混合型组织、跨组织网络、复合型组织"等，不一而足。这些对 PPP 的理解，其核心都可追溯到 PPP 的运行机制。当不同学科领域的学者从各自角度观察分析同一研究对象时，④ 基于统一概念的研究框架就有着至关重要的意义。⑤ 本文明确的 PPP 的特征属性即可作为一种构建框架的尝试。

---

① Stephen P. Osborne, "The (New) Public Governance: a suitable case for treatment?", in: Stephen P. Osborne (ed.), *The New Public Governance? Emerging perspectives on the theory and practice of public governance*, London-New York, 2010, S. 9.

② Kuno Schedler, "Forschungsannäherung an die managerialistische Verwaltungskultur", in: Klaus König, Sabine Kropp, Sabine Kuhlmann, Christoph Reichard, Karl-Peter Sommermann und Jan Ziekow (Hrsg.), *Grundmuster der Verwaltungskultur. Interdisziplinäre Diskurse über kulturelle Grundformen der öffentlichen Verwaltung*, Baden-Baden, 2014, S. 224.

③ 但德国学者已开始就归置出自成体系的 PPP 理论进行了初步尝试。参见 Dietrich Budäus und Birgit Grüb, "Anhaltspunkte und Hypothesenbildung für eine Theorie der Public Private Partnership", in: Dietmar Bräunig und Dorothea Greiling (Hrsg.), *Stand und Perspektiven der Öffentlichen Betriebswirtschaftslehre II.*, Berlin, 2007, S. 421 – 431; Dietrich Budäus und Birgit Grüb, "Public Private Partnership (PPP): Zum aktuellen Entwicklungs-und Diskussionsstand", in: Hartmut Bauer (Hrsg.), *Verwaltungskooperation. Public Private Partnerships und Public Public Partnerships*, Potsdam, 2008, S. 33 – 50; Holger Mühlenkamp, "Public Private Partnership aus der Sicht der Transaktionskostenökonomik und der Neuen Politischen Ökonomie", in: Dietrich Budäus (Hrsg.), *Kooperationsformen zwischen Staat und Markt. Theoretische Grundlagen und praktische Ausprägungen von Public Private Partnership*, Nomos: Baden-Baden, 2006, S. 29 – 48.

④ 也可称为"问题构建"，就是说提出问题、给出框架、做出假设。

⑤ Thomas Jahn, "Transdisziplinarität in der Forschungspraxis", in: Sebastian Bergmann und Engelbert Schramm (Hrsg.), *Transdisziplinäre Forschung. Integrative Forschungsprozesse verstehen und bewerten*, Frankfurt am Main-New York, 2008, S. 32.

非常明显，迄今尚无来自不同学科领域的学者共同就 PPP 展开协作研究。[①] 当然从学术研究的传统和社会学的角度来说是可以理解的，因为很多学者并不关注其他专业领域的需求，一般就是在本行内就认知需求和研究事项进行交流沟通，学者们首要的就是为"自身需求"而进行生产。[②] 这种现实状况根本无法满足 PPP 快速良性发展的需要。PPP 参与者各自的目标不同，专业能力有强弱之分，组织文化和行为习惯迥异，面对 PPP 这个复杂的新生事物，相关不同学科的学者加强协作开展针对跨学科研究非常紧迫且必要。[③] 对于 PPP 项目的融资选择和战略发展等特殊问题，就更要借助多种学科的方法进行研究和分析。而以往对 PPP 概念的研究多集中在相关领域的界定或排除，[④] 事实已经证明，这个方向的努力大都会导致争论不休。而如果把关注点调整到多元研究视角的融合，则别有一番天地。[⑤]

六 结束语

PPP 诸多跨学科的属性特征为就其开展跨学科研究构建了一个专业体系，这避免了 PPP 概念成为尽可投放其中的"筐"。通过对 PPP 的探

---

① Christoph Reichard, "Verwaltung aus Sicht der Managementlehre", in: Klaus König, Sabine Kropp, Sabine Kuhlmann, Christoph Reichard, Karl-Peter Sommermann und Jan Ziekow (Hrsg.), *Grundmuster der Verwaltungskultur. Interdisziplinäre Diskurse über kulturelle Grundformen der öffentlichen Verwaltung*, Baden-Baden, 2014, S. 255.

② Jörn Lüdemann, "Rechtsetzung und Interdisziplinarität in der Verwaltungsrechtswissenschaft", in: Andreas Funke und Jörn Lüdemann (Hrsg.), *Öffentliches Recht und Wissenschaftstheorie*, Tübingen, 2009, S. 127.

③ Manfred Röber, "Institutionelle Differenzierung und Integration im Kontext des Gewährleistungsmodells", in: Manfred Röber (Hrsg.), *Institutionelle Vielfalt und neue Unübersichtlichkeit. Zukunftsperspektiven effizienter Steuerung öffentlicher Aufgaben zwischen Public Management und Public Governance*, Berlin, 2012, S. 20.

④ Jan Ziekow und Alexander Windoffer, *Public Private Partnership. Struktur und Erfolgsbedingungen von Kooperationsarenen*, Nomos: Baden-Baden, 2008, S. 38 – 68.

⑤ Kuno Schedler, "Forschungsannäherung an die managerialistische Verwaltungskultur", in: Klaus König, Sabine Kropp, Sabine Kuhlmann, Christoph Reichard, Karl-Peter Sommermann und Jan Ziekow (Hrsg.), *Grundmuster der Verwaltungskultur. Interdisziplinäre Diskurse über kulturelle Grundformen der öffentlichen Verwaltung*, Baden-Baden, 2014, S. 247.

讨，项目参与者有可能从不同的规范模式、现实情况、相互作用和合作形式中做出选择。新公共治理理论对于开展 PPP 讨论具有锚定作用，它为 PPP 项目的精准界定和继续研究提供了可能。① 同时也为错综复杂和情态万千的公私合作提供了可资借鉴的理论经验。对公共管理实践来说，依据对 PPP 的统一理解，尤其是当 PPP 被视为新公共治理的实现路径和问题解决方案的创新概念时，定会在政府和民间产生无数新的合作可能。在推进国家治理体系和治理能力现代化的背景下，这种合作必将在新的高度上对民众日益增长的公共产品和服务需求给予成本更低、质量更优的满足。

---

① 在德国，继续深入研究的需求主要产生于公共机构、私人企业和第三部门参与 PPP 的动机，以及 PPP 是否会导致公共部门雇员岗位角色的变化或数量的削减等方面。

打击网络恐怖主义欧盟立法探析[*]
Analysis of European Union Legislation against Cyber Terrorism

杨　凯[**]

摘要：传统恐怖主义活动与网络科技相结合，产生了网络恐怖主义。网络恐怖主义问题是当今全球非传统安全领域面临的新问题，其表现形式多种多样，并且借助于网络的全球性危及整个国际社会。欧洲联盟在打击网络恐怖主义立法方面起步较早，内容上相对完善，丰富了欧盟法的内容，也推进了网络反恐国际法的建设。中国作为维护国际社会和平与稳定的重要力量，从自身状况出发开展了一系列打击网络恐怖主义的国际实践。中国与欧盟在网络反恐领域内存在着众多共同利益，未来也将在网络恐怖主义问题上达成更多的共识。

关键词：网络恐怖主义；网络反恐；欧盟法；中欧合作

Abstract：The combination of traditional terrorism activities and cyber technology produced Cyberterrorism. In the field of global non-traditional security, cyberterrorism is a new problem, it manifests in various forms and threatens the entire international community. The European Union started earlier in against Cyberterrorism legislation, its content is relatively complete,

---

　*　本文是国家社会科学基金重点项目"海外安全利益法律保护的中国模式研究"（项目号：13AFX028）的阶段性研究成果。

　**　杨凯，国际法学博士，中国社会科学院欧洲研究所博士后。主要研究方向：国际公法、欧盟法。

not only enrich the EU law, but also Promoting the construction of International cyber anti-terrorism law. As an important country in international society, China had launched a series of international practices to combat cyberterrorism, these measures are inevitable for maintaining world peace and stability. China and European Unions have lots of common interests in the field of cyber anti-terrorism, will reach more consensus on this issue in the future.

Key words: Cyberterrorism; Cyber Anti-terrorism; European Union Law; China-EU Cooperation

网络科技是 20 世纪最伟大的发明之一，对人类的生活方式产生了巨大影响。网络科技代表着一国最先进的生产力，各国均十分重视网络科技的发展，并将网络科技发展成果应用于国家治理的多个领域。与此同时，网络空间本身固有的技术缺陷和安全漏洞也被传统恐怖分子所利用，恐怖分子利用网络空间，将恐怖活动拓展到线上，产生了网络空间内的恐怖主义。网络的全球性匿名性特点，提升了网络反恐的难度，网络恐怖主义成为全球非传统安全领域的治理难题。欧洲是世界上遭受恐怖主义危害最严重的地区之一，近年来，在欧洲遭受的诸多恐怖主义危害中，网络发挥着越来越重要的作用。借助欧洲独特的地理文化环境以及欧洲一体化的发展大背景，欧盟对网络恐怖主义提升了打击力度，出台了一系列反网络恐怖主义法律，形成了富有自身特色的网络反恐欧盟立法。欧盟网络反恐法律的存在，不仅使欧盟在打击网络恐怖主义的防控惩治各个环节有法可依，也丰富和发展了反网络恐怖主义国际法的内容。

一 网络恐怖主义活动的表现

网络恐怖主义是传统恐怖主义同网络科技相结合的产物，当前国际社会中，关于网络恐怖主义及其上位概念"恐怖主义"的定义仍未达成一致，研究反网络恐怖主义问题，理应从其客观表现方式入手。联合国反恐执行工作队（Counter-Terrorism Implementation Task Force,

CTITF）在国际反恐议题上发挥着重要作用，负责协调各国步骤，敦促会员国进行合作，促进反恐国际法的发展。联合国反恐执行工作队将网络恐怖主义界定为四类行为：一是利用网络通过远程改变计算机系统上的信息或者干扰计算机系统之间的数据通信以实施恐怖袭击；二是为了恐怖活动的目的将网络空间作为其信息来源进行使用；三是将使用网络空间作为散布与恐怖活动目的相关信息的便捷手段；四是支持以发动恐怖活动为目的而使用网络进行彼此间的联络。① 以上四种网络恐怖主义的四类具体表现方式，可以归类于工具型网络恐怖主义行为和目标型网络恐怖主义行为。

工具型网络恐怖主义是网络恐怖主义的主要表现形式，它体现在传统恐怖组织利用网络科技的工具性价值从事的恐怖主义行为，或是获取自身所需信息，或是建立网站进行宣传，或是通过网络招募培训组织成员，或是通过网络进行融资获取自身发展所需资金，等等。无论哪一种方式，都体现了传统恐怖主义在网络空间中的蔓延，本质上仍然属于恐怖主义。

除了将网络空间工具性价值进行利用，对目标网络开展攻击是网络恐怖主义的另一种表现形式。当今社会关系到国计民生的重要行业网络化程度非常之高，恐怖分子通过网络对各种关键设施的网络进行攻击，例如基础信息设施、政府信息系统、公共服务系统等，往往造成严重的后果。2015 年 1 月，在法国遭遇《查理周刊》恐怖袭击事件后，法国有近 2 万个网站在一周之内均遭到了伊斯兰极端组织的攻击，甚至还包括十几个与国防事务相关的网站，一些主页被篡改，留下了恐怖组织的激进口号。② 2015 年 4 月，法语全球电视网 TV5 Monde 遭到恐怖分子的网络攻击，失去了对其官方社交账号和网站的控制，节目中断，电视台陷入停滞状态，随后这些官方账号和网站被标记上"伊斯兰国"（ISIS）的标识，谴责法国参与打击"伊斯兰国"的军事行动。③

---

① 皮勇：《网络恐怖活动犯罪及其整体法律对策》，《环球法律评论》2013 年第 1 期。

② 参见凤凰新闻《上百家法国网站遭到极端组织攻击》，2015 年 1 月 14 日，http://news. ifeng. com/a/20150114/42926077_ 0. shtml，2017 年 11 月 15 日。

③ 参见人民网《法国电视网遭遇伊斯兰组织网络攻击》，2015 年 4 月 9 日，http://world. people. com. cn/n/2015/0409/c1002 - 26820780. html，2018 年 1 月 6 日。

两种类型的网络恐怖主义相比较,目标型网络恐怖主义的实例较少,恐怖分子利用网络的重点仍然是将网络作为工具,其目标重点仍然是线下实际发生的恐怖主义行动。美国国务院前反恐官员特里卡·贝肯(Tricia Bacon)认为当下大多数恐怖组织的主要精力仍然在于工具型的利用,并没有对网络攻击投入太多精力,究其原因,是因为恐怖组织现有技术水平不具备发动此类大规模网络破坏性行动的能力。[1] 总之,网络空间是恐怖分子行之有效的工具,为传统恐怖分子提供了新的平台,恐怖分子可以基于任何恐怖主义目的使用网络,或是进行宣传,或是通过网络进行成员招募,或是进行信息搜集,不一而足。然而,在网络空间这个反恐的新战场,恐怖分子也在不断更新升级自己的技术。针对网络恐怖主义的蔓延,国际社会已经采取了一系列措施,并且取得了一些成果。许多专门的恐怖主义网站和论坛被关闭,恐怖分子之间的网络通信被截获。网络恐怖分子开始利用全球性的社交网络平台,隐匿在社交网络数据隐私的保护大幕中,传播恐怖主义信息,这给各个国家的安全防卫和反恐力量提出了新的挑战。在政策制定中,各国的网络反恐政策应着眼于未来,因为恐怖分子对于网络科技的使用已经越发熟练,也越来越适应网络时代的发展,网络反恐应当考虑到未来的发展以及可能出现的趋势,并且对网络恐怖主义出现的新形式和新平台做好预判,只有这样,才能取得网络空间反恐怖主义的良好效果。

二 欧洲联盟网络立法

自 20 世纪 90 年代以来,欧盟进行了一系列的网络立法活动(见表1),规范欧盟境内网络空间发展。在欧盟各国签订的条约之外,欧盟的网络指令与规则独树一帜,不但约束着欧盟各国,内容上也是包罗万象,日益体系化,整体影响力不断提升。[2] 欧盟的网络相关立法走在了世界前列。

---

① 参见阿里云栖社区《为什么由恐怖分子发动的网络攻击并不多见》,2017 年 8 月 1 日,https://yq.aliyun.com/articles/194154,2018 年 2 月 21 日。
② 参见于志强主编《域外网络法律译丛·国际法卷》,中国法制出版社 2015 年版。

表 1　　欧洲联盟 1994—2018 年通过的网络空间安全政策与法规

年份	欧盟网络立法名称
1994	《欧洲信息高速公路计划》
1995	《关于合法拦截电子通信的决议》《数据保护指令》
1999	《关于打击计算机犯罪协议的共同宣言》《关于采取通过打击全球网络非法内容和有害内容以推广更安全地使用互联网的多年度共同体行动计划的决定》
2001	《网络犯罪公约》《关于向在第三国的处理者传输个人数据的标准合同条款的委员会决定》
2002	《关于网络和信息安全领域通用方法和特别行动的决议》《关于电子通信网络及其相关设施接入和互联的指令》《关于电子通信网络和服务授权的指令》《关于电子通信网络和服务的公共监管框架指令》《关于电子通信网络和服务的普遍服务和用户权利指令》《关于电子通信行业个人数据处理与个人隐私保护的指令》《远程金融服务指令》《关于对信息系统攻击的委员会框架协议》
2003	《修订关于采纳通过打击全球网络非法内容和有害内容以推广更安全地使用互联网的多年度共同体行动计划的决定》《关于建立欧洲网络信息安全文化的决议》
2004	《关于建立欧洲网络信息安全局条例》
2005	《关于打击信息系统犯罪的欧盟委员会框架决议》
2006	《关于存留因提供公用电子通信服务或者公共通信网络而产生或处理的数据的指令》《信息数据监管指引规则》
2007	《关于建立作为安全和自由防卫总战略一部分的"对恐怖主义和其他相关安全风险的防范，预备和后果管理"的特殊计划的决定》《关于建立欧洲信息社会安全战略的决议》
2009	《关键信息基础设施保护指令》
2010	《数字欧洲计划》
2013	《欧盟网络空间安全战略》《确保欧盟高水平的网络与信息安全相关措施的指令》《欧盟关于针对信息系统攻击的指令》
2015	《数字单一市场战略》
2016	《网络与信息系统安全指令》
2018	《通用数据保护条例》

　　打击网络恐怖主义的具体条文，体现在欧盟一系列网络立法的具体条款中，也体现在欧盟的一系列反恐立法中。

(一) 欧洲联盟《关于防止恐怖主义公约》

欧洲理事会在 2005 年于波兰华沙签订《防止恐怖主义公约》，该公约在认识到恐怖主义的危害，决心共同合作采取有力措施打击恐怖主义的前提下制定，公约内容涵盖了对网络恐怖主义的规制。公约的第 5条规定了煽动公众实施恐怖主义的犯罪，具体而言是指向公众传播或以其他方式提供某种信息，意图通过信息的传播煽动实施恐怖主义犯罪，此种传播恐怖主义的行为无论是否造成了实际危害，都会引起可能有一起或者多起此种犯罪得到实施的危险。在网络时代，无论是恐怖组织自己的网页，或者是恐怖组织在各种社交平台所创制的页面，无一不充斥着其恐怖主义极端主义的宣传，目的就是煽动不明真相且分辨能力不强的人实施恐怖主义行为。第 6 条规定了为恐怖主义招募成员的犯罪，是指寻求另一个人实施或者参与实施恐怖主义犯罪，或使其参加某一团体或团伙，目的是协助实施由该团体或团伙实施的一起或者多起恐怖主义犯罪。根据对"基地"组织和"伊斯兰国"组织的调查，现阶段人员的招募有一大部分都是通过网络来进行，恐怖主义组织不仅能够通过自身宣传招募成员，还可以利用网络技术手段发现潜在的对象，以便进行招募。第 7 条规定了为恐怖主义提供训练。这是指在制造炸药、使用枪支或其他武器或者合成有害或危险物质方面提供教学，此类教学的目的是实施恐怖主义犯罪或者对犯罪提供协助。网络恐怖主义的发展，诱发众多"独狼"式恐怖主义袭击的发生，究其原因，是网络传播的信息量众多，其质量鱼龙混杂、良莠不齐。一个潜在的恐怖主义分子可以轻松通过网络搜索到炸弹的制造方法或者危险物质的提取方法，学会用于发动恐怖袭击。网络恐怖主义分子正是利用网络的这一特性，将诸多信息在网络上宣传，不仅有团体训练，更有针对个人的宣传。第 7 条对网络空间中恐怖主义技能的培训这种现象进行了规制。公约的第 10 条扩大了责任人的责任形式，要求缔约国根据本国的具体法律原则采取必要的措施作出具体的责任规定，包括但不限于刑事责任，也包括民事自认、行政责任等。这就有利于扩大对于恐怖主义的惩戒范围和追责范围。公约仍肯定了国际合作的重要性，在预防恐怖主义犯罪、情报和信息的交流以及涉及各国的调查取证方面，都要求缔约国进行最广泛的合作，网络的特性也决定了网络反恐更应当加强国际合作。

除此之外，欧洲理事会于同时期在华沙签订了《关于犯罪收益的清洗、搜查、扣押和没收以及关于资助恐怖主义问题的公约》，该公约是对 1999 年联合国《制止向恐怖主义提供资助的国际公约》的具体响应，尤其是对洗钱罪做出了更详细的规定，即明知财产为恐怖犯罪所得，为隐瞒或者掩饰该财产的非法来源或者为协助任何参与实施上游犯罪者逃避其行为的法律后果而转换或者转移该财产，不论何种形式，均应规定为刑事犯罪。恐怖主义组织的资金流动是一个值得研究的问题，恐怖活动无论是在线上或是线下，都需要大量资金作为支撑，金钱数额的流动，大多通过网络来进行，用于支持恐怖主义行为的洗钱，同样是打击网络恐怖主义的重点。

（二）欧洲联盟《网络犯罪公约》（Convention on Cybercrime Budapest 2001）

2001 年，欧盟成员国在通过对话达成一致的基础上，在布达佩斯签署了《网络犯罪公约》，有关网络恐怖主义的内容，体现在公约的刑事实体法中。《网络犯罪公约》将恐怖分子攻击网络和利用计算机网络实施现实恐怖袭击认定为犯罪，不论该行为的目的如何，也不论该行为是否造成了具体的物理损害。[①] 第二章第一节详细规定了非法访问、非法监听、数据干扰、系统干涉和设备滥用等行为，对网络恐怖主义而言，其基本的行为方式之一就是侵入计算机系统对系统进行干扰并破坏数据，公约规定的这些内容都可以用来规制网络恐怖主义行为。

第 2 条规制了非法侵入计算机系统的行为，要求各方应当建立必要的国内刑法体系，对非授权的有目的入侵计算机系统的行为采取立法措施。以非法目的获取计算机数据的，或对计算机系统与安全措施进行侵犯的行为构成犯罪。对于系统的非法入侵和破坏，是网络恐怖主义基本的行为方式之一。第 3 条规定了非法监听行为，要求各方应当建立必要的国内刑法体系，对采取技术手段监听来自、到达或者储存于计算机系统的信息传输非授权的拦截行为采取立法和其他措施。

---

① 皮勇：《网络恐怖活动犯罪及其整体法律对策》，《环球法律评论》2013 年第 1 期。

网络恐怖主义分子，往往是在没有任何授权的情况下，对于非公开的数据和信息采用非法的手段进行拦截，意图通过对数据的拦截，发动网络恐怖主义行动。第 4 条规制了对于数据的干扰。要求各缔约方应该通过建立完善的国内刑法体系，对恶意的未经授权的破坏、毁损、删除、更改计算机数据的行为采取立法措施。远程恶意攻击计算机上所储存的信息，也是网络恐怖主义分子常用的攻击行为。第 5 条规定了对于系统的非法干扰，要求各国国内刑事立法，对未经授权且恶意阻碍计算机功能的行为，例如输入、删除、破坏、损毁计算机数据的行为采取立法和其他措施。第 6 条规制了设备滥用行为，对于计算机设备以及可以进入计算机系统完全访问数据的口令、密码，不得非法制造、出售、使用、发布。在随后发布的《网络犯罪公约》附加议定书中，又详细列举了一些网络恐怖主义相关犯罪，即通过计算机"传播种族主义""煽动极端民族主义和对外威胁""对构成种族屠杀或者反人类罪行的开脱"。在《网络犯罪公约》中，侧重于打击网络恐怖主义的网络攻击行为，而在附加议定书中，则把利用网络传播恐怖主义极端主义思想也纳入规制范围中。

公约的第三章主要强调了国际合作的重要性，介于网络恐怖主义的全球性和无国界的特点，在惩治和打击网络恐怖主义的过程中，国际合作是最有效的办法。第 23 条介绍了为了实现最大限度的调查与起诉计算机系统及数据的相关犯罪，或者收集犯罪的电子证据，各方应该基于统一互惠的立法安排进行合作。第 24 条是关于引渡的规定，公约内规定的所有犯罪行为，都可以引渡。如果被请求国以被要求引渡人拥有本国国籍为理由拒绝引渡，或者被请求国认为自己对被要求引渡人具有管辖权而拒绝引渡，则被请求国应当把案件交给本国主管的司法机关并且将结果及时通报给请求引渡的国家。第 25 条和第 26 条规定了"互相协助的通用原则"，各个缔约国在对计算机系统和数据有关的犯罪的侦查过程中，缔约国应该对于他国收集证据予以最广泛的协助。在紧急情况下，各方可以在适当的安全和鉴别级别上，要求相互协作或相应的紧急协助方式，包括通过传真和电子邮件等方式。

在公约有关国际合作的特别条款中，提出了"24/7"网络，第 35 条规定各个缔约国应当指派 24 小时/7 天可用的联络处，以确保为计算机系统和数据相关的犯罪调查和起诉，或者犯罪电子证据的收集提供立即的协助。相比于传统的国际合作方式，24/7 网络最大特点是合作的实时性、不间断、最大限度上保证了网络恐怖主义犯罪以及其他网络犯罪的调查和取证，以便达到良好的合作效果。

（三）欧洲联盟决议与指令

网络恐怖主义基本的行为方式之一就是网络攻击，这也给欧洲社会关键的网络基础设施带来了新的威胁，2005 年欧盟理事会通过了《关于信息系统攻击的框架决议》。[①] 该决议是根据《网络犯罪公约》的具体内容制定的。该决议不仅要求各个成员国关切信息系统的犯罪和遭受的攻击，也注意到了各个成员国之间法律规定的不一致所导致的合作的效率性不高，呼吁各个成员国加强合作。

《关于信息系统攻击的框架决议》的第 2 条规定了没有合法授权而侵入计算机系统的犯罪，第 3 条则是关于输入、传输、损坏、删除计算机数据，或者无授权故意干扰计算机数据系统的犯罪。这都属于对于计算机系统数据的破坏，是网络恐怖主义常用的网络攻击方式之一。第 7 条和第 8 条对于法人的责任也进行了明确，如果法人实施了上述的网络犯罪行为，或者法人及其代理人缺乏必要的监督而造成了上述犯罪的发生，法人必须承担法律责任，而且法人受到处罚并不免除行为人的法律责任。欧盟的立法，不仅针对行为人，也考虑到了法人的具体情况，这样的立法比较完善，针对网络犯罪，针对网络恐怖主义的规制，做到了有法可依。第 11 条规定了信息交换，要求缔约国应该最大限度保证相互间信息的交换，这有利于及时开展国际合作。该框架决议要求缔约国将对于网络信息系统的非法入侵、非法干扰以及对于网络空间中传输数据的非法干扰定为犯罪，对于网络恐怖主义的网络袭击，该框架决议同样适用。

2007 年欧盟理事会出台《关于建立欧洲信息社会安全战略的决议》（Council Resolution of 22 March 2007 on a Strategy for a Secure Information

---

① See EU Council Framework Decision 2005/222/JHA of 24. 2. 2005 on Attacks Against Information Systems.

Society in Europe)，《关于建立欧洲信息社会安全战略的决议》表达了对于网络安全的关切，认识到了当下信息社会大背景在提供巨大利益的同时，也带来了重大的挑战，处处充满了风险。网络恐怖主义分子，通过对数据的非法拦截和私自利用，对安全和隐私的威胁将越来越严重；它的目标明确指向经济利益。针对即将产生和已经存在的威胁应作出具有创新的回应，而且应当覆盖因系统的复杂性、错误、意外事件或不明确的指导方针所产生的问题。应当鼓励致力于多方参与者的国家计算机应急反应机构的创立和发展，并且鼓励应急反应机构之间的合作，不断交流，促使安全防卫水平不断提高。①

在《欧盟关于修订电子通信网络服务、一般服务和用户权益的指令，有关隐私保护的指令以及有关消费者保护相关法律执行机关间的协调和配合规则的指令》中，提到了有关运营商的安全防卫责任，当安全技术和服务的提供者同时作为数据管理者，应当保证网络和信息系统可靠地抵御偶然事件、非法入侵或者恶意侵犯，这些行为损害存储或发送的数据的有效性、真实性、完整性和私密性，也损害了这些网络和服务提供相关服务的安全性。运营商对此应有防护义务，保证用户的数据安全。

2008 年欧盟理事会通过了《打击恐怖主义框架决议》，针对恐怖分子造成的实际伤害进行有针对性的立法。《打击恐怖主义框架决议》在内容上专门规定了利用网络实行恐怖袭击造成的危害，明确了该决议既适用于传统暴力袭击，也适用于网络恐怖主义袭击，这就使在立法上对网络恐怖主义袭击定罪有了依据。该决议还将"明知道其行为将为恐怖集团的行动提供帮助和便利，仍然参加恐怖主义组织的活动，包括参加、提供消息、物质支持"的行为规定为犯罪，这样一来，利用网络空间加入恐怖组织并在组织中从事网络恐怖活动的，可以适用该决议的规定。

欧盟的网络安全指令方面，2006 年欧盟理事会通过了《关于与可公共获取的电子通信服务或者公共通信的连接中产生或者处理的数据保留并修改 Directive 2002/58 欧盟指令》的 2006/24 号欧盟指令，规定欧

---

① 参见《欧盟信息安全法律框架》，马民虎译，法律出版社 2009 年版。

盟范围内公共网络通信服务中通信数据的保留措施，对反网络恐怖主义而言，这一指令便利了网络空间内的证据获取和侦查。

综上所述，可以总结出欧盟立法对于网络恐怖主义规制的特点。一是对恐怖主义打击的覆盖面大，从预防到事后的打击惩罚，均作出了规定，而且对于恐怖主义行为方式的规定并未限定媒介和方法，这就使得网络恐怖主义在其规制范围之内。二是强调国际合作的重要性，欧盟是世界上一体化程度最高的国际组织，其发展离不开成员国之间在各项事业上的密切合作，在反恐问题上，欧盟也强调了成员国之间合作的必要性，共同应对和打击网络恐怖主义在世界范围内的蔓延。三是强调打击网络恐怖主义大背景下的人权保护，欧洲是人权宣言的起源地，对于人权的保护历来是欧洲法律极富特色之所在，打击网络恐怖主义，会涉及公民部分隐私，也会涉及恐怖主义罪犯的引渡问题，欧盟各项立法对此都做出了详细的规定。

三 中欧网络反恐合作展望

恐怖主义危害全人类的利益，网络恐怖主义是新科技条件下国际社会和平与发展的重大威胁。我国作为国际社会中负责任的大国，率先垂范，开展了一系列针对网络恐怖主义的国际实践。中国和欧盟作为国际社会不可或缺的力量，在共同合作打击网络恐怖主义方面存在着诸多共同利益，未来也会在这一领域开展更多的合作，共同应对网络恐怖主义的威胁。

（一）中国打击网络恐怖主义的国际实践

我国对于网络安全问题历来十分重视，积极推进同其他国家在网络空间领域中的合作。中俄两国的全方位战略伙伴关系定位，中国与中亚国家定期举行的网络安全演习，都对我国的网络安全有着重要的作用。

2001 年我国主导成立上海合作组织，发布了《反对恐怖主义、分裂主义、极端主义公约》，公约中尤其关切了利用网络等先进手段来进行恐怖主义、分裂主义、极端主义的行为，申明了我国反恐怖主义的决心和对网络安全预判的重视。2015 年 10 月 14 日，上海合作组织成员国举行代号"厦门—2015"的联合演习，这次演习的目的就是针对网络恐怖主义进行网络反恐演练。① 这是在以中国为领导中坚的上海合作组织中，各成员国在共同推进构建网络命运共同体的基础上进行的合作范例，成功威慑和打击了网络恐怖主义。2017 年 6 月 9 日，上海合作组织成员国元首理事会（以下简称"上合组织峰会"）第十七次会议在阿斯塔纳举行。此次峰会，完成了接纳印度与巴基斯坦加入上合组织的程序，并签署了包括《上合组织反极端主义公约》在内等一系列法律文件，进一步增强了上合组织的合作潜力和合作基础，标志着上合组织的发展从此进入一个新阶段。阿斯塔纳峰会，意义在于不仅增加了新成员，也在诸多领域进一步加强了上海合作组织成员国之间的紧密联系。② 同周边国家在网络安全问题上的合作与协商，更是中国"一带一路"倡议的体现。

在国际舞台上，我国也一直倡导通过合作来打击恐怖主义，保证网络空间领域的安全，推动网络空间国际法立法的进行。2006 年 9 月 8 日，联合国通过《全球反恐怖战略》，创造了全球反恐的合作平台，申明通过国际合作打击一切形式的恐怖主义。2011 年 9 月 12 日，中国、俄罗斯等国联名致函时任联合国秘书长潘基文，请其将上述国家共同起草的《信息安全国际行为准则》作为第 66 届联大正式文件散发，并且呼吁各国在联合国框架内展开讨论，早日达成共识，引起国际社会广泛关注，推动了信息和网络空间国际规则的制定进程。2014 年，中国政府在亚非法协年会上提议增设"网络空间国际法"议题，重点讨论网络主权、和平利用网络空间、打击网络犯罪国际合作等问题，这一议题具有重要而紧迫的现实意义。③ 2015 年，中俄等上合组织成员国再一次向联合国第 69 届联大提交了《信息安全国际行为准则》的更新草案，呼吁各国在联合国框架内就此展开进一步讨论，争

---

① 参见腾讯网《上合组织首次网络反恐演习在中国厦门成功举行》，2015 年 10 月 14 日，https://news.qq.com/a/20151014/049409.htm? qqcom_ pgv_ from = aio。

② 参见《习近平出席上合组织阿斯塔纳峰会成果丰硕》，《人民日报》（海外版）2017 年 6 月 10 日。

③ 参见外交部条法司编著《中国国际法实践案例选编》，世界知识出版社 2018 年版。

取早日达成共识。① 文件内容中包括打击网络犯罪和网络恐怖主义，遵守联合国宪章和国际关系的基本准则，推进网络合理秩序的建设等内容，得到了众多国家的支持。中国对于《网络犯罪问题综合研究报告草案》提出专家意见，提出国际社会需要加速国际立法，弥补国际合作的法律空白和冲突，促进各国打击网络犯罪法律和实践的协调一致。② 2017 年 2 月，亚非法协会网络空间国际法问题工作组召开第二次会议，就网络恐怖主义等网络安全重大问题进行了探讨，中方建议，工作组就加强协会成员国打击网络犯罪国际合作制定示范法律条款，受到各方关注。

（二）中国与欧盟开展网络反恐合作展望

中国在网络空间领域已经同欧盟保持了长期的合作，伴随着网络科技的升级和经济全球化的深入发展，中国同欧盟也将会在网络反恐领域进行更多的合作。

中国的国家战略同欧盟网络安全的目标一脉相承。中国的"一带一路"倡议有连接和整合欧亚大陆的目标，中国的"十三五"规划中提出了将"网上丝绸之路"列为未来发展的优先项目，打通经俄罗斯到中东欧的路上信息通道，缩小沿线各国的数字鸿沟，实现互联互通，使各国人民共享网络发展的便利和福祉。2015 年 7 月，中欧数字合作圆桌会议在布鲁塞尔召开，双方签署了打造数字丝绸之路的《合作意向书》，使中国的"一带一路"倡议与欧盟的"容克计划"对接，在未来的大数据、云计算、电子商务和互联网产业领域开展全方位的多利益攸关方的合作，双方决定建立中欧互联网论坛和中欧互联网政策战略研究中心以推进双方合作。同时我国应加强与网络新兴国家的合作，维护广大发展中国家的网络主权和利益，在举办世界互联网大会乌镇峰会时积极邀请欧盟官方和民间组织的参与，积极塑造共识，寻求合作的可

---

① 参见新华网《中俄等上合组织成员国向联合国提交"信息安全国际行为准则"更新草案》，2015 年 1 月 10 日，http://www.xinhuanet.com/world/2015 - 01/10/c_ 1113944827. htm，2015 - 01 - 10。

② 参见联合国《中国关于〈网络犯罪问题综合研究报告（草案）〉的评论意见》，2016 年 8 月 22 日。

能性。

　　我国可以在坚持网络主权的原则下，在治理理念上求同存异，与欧盟进行顶层设计的对接，同时鼓励民间二轨对话，以网络经济合作推动政治和安全的互信建设。中国的很多网络科技行业，例如云计算、移动支付、共享经济、电子商务，都已经走在了世界前列。我国的网络科技成果，已经跨越了国家的范畴，落地欧洲，在中欧之间建立起交流的桥梁。阿里巴巴和京东已经初步建立起欧洲配送网络，摩拜单车在曼彻斯特、佛罗伦萨等多个欧洲城市落地，在希斯罗机场、戴高乐机场等欧洲重要交通枢纽已经实现了支付宝退税，微信在全球即时通信和网络电话App中的使用份额也在逐步提升。作为网络科技发展的承载者，中欧双方网络科技公司的民间交流也将促进官方战略交流达成更多的共识，便于中欧双方在网络安全问题上达到更深入的互信与互助。习近平主席提出的"共商、共建、共享"的国际治理理念，也为我国加强同欧盟的合作，指明了方向。在网络空间中，通过共同协商解决相互分歧，通过共同建设扩大共同利益，通过发展促进成果共享，最终走向互利共赢，形成一荣俱荣一损俱损的命运共同体。①

---

　　① 杨凯、张辰：《网络空间命运共同体的学理意义和建设思想》，《江西社会科学》2018年第 5 期。

关于欧盟外国直接投资可持续发展影响评估及其法律解释效力问题

On Sustainable Impact Assessment and its Legal Effectiveness as interpretive Aid of EU Foreign Direct Investment

刘 平 *

摘要：《里斯本条约》生效以来，可持续发展影响评估成为欧盟外国直接投资的重要辅助工具。但是，不论在欧盟法层面还是在国际法层面，欧盟外国直接投资可持续发展影响评估具有法律效力的不确定性。欧盟权能的专属性和法律人格的独立性赋予了欧盟外国直接投资可持续发展影响评估的合法性；然而，欧盟外国直接投资可持续发展影响评估功能的辅助性导致其效力的不确定性。因此，当国际争端发生时，欧盟可持续发展影响评估报告和欧委会评议仅适用于国际仲裁争端解决程序的条约解释补充材料之例外。文章认为，若要发挥可持续发展影响评估的功能，需要将欧盟可持续发展影响纳入外国直接投资协议来保障欧盟可持续发展的法律效力。

关键词：欧盟外国直接投资；可持续发展影响评估；解释效力

Abstract：Sustainable Impact Assessment（SIA）as inputs in EU international investment has been performed as a supplementary means for decision-maker of EU Foreign Directs Investment（FDI），since *Treaty of Lisbon*

---

* 刘平，中国社会科学院大学博士研究生。

came into force in 2009. Although EU SIA for investment Agreement plays a part in FDI covering sufficient detail on key issue, SIA features legal uncertainty within both international and EU framework without a clear legal mandate to commence it. SIA legitimacy of EU is based upon its independent legal personality and FDI exclusive competence, while the SIA legal uncertainty lead to the recommendations from it are applied depending upon negotiating teams. Therefore, SIA report and EU relevant position paper are applied as supporting evidence along with other material exceptionally only when there's no other clarificatory information offered in support of interpreting the treaty itself. This article suggests that SIA should be accepted as part of EU FDI Treaties, so as to have legal effectiveness of Sustainable Impact Assessment ensured.

Key words: EU Foreign Direct Investment; Sustainable Impact Assessment; Interpretative Effectiveness

外国直接投资是一把双刃剑。外国直接投资有利于促进经济可持续发展，保障劳工就业，维护生物多样性和气候变化，保护东道国土地、森林资源，避免东道国政治风险等问题；然而，投资不当便会阻碍可持续发展的进程。欧盟外国直接投资可持续发展影响评估对协调外国直接投资与可持续发展关系具有积极促进作用，有利于平衡缔约方之间的权利和义务，提高东道国技术水平，促进投资目的国的社会、经济、环境等可持续发展。① 可持续发展影响评估在国际上得到普遍认可并得到了广泛适用。联合国可持续发展委员会（UNCSD）最初在《我们想要的未来》中强调了对绿色经济影响评估的重要性，呼吁各国建立一个包容的、透明的和科学的可持续发展的评估体系，允许各国在国内层面建立独立的自我监管机制，推动世界各国尤其是发展中国

---

① OECD, Committee on International Investment and Multinational Enterprises, Foreign Direct Investment for Development: Maximizing Benefits, Paris, 2002.

家可持续发展。①

首先，本文简要介绍了欧盟外国直接投资可持续发展影响评估相关概念演进，重点探讨了欧盟外国直接投资可持续影响评估的效力问题。其次，本文分析了欧盟外国直接投资可持续发展影响评估的功能、程序、内容、法律地位及效力。再次，本文揭示了欧盟外国直接投资可持续影响评估法律效力的不足，随时都可能被欧盟外国直接投资决策层否决。根据《维也纳条约法公约》的规定，欧盟外国直接投资可持续发展影响评估报告和欧委会评议国际仲裁信息的重要补充材料，但仅限于其他材料证明不足的情况下才加以适用。最后，得出欧盟外国直接投资可持续发展影响评估的法律效力不足，严重阻碍了外国直接投资的积极作用的发挥。

一 欧盟外国直接投资可持续发展影响评估及相关概念的由来

1999 年开始，欧委会开始将可持续发展影响评估适用于欧盟国际投资贸易中，从欧盟外国直接投资谈判一直到投资协议的履行都有可持续发展影响评估的介入，贯穿了外国直接投资的全过程，并逐步成为欧盟投资贸易谈判惯例。关于可持续发展，1993 年《马斯特里赫特条约》提出"可持续增长"概念，1997 年《阿姆斯特丹条约》改为"可持续发展"，但没有给"可持续"下定义。根据《我们期待的未来》报告，所谓"可持续发展"是指既能满足当代人的需要，又不影响后代人发展需求。《马斯特里赫特条约》和《阿姆斯特丹条约》中所指的"可持续"是联合国环境与发展世界委员会 1987 年在《我们期待的未来》报告中提出的。依据《改变我们的世界：2030 年可持续发展议程》前言明确提出，世界各国统筹兼顾，致力于经济、社会和环境的可持续发展。②

---

① UNCSD. The Future We Want, Para. 76（g）. Accessed 3rd Dec. https：//sustainabledevelopment. un. org/rio20/futurewewant.

② UNCSD，"The Future We Want"，Para. 46.

关于欧盟可持续发展影响评估，1999 年，世贸组织举办了可持续发展影响评估世界贸易组织千年回合谈判。会议期间，欧委会首次提出可持续发展影响评估，辅助外国直接投资谈判。[1] 欧盟贸易专员扎帕斯卡尔·拉米表示，随着经济全球化的不断演进，可持续发展影响评估机制是欧盟迫于民间社会组织的压力提出的。同年，西雅图部长级会议提出了同样的主张。[2] 经过反复研究，欧盟贸易总公司最终决定采取贸易投资可持续影响评估工具，以辅助欧盟决策层进行国际贸易谈判。2002 年，世界可持续发展峰会在约翰内斯堡召开。欧洲理事会为了促进可持续发展的战略目标，在该次世界可持续发展峰会提出了可持续发展影响评估，来辅助国际投资贸易决策。[3] 关于欧盟外国直接投资，其定性直接关系到欧盟和成员国的权能分配，欧盟签署国际条约权能范围和可持续发展影响评估标准。外国直接投资是外国投资者为了保障投资目的国企业有效运营而对投资目的国企业进行实际控制并提供资金支持，其特点是投资周期长，对子公司运营具有实际控制权，外国投资者对公司股权比例为 10%。[4]

《里斯本条约》第 207 条对《欧共体条约》第 133 条第 1 款进行了修改，将外国直接投资纳入了共同商业政策，明确了国际贸易协议包括货物贸易、服务贸易、知识产权和外国直接投资协定。《欧洲联盟运行条约》赋予欧盟共同商业政策和缔结外国直接国际协定的专属权能，使欧盟获得了专有的、排他的外国直接投资权能。根据《欧洲联盟条约》第 4 条第 3 款规定的真诚合作原则，欧盟与成员国在履行《欧洲联盟条约》和《欧洲联盟运行条约》任务的过程中，欧盟成员国应促

---

① Edna Sussman, "The Energy Charter Treaty's Investor Protection Provisions: Potential to Foster Solutions to Global Warming and Promote Sustainable Development", *Sustainable Development in World Investment Law*, p. 528.

② Ruddy T. F., Hilty L. M., "Impact Assessment and Policy Learning in the European Commission", *Environmental Impact Assessment Review*, 2008, 28 (2), pp. 90 – 105.

③ European Council, Presidency Conclusion of Göteborg European Council. http://ec. europa. eu/smart-regulation/impact/background/docs/goteborg_ concl_ en. pdf.

④ European Parliament, Report on the Future European Investment Policy, 2010/2203 (INI), 2011, P. 10. Accessed 1 Jan. 2019. www. europarl. europa. eu/sides/getDoc. do? pubRef = –//EP//NONSGML + REPORT + A7 – 2011 – 0070 + 0 + DOC + PDF + V0//EN.

进欧盟任务的完成。[①] 尽管欧盟法尚未对欧盟外国直接投资可持续发展影响评估作出明确规定，欧盟可持续发展影响评估仍对欧盟成员国具有约束力。鉴于欧盟成员国有履行《欧洲联盟条约》和《欧洲联盟运行条约》之任务，欧盟成员国为促进实行直接投资谈判及实施过程所采取的措施，有义务支持欧盟外国直接投资可持续发展影响，促进欧盟一体化任务的完成。基于欧盟享有外国直接投资权能和欧盟成员国有履行欧盟基本条约的义务，欧盟外国直接投资可持续发展影响评估对成员国具有约束力。

然而，欧盟外国直接投资可持续发展影响评估停留在欧盟可持续发展影响，主要用来辅助投资谈判双方提供可行的投资决策方案，尚未纳入外国直接投资法协定，欧委会尚未明确外国直接可持续发展影响评估报告接受或否决标准。关键性的经济、社会、环境等投资影响评估结果不具有法律效力，不对欧盟投资决策层产生法律约束力，随时都可能被谈判决策层否决掉。欧盟成员国关于外国直接投资可持续发展影响评估的权能已经转移到欧盟层面，外国直接投资可持续发展影响评估对成员国的约束力取决于欧盟在国外直接投资过程中是否选择可持续发展影响评估工具。截至 2016 年，欧盟完成的可持续发展影响评估达 22 次之多。[②] 之前，中国同欧盟 28 个成员国中的 27 个成员国缔结的双边投资协定达 26 份之多。2013 年，欧委会经欧洲理事会（the European Council）授权，代表欧盟成员国进行了中欧外国直接投资谈判，欧盟成员国此前同中国已经签署的投资协议至此全部失效。[③] 这不仅意味着，中国同欧盟成员国外国直接投资的权能转移到欧盟层面。欧盟外国直接投资可持续发展影响评估已经形成欧盟外国直接投资的惯例，对欧盟乃至世界外国直接投资可持续发展具有重要的辅助功能。2018 年 5 月，欧盟

---

① 《欧洲联盟基础条约（经《里斯本条约》修订）》，程卫东、李靖堃译，社会科学文献出版社 2010 年版，第 34 页。

② European Union, *Handbook for Trade Sustainability Impact Assessment*, Luxembourg: Publications Office of the European Union, 2016.

③ Directorate-General for Trade, Sustainability Impact Assessment (SIA) in support of an Investment Agreement between the European Union and the People's Republic of China, Luxembourg: Publications Office of the European Union, 2017, p. 5. Accessed 5th Jan. 2019. http://trade.ec.europa.eu/doclib/docs/2018/may/tradoc_156857.pdf.

同中国完成可持续发展影响评估①,为谈判双方提供了充分的证据支持,保证了双方谈判质量。②

二 可持续发展影响评估的功能、程序及内容

可持续发展的目标,是促进世界和平,保护环境,消除国内或国家间的一切形式的不平等与贫困,实现经济持久增长和社会包容性发展,构建一个民主、良政和法治的国际环境。欧盟外国直接投资可持续发展影响评估的功能在于,辅助欧盟决策层权衡利弊做出最佳投资协议提案,缓解外国直接投资与气候、经济、社会可持续发展紧张关系,以实现外国直接投资的利益最大化。③《欧洲联盟条约》(TUE)第3条和《欧洲联盟运行条约》第11条规定,通过可持续发展影响评估来促进经济、社会发展和环境保护,三者相辅相成,缺一不可。欧盟外国直接投资可持续发展影响评估面向利益相关方,反映谈判协议对联合国可持续发展委员会绿色经济的目标潜在影响,信息全面、充分、公开、透明。④欧盟成员国以及第三国利益相关方,可以参与并及时反馈其对公开的可持续发展影响评估报告的意见和建议,保障了利益相关方与谈判方的全面对话沟通和充分参与性,以及评估结果的中立性、客观性,进而避免各方的利益冲突。⑤跨大西洋投资贸易伙伴关

---

① The SIA was commissioned by the European Commission's Directorate-General for Trade and was carried out by a consortium of independent consultancy companies comprising Ecorys Nederland, Oxford Intelligence, TNO and Reichwein China Consultant. It was completed in December 2017. http: //trade. ec. europa. eu/doclib/docs/2018/may/tradoc_ 156863. pdf.

② European Commission, European Commission Services' Position Paper on the Sustainability Impact Assessment in support of negotiations of an Investment Agreement between the European Union and the People's Republic of China, 2017. Accessed 20th Dec. 2018. http: //trade. ec. europa. eu/doclib/docs/2018/may/tradoc_ 156857. pdf.

③ 参见 Sustainability Impact Assessment (SIA), http: //ec. europa. eu/trade/policy/policy-making/analysis/policy-evaluation/sustainability-impact-assessments/index_ en. htm.

④ Handbook for Trade Sustainability Impact Assessment, European Union, Luxembourg: Publications Office of the European Union, 2016, p. 6.

⑤ European Union, Handbook for Trade Sustainability Impact Assessment, Luxembourg: Publications Office of the European Union, 2016, p. 3.

系投资法院体系的构建和欧盟投资政策的改革，很大程度上是基于跨
大西洋投资贸易伙伴关系协议谈判方咨询和采纳了公众意见的结果，
这一工具后又被《欧盟—加拿大投资协议》和《欧盟—越南自由贸易
谈判协议》所采纳。①

可持续发展影响评估结果的广泛代表性、包容性和科学性。欧盟
可持续发展影响评估由两部分组成，由可持续发展影响评估工具和利
益相关方评价组成，两者相辅相成，缺一不可。② 可持续发展影响评
估工具由专业咨询公司提供，然后由利益相关方对评估结果进行评
价。根据《欧盟影响评估指导意见》，欧盟外国直接投资可持续发展
影响评估报告由欧盟委托专业咨询公司评估投资贸易协议对经济、社
会、环境以及政策变化的潜在影响。③ 可持续发展影响评估贯穿于外
国直接投资谈判整个过程，咨询对象具有广泛代表性，评估主体包括
欧委会、外审专家和利益相关方，主要内容是关于谈判协议对欧盟成
员国、发展中国家以及伙伴国的人权、环境、社会和经济等方面的影
响评估。利益相关方包括欧盟成员国、第三国及谈判伙伴国的普通民
众、非政府组织、消费者、利益相关方、专家学者、行业协会等（见
图1）。④

从程序来讲，欧盟外国直接投资可持续发展影响评估分为前期和后
期两个阶段。前期影响评估通常发生在投资谈判前6月，以辅助投资决
策层达成投资协议⑤，主要包括三个阶段：第一阶段召开专家会议，收
集信息，确定影响评估范围，设计评估工具，向筹划委员会提交初期报
告并向公众公开报告；第二阶段对投资协议方以及第三国进行评估，以

① Alison Ross, Schwebel Criticizes EU Act of "Appeasement", *Global Arbitration Review*, 2016.

② SIA Handbook is available at: http://trade.ec.europa.eu/doclib/docs/2016/april/tradoc_154464.PDF.

③ European Commission, Commission Services Position Paper 1 on the Trade Sustainability Impact Assessment (SIA) of the Multiparty Trade Agreement with Andean Countries. https://trade.ec.europa.eu/doclib/docs/2010/november/tradoc_146987.pdf.

④ European Commission, Handbook for trade sustainability impact assessment, Accessed 26th Dec. 2018 http://trade.ec.europa.eu/doclib/docs/2006/march/tradoc_127974.pdf.

⑤ Sustainable Impact Assessment Handbook, No. 20, 11.

第一阶段确认影响范围和指标为准，向利益相关方和筹划委员会提供中期报告；第三阶段听取公众意见，向利益相关方反馈意见，提供最终报告。[1] 最后，欧委会根据专业机构提供的最终评估结果做出相应的评议，以协助外国直接投资决策层进行最终投资决策。[2] 最新修订的《可持续发展影响评估手册》引入后续环境影响评估机制，后期主要指第四和第五阶段。第四阶段，谈判完成后，由欧委会向欧洲议会和理事会做出谈判协议政策影响评估，并提出政策建议；第五阶段，根据2014/52/EU项目影响评估指令监督投资承诺的实际履行情况，证实投资方履约情况，对违反国际投资协定的国家采取相应的投资紧急应对措施。[3]

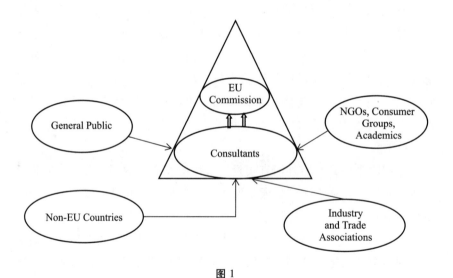

图 1

资料来源：European Commission, External Trade, Handbook for sustainability impact assessment (2009)。

可持续发展影响评估覆盖面广，具有全面性、独立性、客观性、透

---

① European Commission, *Trade SIA Handbook*, 2004, p. 12.

② EU Commission, "Handbook for Sustainable Impact Assessment", p. 12, 17 – 19.

③ Kalina Arabadjieva, Better Regulation, in Environmental Impact Assessment: the Amended EIA Directive, *Journal of Environmental Law*, 2016, 159 – 168.

明性、参与性和比例原则特点。① 欧盟可持续发展评估内容，参照《改变我们的世界：2030 年可持续发展议程》可持续发展目标，具体包括经济、社会、文化、环境、人权及政策等评估内容。② 其中，经济、社会影响评估主要是国际投资协议相关的经济社会政策，如就业机会、工作环境、工资福利待遇平等性、失业救济情况以及争端解决条款的评估。环境可持续发展影响评估，主要关于外国直接投资对投资目的国土壤质量的影响。③ 能源利用率、土地利用情况、水资源利用情况、废物处理、GHG 排放量、空气污染等方面的影响，以及鉴定外国直接投资协议如何来保障资源的有效利用、环境可持续发展以及消费和生产的可持续性。④ 另外，政策评估也被纳入外国直接投资可持续发展影响中，欧盟根据《欧洲联盟运行条约》第 208 条，可持续发展影响评估同时辅助外国直接投资对发展中国家（尤其是最不发达国家）的影响。⑤ 通过政策评估，确定终止或继续适用环境政策和立法，避免因本国环境立法而承担后期投资仲裁的不利后果。⑥

欧盟外国直接投资可持续发展影响评估作为外国直接投资辅助工具，具有合法性但其法律效力存在不确定性。欧盟可持续发展影响评估不仅在谈判准备阶段是辅助性的，而且在外国直接投资协定履行阶段也只是辅助性的。首先，欧盟法尚未在投资谈判阶段就可持续发展影响评估进行明确立法，欧盟外国直接投资可持续影响评估报告和欧委会评议（Commission Response）对于欧盟外国直接决策层来说只是以建议或意见的形式存在。欧盟法的渊源主要包括基础条约、条例、指令以及决定

① Report on the Proposal for a Regulation of the European Parliament and of the Council Establishing Transitional Agreements for Bilateral Investment Agreements Between Member States and Third Countries，2011. http：//www. europarl. europa. eu/sides/getDoc. do? pubRef = - //EP//NONSGML + REPORT + A7 - 2011 - 0148 + 0 + DOC + PDF + V0//EN.

② 联合国：《变革我们的世界：2030 年可持续发展议程》，纽约联合国总部：联合国可持续发展峰会，2015 年版。

③ Abu Dhabi，Declaration on the Future of the Arab Environment Programme，CAMRE，2001.

④ Sustainable Impact Assessment Handbook，n20，23.

⑤ Trade for a communication，p. 23.

⑥ Corporate Observatory Europe，Polluters Paradise：How Investor Rights in EU Trade Deals Sabotage the Fight for Energy Transition，2015，http：//corporateeurope. org/sites/default/files/polluters paradise. pdf.

具有法律约束力，但不包括建议或意见。另外，新修订的《可持续发展影响评估手册》引入环境影响后续评估机制，在外国直接投资履行阶段可以适用"2014/52/EU 指令"①，但是，该指令的适用是有前提条件的。只有投资双方前期在国际投资协定中明确规定，适用可持续发展影响评估辅助外国直接投资的履行，才能适用该指令。由此可见，该指令对成员国不构成直接效力，欧盟外国直接投资可持续影响评估报告和欧委会为此做出的评议不具有法律上的约束力。

三　欧盟可持续发展影响评估在争端　解决过程的条约解释效力

根据《维也纳条约法公约》第 31 条第 2 款 b 项，条约解释包括一个以上当事国因缔结条约所订立并经其他当事国接受为条约的有关文书之任何文件。尽管欧盟可持续发展影响评估发生谈判准备阶段，但是欧盟可持续发展影响评估和欧委会影响评估报告评议应当视为条约有关文书之文件。因此，当外国直接投资发生争端时，可持续发展影响评估和欧委会因此作出的评述具有《维也纳条约法公约》下的解释效力。欧盟获得外国直接投资专属权能以来，欧盟可持续影响评估工具在欧盟所有外国投资贸易谈判领域开始普遍适用，逐渐形成国际直接投资准备工作惯例。但是，可持续影响评估尚未纳入国际直接投资协定，因此，在投资双方争议阶段，欧盟可持续发展影响评估报告以及欧委会的政策建议是否具有条约解释效力是存在争议的，争议的焦点主要表现在三个方面：其一，非官方机构提供的可持续发展影响评估是否应当视为欧盟的行为；其二，判断可持续发展影响评估报告和欧委会评议是否构成《维也纳条约法公约》条约解释之补充材料；其三，欧盟单方面可持续发展影响评估报告和欧委会评议是否具有材料证明力问题。

首先，就非官方机构可持续发展影响评估是否应当视为欧盟的行为

---

①　Directive 2014/52/EU of the European Parliament and of the Council of 16 April 2014 amending Directive 20144/92/EU on the Assessment of the Effects of Certain Public and Private Projects on the Environment Text with EEA Relevance［2014］OJL124/1.

而言，涉及欧盟可持续发展影响评估报告和欧委会评议是否具有法律效力的问题。根据国际法、个人或实体企业的行为经法律授权（国际法委员会第 4 条）或经国际法主体确认，应当视为国际主体本身的行为（国际法委员会第 11 条）。欧盟作为国际法主体，是外国直接投资谈判的参与方和协议缔结主体，具有履行条约的能力和条约解释的权利。但是，欧盟外国直接投资可持续发展影响评估是由欧盟非官方评估机构评估的。依照联合国国际法委员会关于国家行为的第 4、5、11 条的规定，个人或团体的行为依据国内法委托非政府机构所进行的行为，应当视为政府行为。① 外国直接投资可持续发展影响评估，是欧委会基于谈判决策辅助而采用的工具，既不受国际法的保护也不受国内法的保护，缺乏法律依据，因此，可持续发展影响评估报告和欧委会评议不具有法律效力。

其次，国际法院或者国际仲裁机构一贯认为，说服力强的材料通常是建立在争端当事人共同认可的基础之上。原则上，国际投资谈判过程中一方所做的事实陈述必须能被另一方接受或者认可。② 欧盟在外国直接投资谈判过程所进行可持续发展影响评估报告和欧委会决议，难免在条约解释过程被视为由欧盟单方提供的、缺乏说服力。如果将可持续发展影响评估和欧委会评述视为欧盟单边行为，则不构成国际谈判方之间的共同观点，缺乏材料证明力。但是不可否认的是，欧盟外国直接投资影响评估是通过网络来获取欧盟或非欧盟国家的普通民众意见和评价的，而欧委会据此作出的评议也是在网上公开的。仲裁庭关于加拿大非官方机构提供的可持续发展影响评估报告表示，非官方机构作为加拿大一个法律机构，具有清晰的宪法权利，将公众建议通过合法路径向国家权能机构表达出来应当得到肯定并加以接受。③ 既然谈判方同欧盟已经签署了外国直接投资协议，应当将可持续发展影响评估报告和欧委会评议视为投资协议缔结方共同认可的材料，具有材料说服力。

---

① 邵津主编：《国际法（第 4 版）》，北京大学出版社、高等教育出版社 2011 年版。

② Gardiner Treaty Interpretation, n129, 100.

③ William Ralph Clayton, William Richard Clayton, Douglas Clayton, Deniel clayton and Bilcon of Delaware Inc. V. Government of Canada, PCA Case No. 2009 - 04, Award on Jurisdiction and Liability, 2015, p. 319.

最后，根据《维也纳条约法公约》第 32 条规定，基于条约善意解释的考量，可以将条约之准备材料视为条约解释之补充资料；但是，该条款的规定是受到一定条件限制的，只有当条约无法解释清楚时才可以将准备工作作为补充材料。国际谈判前期准备材料广义上来讲包括：谅解备忘录、会议纪要、谈判协议草案等所有文件。[①]《维也纳条约法公约》并未对国际谈判前期准备材料作出明确规定。不论是法院还是仲裁机构，关注的是事实的本身。任何材料只要能够澄清事实，一般都会被司法机关所选择适用。[②] 只有当外国直接投资协定无法解释清楚时，尤其在可持续发展和欧委会评议存在证明价值的情况下，为了保障条约解释有据可依，应当将其视为条约解释之补充材料加以适用。因此，欧盟可持续发展影响评估报告和欧委会评议是国际仲裁争端解决程序的条约解释补充材料之例外条款，但仅限于其他材料证明不足的情况下才加以适用。

诚然，欧盟外国直接投资可持续发展影响评估不是欧盟外国直接投资谈判的必经程序，其作用突出但不具有法律强制执行力，是否适用欧盟外国直接投资可持续发展评估建议的最终决策权归属于欧盟决策层。[③] 当国际争端发生时，欧盟可持续发展影响评估报告和欧委会评议仅仅适用于国际仲裁争端解决程序的条约解释补充材料之例外，换言之，只有当外国直接投资协定无法解释清楚时，才可用欧盟可持续发展影响评估报告和欧委会评议进行解释。

四 总结

然而，可持续发展影响评估不论是对外国直接投资的谈判还是外国直接投资协定的履行仅仅停留在辅助层面，随时都可能被欧盟外国直接投资决策层否决掉。因此，欧盟外国直接投资可持续发展影响评估并非欧盟外国直接投资谈判的必经程序，外国直接投资可持续发展影响评估

---

① Richard Gardiner, Treaty Interpretation, 2008, 302.

② Ibid.

③ European Commission, Communication from the Commission on Impact Assessment, 2002.

报告和欧委会评议仅以建议的形式存在，不具有法律上的约束力。欧盟外国直接投资可持续发展影响评估报告和欧委会评议的采纳，仅限于《维也纳条约法公约》第 32 条下的补充材料之例外情形。只有在再无其他材料可以澄清法律事实的情况下，才可以采信欧盟可持续发展影响评估报告和欧委会评议。为保障可持续发展影响评估的法律效力，协调外国直接投资和可持续发展的关系，本文提出应当将可持续发展影响评估纳入国际投资协议。在国际投资协议中明确可持续发展目标，将经济可持续性发展影响评估纳入国际多边投资协议作为仲裁争端解决依据，以提高外国直接投资的效益，避免投资风险。① 通过国际投资协议协调和统一各国可持续发展影响评估标准，构建联动机制，提高评估的效率，保障国际谈判质量，增强可持续发展影响评估报告和欧委会评议的条约解释效力，以促进联合国可持续发展目标的实现。

---

① International Law Association (ILA), "New Delhi Declaration of Principles of International Law Relating to Sustainable Development", *Netherlands International Law Review*, 2002, 49 (2), 299.

2017 年欧盟竞争政策报告[*]
Report on EU Competition Policy 2017

俞胜杰 译　林燕萍 审校[**]

一　导论

《罗马条约》对欧洲联盟而言具有奠基意义。2017 年是《罗马条约》签署 60 周年。这意味着欧盟竞争政策已经存在长达一个甲子。事实上，自其伊始，欧盟就开始致力于制定规则以捍卫公平的、不被扭曲的竞争。

在过去的几十年中，竞争政策使得人民生活发生显著变化：欧洲公民未必熟稔竞争规则，但是他们每天都会接触市场。竞争促使企业在价格、质量和创新等方面的优势上展开竞争，从而能够满足消费者的需求。竞争使得消费者掌握主动权，从而激励企业做得更好。

经过数十年的发展，欧盟依靠一套稳定的规则和公正的执法体系，使所有的企业活跃于单一市场中。统一的、强有力和可预见的竞争执法传递出明确的信号：每一家企业具备相同的经营条件和平等的成功机会。

---

[*]　本文是欧盟委员会于 2018 年向欧洲议会、欧洲理事会、欧洲经济和社会委员会以及欧洲地区委员会提交的一份有关欧盟竞争政策的年度发展报告。本文根据欧盟委员会官方网站发布的文件［COM（2018）482 fianl］翻译而成。译文对段落和标题做了适当调整。欧盟竞争法是整个欧盟法律体系中最具价值的法律部门之一。每年的年度报告总结和回顾了上一年度欧盟在竞争政策和竞争法领域的立法成果、执法动态和司法实践，并对相关案例作出评述。年度报告对中国学者研究欧盟竞争政策的演进和竞争法的前沿发展具有重要的参考价值。

[**]　俞胜杰，华东政法大学 2017 级国际法博士研究生；林燕萍，华东政法大学教授。

竞争法的有效实施可以使一些小企业和个体经济在全球贸易和全球商业背景下获得公平竞争的机会。此外，竞争规则对在单一市场中开展业务的所有企业一视同仁。

竞争政策在贯彻欧盟委员会的"政治优先"问题上扮演了重要角色。2017 年，有关竞争政策的各项举措切实将欧盟委员会的议事日程转化为现实，在事关欧洲公民的重要领域实现了突破。竞争政策在数字经济、能源、制药与农用化学品、网络产业和金融市场等诸多领域的大力推进为欧洲消费者带来了显著变化。

正是由于欧盟委员会与各成员国国内竞争主管机关的携手合作，才使公平竞争环境日益净化并且惠及欧盟境内的每个成员国。与此同时，欧盟委员会正在与全世界范围内的竞争主管机关加强合作，打造一个真正的全球性公平竞争环境。

在过去的 60 年中，欧盟竞争政策一直赋予企业和消费者权利，确保每个企业和公民都能感受到公平竞争带来的裨益。

本报告是 2017 年欧盟委员会在竞争政策领域开展活动的一个总结，可能并不全面。如需获取更多的信息可以查询与本报告相配套的欧盟委员会工作组报告文件，以及欧盟委员会竞争总司官方网站上发布的消息。①

二 增强竞争执法的有效性

有效的竞争执法能够确保欧盟消费者获得更好的商品和更多的选择余地。同样，对反竞争行为予以处罚可以确保开放的市场，并能切实保障各方主体的福祉。要实现这些目标，就必须确保每一个欧洲人能够从同等保护中获得利益。

十多年来，欧盟委员会和成员国国内竞争主管机关在欧洲竞争网络②

① http：//ec. europa. eu/competition/index_ en. html.

② See Communication of 9 July 2014 from the Commission to the European Parliament and the Council, Ten Years of Antitrust Enforcement under Regulation 1/2003: Achievements and Future Perspectives, COM（2014）453, available at http：//eur-lex. europa. eu/legal-content/EN/TXT/? uri = CELEX%3A52014DC0453.

框架下就欧盟竞争法规则的实施展开了紧密合作。就竞争执法而言,在单一市场内,各成员国应该在适用欧盟竞争法规则上保持一致,而不必考虑企业的住所地问题。

2017 年 3 月,欧盟委员会向成员国国内竞争主管机关提出了新的规则,旨在促使它们更为有效地执行欧盟竞争法相关规则①(所谓"ECN +")。立法提案试图赋予成员国国内竞争执法机构更多权力并确保它们拥有实现这一目标所需要的一些手段和方法。

ECN +:指令提案将如何助力欧盟成员国国内竞争主管机关?

立法提案一旦通过,将为国内竞争主管机关提供最低限度的共同规则和有效的执法权力,确保它们能够做到以下几点。

在执行欧盟竞争法规则时独立行事,并以公正立场开展工作,不接受来自任何公共或私人部门的指示。

拥有必要的财力和人力以开展工作。

拥有收集所有相关证据所需要的一切权力。例如搜查手机、笔记本电脑和平板电脑。

拥有完备的手段对违反欧盟竞争法规则的行为予以兼顾比例原则和威慑性惩罚。该提案确保企业的概念、母公司责任和公司继承问题符合欧盟法院的既有判例,以防止企业通过重组来逃避罚款。(为了应对)越来越多的企业在全球范围内开展业务,国内竞争主管机关还能够对在其领土上未建立合法实体的违法公司进行罚款。

为了鼓励企业主动递交非法卡特尔证据,出台新的政策促使宽恕政策与简易申报共同系统能够相互匹配。这将从整体上激发公司参与宽恕政策并报告其参与卡特尔情形的原动力。

---

① Proposal for a Directive of the European Parliament and of the Council to empower the competition authorities of the Member States to be more effective enforcers and to ensure the proper functioning of the internal market, COM/2017/0142 final, available at http://ec. europa. eu/competition/antitrust/proposed_ directive_ en. pdf.

欧盟委员会的提案（以下简称《指令》）强调企业基本权利的重要性并且要求竞争主管机关根据《欧盟基本权利宪章》和欧盟法的一般原则尊重企业为行使权利（所采取的）适当保障措施。

新规则的提案采用指令形式是为了尊重国家之间的特殊性（和差异性）。该《指令》已根据正常的立法程序，提交给欧洲议会和欧洲理事会进行审议，一旦通过，成员国必须将该《指令》的规定转化为国内法。

一项举报人的新工具

迄今为止，大多数的卡特尔案件都是通过欧盟委员会的宽恕政策侦破的。所谓宽恕政策，即允许企业通过主动报告其参与卡特尔行为从而获得减轻罚款。2017 年 3 月，欧盟委员会推出了一项全新的匿名举报人工具。这项工具为知晓卡特尔存在或运作（抑或存在其他类型的反垄断违法行为）的个人提供机会，帮助（欧盟委员会）终止此类行为[①]。

如果人们对违反竞争法的商业行为表示担心，这个新工具可以通过提供信息妥善处理此事，同时能够保持匿名。内部信息可以成为帮助欧盟委员会揭露卡特尔和其他反竞争行为的有力工具。新系统大大提高了侦查和起诉的可能性，从而进一步阻止企业进入或留在卡特尔中，或者进行其他类型的反竞争行为。信息可以迅速、有效地促进欧盟委员会开展卓有成效的调查，从而为消费者和整个欧盟经济带来福祉。

启用数月的统计数据反馈良好，并预示着举报人已经开始充分利用这一新渠道。它使一些信息可以更快捷地被获悉。

"抓大放小"：致力于更有效的国家援助政策

根据欧盟委员会"抓大放小"（big on big, small on small）的方法，如今通过《一般集体豁免条例》免除了大量较小的、无风险的国家援助措施，从而加强对成员国的控制，进一步提高透明度，更好地对国家

---

① See http：//ec. europa. eu/competition/cartels/whistleblower/index. html.

援助影响开展评估①。5 月 17 日，欧盟委员会将《一般集体豁免条例》的适用范围扩大到港口和机场，并进一步对其他领域进行简化。例如文化项目、多功能体育场所以及对在欧盟最边缘地区开展业务的公司所提供的补偿。②预计这些措施将促进公共投资在欧盟委员会高度关注的就业、经济增长、气候问题、创新和社会凝聚力等共同目标方面持续发力。

　　欧盟委员会继续通过所谓的"分析网格"向成员国当局提供关于将国家援助规则应用于基础设施项目公共融资的指导，并根据欧盟委员会已经通过的《关于国家援助定义的通知》进行了修订。③修订后的《一般集体豁免条例》和分析网格能更便捷地开展基础设施投资，对项目开发商和援助授权机构具有可靠的法律确定性。

　　根据国家援助现代化文件（SAM）中的透明度条款，在成员国的紧密合作下，欧盟委员会的服务通过透明度奖励模型（Transparency Award Module）得到完善。这是一种用于提交和发布国家援助数据的新型信息学工具。④截至 2017 年 10 月底，已有 24 个成员国加入了透明度奖励模型，22 个成员国公布了大约 1.5 万项援助奖励。

　　欧盟委员会还在多边伙伴关系的框架内支持成员国。例如，国家援助现代化实施工作组展开了工作。该工作组允许成员国就其国家援助控制系统交换最佳做法，并且以成员国和国家之间就国家援助问题进行非正式讨论的内容在网上呈现出来。

---

　　①　See 2017 Scoreboard confirms benefits of modernisation leading to quicker implementation on the ground of public support by Member States, IP/18/263 of 16 January 2018 available at http：// europa. eu/rapid/pressrelease_ IP‐18‐263_ en. htm.

　　②　Commission Regulation （EU） 2017/1084 of 14 June 2017 amending Regulation （EU） No 651/2014 as regards aid for port and airport infrastructure, notification thresholds for aid for culture and heritage conservation and for aid for sport and multifunctional recreational infrastructures, and regional operating aid schemes for outermost regions and amending Regulation （EU） No 702/2014 as regards the calculation of eligible costs-available at http：//eur-lex. europa. eu/legal-content/EN/TXT/? qid = 1497952641554&uri = CELEX：32017R1084.

　　③　OJ C 262, 19. 7. 2016 p. 1.

　　④　For further information see the Transparency Award Module available at https：//webgate. ec. europa. eu/competition/transparency/public/search/chooseLanguage.

三 充分挖掘数字单一市场的潜力

数字技术已成为欧盟公民居家、工作、学习或旅行时不可或缺的一部分。每天有 3.6 亿的欧洲人使用互联网，其中近 60% 的人通过手机或智能手机访问互联网。为了充分利用这一新工具，欧洲需要一个真正联通的数字单一市场。竞争政策是欧盟委员会改善和加强数字单一市场、创造新增长和催生数十万个新工作岗位等战略的重要一环[①]。

为维护在线市场创新开展反垄断执法

在数字领域，防止拥有市场支配地位的成功企业利用其优势来排除、限制竞争是至关重要的，否则将会严重损害创新。

2017 年 6 月，欧盟委员会认定谷歌滥用了其在搜索引擎市场中所占据的支配地位，在搜索结果中推广自己的比较购物服务[②]。

"谷歌购物"案：拓宽消费者的选择范围

谷歌搜索引擎是谷歌的旗舰产品，它向消费者提供搜索结果，消费者则用他们的数据折抵服务费。2004 年，谷歌进入了欧洲比较购物的独立市场，其产品名为"谷歌购物"。从 2008 年开始，谷歌开始利用其在通用网络搜索方面的市场支配地位在欧洲市场推出比较购物服务，而不是在比较购物市场的优势方面开展竞争。谷歌通过系统将自身的比较购物服务置于突出位置，并在其搜索结果中排斥竞争对手的比较购物服务。有证据表明，即使排名最高的竞争对手，与之相关的服务信息仅能出现在谷歌搜索结果的第四页。其他竞争对手则出现在更靠后的页面中。而谷歌自身的比较购物服务不受谷歌通用搜索算法的限制，不会出现排名滞后

[①] For further information, see https：//ec. europa. eu/commission/priorities/digital-single-market_ en.

[②] Case AT. 39740 Google search (Shopping)，see IP/17/1784 of 27 June 2017，available at http：//europa. eu/rapid /press-release_ IP－17－1784_ en. htm.

> 的情况。
>
> 　　因此，相比竞争对手的比较购物服务，消费者通过谷歌搜索结果更容易看到谷歌的比较购物服务。
>
> 　　有证据显示，如果消费者更为频繁地点击容易看见的搜索结果，该结果在整体谷歌搜索结果中出现的位置将更靠前。由于谷歌实施了该项非法行为，谷歌比较购物服务的流量大幅增加，而竞争对手则持续地遭受了巨大的流量损失。

　　欧盟委员会以谷歌违反欧盟竞争法规则为由对其开出了 24.2 亿欧元的罚单。欧盟委员会的行政处罚决定书还要求谷歌平等对待竞争对手购物服务和自身提供的服务。

　　由此可见，根据欧盟竞争法规则，（某个企业）拥有市场支配地位并非违法。然而，拥有市场支配地位的企业有责任不滥用其强大的优势地位以限制竞争，无论该市场是相对独立的还是具有关联性的。谷歌行为剥夺其他公司利用优势开展竞争并进行创新的机会，因此违反了欧盟竞争法规则。更为重要的是，（因为存在这样的行为）欧洲消费者无法自由地选择服务并且享受创新带来的全部福祉。

　　欧盟委员会继续对谷歌可能存在另外两起滥用市场支配地位的案件发起调查，即移动 App 服务案（简称"Android 案"[①]）和谷歌广告案（简称"AdSense 案"[②]）。

　　欧盟委员会还调查了亚马逊与欧洲电子书出版商的分销协议[③]。欧盟委员会之所以开展该项调查，是因为它担心亚马逊的电子书分销协议中可能有违反欧盟竞争法规则的条款。这些条款有时被称为"最惠国条款"，要求出版商向亚马逊提供与其竞争对手相似或更好的条款和条

　　[①]　Case AT. 40099 Google Android, available at http：//ec. europa. eu/competition/elojade/isef/case_ details. cfm? proc_ code = 1_ 40099.

　　[②]　Case AT. 40411 Google Search (AdSense), available at http：//ec. europa. eu/competition/elojade/isef/case_ details. cfm? proc_ code = 1_ 40411.

　　[③]　Case AT. 40153 E-book MFNs and related matters, Commission decision of 4 May 2017, available at http：//ec. europa. eu/competition/elojade/isef/case_ details. cfm? proc_ code = 1_ 40153.

件，并且要求其向亚马逊通知亚马逊的竞争对手所提供的更为优惠或替代性条款。欧盟委员会认为，此类条款可能使其他电子书平台难以发展和创新电子书服务并与亚马逊开展有效竞争。

亚马逊试图通过非强制性、引导性的方式改变与出版商的协议条款来回应欧盟委员会的担忧。在收到有关方面的意见后，亚马逊对其最初提出的承诺进行了修改。5 月，欧盟委员会最终认为，修订后的最终版承诺为其所关切的竞争问题提供了及时、有效和全面的解决方案①。这些承诺所能产生的价值超过 10 亿欧元，将有助于确保欧洲电子书市场的创新和公平竞争，并且增加欧洲消费者的选择空间，使其在竞争中获益。

在体育市场中开展反垄断执法

2017 年 12 月 8 日，欧盟委员会通过了一项决定，认定国际滑冰联盟（ISU）制定的有关参赛资格的规定违反了《欧盟运行条约》第 101 条②。根据这些规则，未经国际滑联授权参加速滑比赛的运动员受到了严厉处罚，即使此类比赛满足体育竞技目标的正当性，例如保护体育运动的完整性和正当性、保障运动员的健康和安全。

欧盟委员会发现，由于 ISU 有关参赛资格规定的限制，运动员不被允许参加非 ISU 组织的滑冰比赛，并且可能在相对较短的速滑职业生涯中丧失额外收入来源。此外，因为他们无法吸引顶级运动员，ISU 参赛资格规定使独立的赛事组织者难以合力举办速滑比赛。这限制了开展替代性和创新性速滑比赛，损害了粉丝和观众们的福祉。

虽然欧盟委员会认为对本案中的情形予以干预是必要的，但是该决定并不意味着欧盟委员会决心成为每一起体育争议的裁判者。

欧盟委员会在电子商务领域开展调查

电子商务理应为消费者在商品和服务方面提供更广泛的选择空

---

① See IP/17/1223 of 4 May 2017, available at http：//europa. eu/rapid/press-release_ IP – 17 – 1223_ en. htm.

② Case AT. 40208 International Skating Union's Eligibility rules available at http：//ec. europa. eu/competition/elojade/isef/case_ details. cfm? proc_ code = 1_ 40208.

间,同时为跨境购物创造机会。然而,虽然全世界范围以互联网为媒介进行的货物贸易和服务贸易越来越多,欧盟境内的跨境在线销售却增长缓慢。2015 年,欧盟委员会启动了一项行业调查,希望找到欧洲电子商务市场中潜在的竞争问题①。在调查期间,欧盟委员会向近1900 家通过电子商务经营消费品和数字化内容的企业搜集证据,并分析了大约 8000 份分销许可协议。2017 年 5 月,欧盟委员会公布了行业调查的最终报告②,对 2016 年 9 月初步报告发布后收到的反馈意见予以说明。调查结果正帮助欧盟委员会更好地在电子商务市场设立反垄断执法目标。此外,行业调查促使许多企业开始主动审查它们自身的商业行为。

查处价格限制和地区封锁行为

2017 年 2 月,欧盟委员会启动了三项独立调查,旨在评估某些在线销售行为是否剥夺了消费者的跨境选择权利,以及消费者是否能够以具有竞争力的价格获得电子产品、视频游戏和酒店住宿服务③。这三项调查旨在解决零售价格限制、地域歧视以及企业间纵向协议中的地区封锁行为等具体问题。欧盟委员会开展的电子商务行业竞争状况调查的初步结果显示:这些限制措施遍及欧盟全境。

此外,2017 年 6 月,欧盟委员会对服装制造商和零售商Guess 的分销协议和行为启动了正式的反垄断调查④。欧盟委员会还启动了三项单独的反垄断调查,旨在评估 Nike、Saniro 和环球

---

① For further information, see http: //ec. europa. eu/competition/antitrust/sector_ inquiries_ e_ commerce. html.

② Report from the Commission to the Council and the European Parliament, Final report on the E-commerce Sector Inquiry, COM (2017) 229 final, available at http: //ec. europa. eu/competition/ antitrust/sector_ inquiry_ final_ report_ en. pdf.

③ See IP/17/201 of 2 February 2017, available at http: //europa. eu/rapid/press-release_ IP - 17 – 201_ en. htm.

④ Case AT. 40428 Guess, available at http: //ec. europa. eu/competition/elojade/isef/case_ details. cfm? proc_ code = 1_ 40428.

> 影城是否存在限制热销产品进行跨境销售和在线销售的情形①。
> 欧盟委员会正在研究这些公司的许可和分销做法是否会阻碍消费
> 者在单一市场中获得更广泛的选择空间和更好的交易。

欧盟委员会的数字单一市场战略的主要目标之一就是使消费者和企业更好地获得商品和服务，② 例如遵守欧盟竞争法规则、终止不公正的地区封锁③和确保在线服务的跨境流动。

确保媒体行业的竞争富有活力

媒体行业对信息和通信技术的进步以及文化、信息、教育和民主的保护和发展至关重要。数字化内容越来越普及并且可以通过各种平台进行传递（数字地面、有线、卫星、互联网、移动网络），企业倾向于将内容的生成与传递相融合。在评估媒体行业的并购时，欧盟委员会的主要担忧之一是关键要素的可获得性——无论是内容、技术还是互联——不会受到负面影响。

2017 年 4 月，欧盟委员会根据《欧盟并购条例》批准了由美资多元经营的全球性媒体公司 Twenty-First Century Fox（以下简称"Fox"）收购 Sky 公司的申请④。Sky 是在奥地利、德国、爱尔兰、意大利和英国等国领先的付费电视运营商，而 Fox 则是好莱坞六大电影制片厂之一，也是电视频道运营商。Fox 和 Sky 主要活跃在奥地利、德国、爱尔兰、意大利和英国的不同市场。欧盟委员会认定，这项并购不会在欧洲

---

① Case AT. 40432 Licensed merchandise-Sanrio, AT. 40433 Licensed merchandise-Universal Studios, AT. 40436 Licensed merchandise-Nike, see IP/17/1646 of 14 June 2017, available at http：//europa. eu/rapid/press-release_ IP－17－1646_ en. htm.

② See https：//ec. europa. eu/digital-single-market/.

③ See Regulation（EU）2018/302 of the European Parliament and of the Council of 28 February 2018 on addressing unjustified geo-blocking and other forms of discrimination based on customers' nationality, place of residence or place of establishment within the internal market and amending Regulations（EC）No 2006/2004 and（EU）2017/2394 and Directive 2009/22/EC, OJ L 60I, 2. 3. 2018, p. 1.

④ Case M. 8354 Fox/Sky, Commission decision of 7 April 2017, available at http：//ec. europa. eu/competition/elojade/isef/case_ details. cfm？ proc_ code＝2_ M_ 8354.

引发竞争问题。

2017 年 5 月，欧盟委员会批准 Vivendi 公司收购 Telecom Italia 公司事实上的控制权①。Telecom Italia（意大利）和 Vivendi（法国）主营为广播电视频道批量接入数字地面网络的市场业务，另有两家公司 Persidera 和 Mediaset 分别持有上述两家企业的股份。欧盟委员会发现，如果交易一旦达成，Vivendi 很有可能会提高为广播电视频道批量接入数字地面网络的收费价格。为了解决该问题，Vivendi 承诺剥离 Telecom Italia 对 Persidera 所持有的股份。欧盟委员会最终附条件批准了此项并购。

欧盟委员会享有排他性专属管辖权，可以对并购申报将在欧洲经济区（EEA）内产生的影响进行评估。但是，《欧盟并购条例》允许成员国可以采取诸如禁止经营者集中的适当措施，以此保护诸如媒体多元化等其他合法利益。据此，英国文化传媒与体育部部长目前正在考虑是否需要就 Fox 收购 Sky 案采取适当措施以保护英国的媒体多元化目标。

此外，欧盟委员会还批准了两项援助计划，支持在德国②和丹麦③开发和推广具有教育和文化价值的数字视频游戏。

并购控制与提供正确信息的重要性

在评估拟议的并购交易时，欧盟委员会必须确保在完全了解准确事实的情况下做出决定。《欧盟并购条例》要求并购调查中的公司提供不具误导性的正确信息，因为这对欧盟委员会及时有效地审查合并和收购事项至关重要。无论信息是否对并购评估的最终结果产生影响，该义务均须恪守。

当 Facebook 在 2014 年通知收购 WhatsApp 时④，它告知欧盟委员会

---

① Case M. 8465 Vivendi/Telecom Italia, Commission decision of 30 May 2017, available at http：//ec. europa. eu/competition/elojade/isef/case_ details. cfm? proc_ code = 2_ M_ 8465.

② Case M. 7217 Facebook/Whatsapp, Commission decision of 3 October 2014, available at http：//ec. europa. eu/competition/elojade/isef/case_ details. cfm? proc_ code = 2_ M_ 7217.

③ Case M. 8228 Facebook/Whatsapp (Art. 14. 1 proc.), see IP/17/1369 of 18 May 2017, available at http：//europa. eu/rapid/press-release_ IP - 17 - 1369_ en. htm.

④ Case M. 7217 Facebook/Whatsapp, Commission decision of 3 October 2014, available at http：//ec. europa. eu/competition/elojade/isef/case_ details. cfm? proc_ code = 2_ M_ 7217.

其无法在 Facebook 用户账号和 WhatsApp 用户账号之间完成可靠的自动匹配。但是，欧盟委员会随后发现，（上述通知内容）与 Facebook 在 2014 年并购审查过程中的陈述相反，用于 Facebook 用户和 WhatsApp 用户之间的身份识别的可能性技术自动匹配功能在 2014 年已经存在，并且 Facebook 也知道这种技术的存在。根据异议声明，在 2017 年 5 月，欧盟委员会因为 Facebook 提供了不正确或误导性的信息，对其提出 1.1 亿欧元的罚款①。该决定向（试图开展并购业务的）公司发出了明确的信号：它们必须遵守《欧盟并购规则》的所有条款，当然这还包括提供正确信息的义务。

支持欧盟内部的互联互通

互联网连接和覆盖是数字发展和创新的先决条件。作为其数字单一市场战略的一部分，欧盟委员会致力于宽带推广，尤其是在服务薄弱地区，以此确保欧盟的高水平联通。欧盟委员会已经为所有学校、交通枢纽、主要公共服务提供者以及数字密集型企业设定了具有下载/上传速度的互联网联通目标：到 2025 年实现每秒能够传送千兆数据。此外，所有欧洲家庭都应该能够访问提供至少 100 兆/秒下载速度的网络，到 2025 年可以升级到 1 千兆位②。最后，到 2025 年，所有城市地区和所有主要的传输路径应具备不间断的 5G 网络全覆盖。

《一般集体豁免条例》（GBER）特别适用于服务薄弱地区，允许成员国在没有国家援助通知的情况下部署宽带网络，《欧盟委员会关于快速部署宽带网络的国家援助规则适用指南》③ 为宽带投资提供了充分的

---

① Case M. 8228 Facebook/Whatsapp（Art. 14.1 proc.），see IP/17/1369 of 18 May 2017, available at http：//europa. eu/rapid/press-release_ IP – 17 – 1369_ en. htm.

② Communication from the Commission to the European Parliament, the Council, the European Economic and Social Committee and the Committee of the Regions, Connectivity for a Competitive Digital Single Market-Towards a European Gigabit Society-COM（2016）587 and Staff Working Document-SWD（2016）300, available at https：//ec. europa. eu/digital-single-market/en/news/communication-connectivity-competitive-digitalsingle-market-towards-european-gigabit-society.

③ Communication from the Commission, EU Guidelines for the application of State aid rules in relation to the rapid deployment of broadband networks, OJ 2013 C 25, 26.1.2013, available at http：//eur-lex. europa. eu/LexUriServ/LexUriServ. do? uri = OJ：C：2013：025：0001：0026：en：PDF.

法律保障。这些规则鼓励公共资金快速完成公共资助的宽带基础设施，同时尽量减少私人投资的挤压风险或者滋生垄断的风险。所有成员国现已采用或更新国家/区域宽带战略，并逐步对标 2025 年新的联通性战略目标。欧盟委员会在 2017 年批准了大量的国家和区域宽带计划，特别是立陶宛、克罗地亚、奥地利、德国和波兰的计划。计划中的措施将为消费者和企业带来更迅捷的互联网。2017 年，竞争总司凭借其在竞争法方面的专业知识，尤其是国家援助规则，积极筹建新的欧洲宽带竞争力办事网络①和农村宽带工具包②。这两项举措旨在建立宽带知识（法律、技术或财务方面）和传播知识，其中包括交流当前最佳做法，以便在欧洲快速实施宽带计划。

四　促进集中市场公平竞争，增进公民和企业福祉

　　高度集中的市场意味着少数公司在特定行业占有较高的市场份额。严格的竞争执法确保了规模大、实力强的公司无法通过滥用其市场力量对其客户和其他经济体造成不利影响。欧盟法院于 2017 年 9 月澄清了对拥有市场支配地位企业实施的排他性折扣的合法性评估的分析框架。欧盟法院认定这种折扣一开始具备违法性，但是可以通过多种不同的方法来分析其反竞争效果③。就程序方面来说，法院发出提示：保存企业与其他涉及反垄断调查的当事方之间的沟通记录十分重要，这完全符合欧盟委员会所强调的公平和尊重公司的辩护权。

制药行业的反垄断执法
　　欧洲公民需要获得创新、安全和负担得起的医药产品。当制药公

① For further information see https：//ec. europa. eu/digital-single-market/en/broadband-competence-offices.

② For further information see https：//ec. europa. eu/digital-single-market/en/news/european-commission-joinsforces-help-bringing-more-broadband-rural-areas.

③ C－413/14 P Intel v Commission, judgment of the European Court of Justice of 6 September 2017, ECLI：EU：C：2017：632.

司、医疗器械公司或其他与健康有关的公司无法实施不公平行为时，公民就赢了。(民众希望) 能够研发出既新又好的产品、价格下降、健康预算得到减免。在欧盟，每个成员国都有不同的适应其自身经济和卫生需求的药品定价和报销政策；尽管如此，在欧盟单一市场运营的所有制药公司都必须遵守竞争规则。

2017 年 5 月，欧盟委员会开始对 Aspen Pharma 公司启动正式的反垄断调查，原因是欧盟委员会认为该企业对五种挽救生命的癌症药物进行了过高定价①。欧盟委员会正在调查 Aspen Pharma 公司是否滥用了市场支配地位从而违反了欧盟竞争法规则。欧盟委员会现在将深入调查作为优先事项。刚刚开启的正式程序并不是在预判调查结果。

欧盟委员会正在调查救命药物的定价行为：Aspen 案

Aspen 是一家总部位于南非的全球性制药公司，在欧洲经济区内设有多家子公司。该调查涉及 Aspen 对用于治疗癌症的利基药物（如血液肿瘤）的定价行为。这些药物以不同的配方制成且被冠以多种品牌名称进行销售。在专利保护期届满后，Aspen 获得了这些药品。

欧盟委员会正在调查一项指控，该指控声称 Aspen 正在实施一项不合理的价格涨幅高达 100% 的定价行为，即所谓的"价格欺诈"。为了推高药价，Aspen 公司威胁要在一些成员国撤回有关药品，实际上在某些地区已经实施了上述行为。调查覆盖了除意大利以外的整个欧洲经济区，意大利竞争主管机关已经在 2016 年 9 月对 Aspen 公司作出了违法处罚决定。

这是欧盟委员会首次针对制药产业的过高定价行为开展调查。

欧盟委员会一贯对研发公司延迟、阻止仿制药进入市场的企图保

---

① Case M. 84401 J&J/Actelion. For further information, see http: //ec. europa. eu/competition/elojade/isef/case_ details. cfm? proc_ code = 2_ M_ 8401.

持高度警惕。2017 年 7 月，欧盟委员会向制药公司 Teva 发出了异议声明①。欧盟委员会将它与竞争对手 Cephalon 达成的协议已经违反欧盟竞争法规则的初步结论传达给 Teva。根据协议，Teva 承诺不会销售莫达非尼（modafinil），这是一种相较于 Cephalon 生产的药物更便宜的用于治疗睡眠障碍的仿制药。

仿制药物进入市场和参与竞争是减轻医疗保健负担的重要因素。异议声明称，Cephalon 和 Teva 之间的专利和解协议可能推迟了更便宜的仿制药进入市场，导致莫达非尼的价格上涨，并对欧盟患者和医疗服务预算造成重大损害。这些公司现在尚有机会回应欧盟委员会的困惑。异议声明的发布并不是在预判调查结果。

制药行业的核心并购业务

2017 年 6 月，欧盟委员会批准了强生公司收购 Actelion②，但是需要予以救济。虽然这两家公司的主营业务在很大程度上是互补的，但它们都在努力研制一种治疗失眠的新疗法。欧盟委员会的市场调查表明，此项交易将提升强生公司在失眠研究方面的能力和动力，通过延迟或终止其中一个项目来更好地实施该计划。为了解决这些竞争问题，强生公司提供了救济方案以确保它不会对失眠研究计划的发展产生负面影响。

农用化学品行业的核心并购业务

种子和农药产品对农民和消费者至关重要。欧盟委员会确保该部门的有效竞争，使农民获得的产品更具创新性、质量更优越和价格更具竞争力。在这个市场中，欧盟委员会根据《欧盟并购条例》评估了陶氏与杜邦之间以及 Syngenta 和 Chemchina 之间的合并。欧盟委员会对上述两项交易进行了深入审查。

---

① Case AT. 39686 Cephalon, see IP/17/2063 of 17 July 2017, available at http：//euro-pa. eu/rapid/pressrelease_ IP - 17 - 2063_ en. htm.

② Case M. 84401 J&J/Actelion. For further information, see http：//ec. europa. eu/competi-tion/elojade/isef/case_ details. cfm? proc_ code = 2_ M_ 8401.

欧盟委员会有条件批准陶氏和杜邦合并以及
ChemChina 收购 Syngenta

2017 年 3 月，欧盟委员会批准了美国陶氏化学公司和杜邦公司的合并，但是杜邦必须剥离其全球农药主要业务，包括其全球研发组织①。欧盟委员会担心申报的合并会削弱价格和现有许多农药市场选择度方面的竞争。此外，欧盟委员会针对合并行为将对其竞争者在研发方面以及农药产品的创新竞争产生的影响进行详细调查，认为合并将严重削弱创新。陶氏和杜邦所提交的承诺完全解决了所有上述问题。

2017 年 4 月，欧盟委员会附条件批准了 Chemchina（中国）收购 Syngenta（瑞士）②。欧盟委员会担心并购申报将在欧洲经济区内减少许多现有农药市场的竞争。此外，欧盟委员会担心该项交易可能减少植物生长调节剂的竞争。因此，欧盟委员会要求 ChemChina 对其欧洲农药和植物生长调节剂的主要业务进行剥离。欧盟委员会将调查的重点放在对现有农药的竞争影响上，Chemchina 未与 Syngenta 在开发新型和创新型农药方面展开竞争。

2017 年 8 月，欧盟委员会启动了一起深度调查，旨在根据《欧盟并购条例》评估 Bayer 公司（德国）收购 Monsanto 公司（美国）的申报③。合并后的公司将拥有全球最大的农药组合产品，并在种子和性状研究方面（Seeds & Traits）具有全球最强的市场地位，它将成为行业内最大的综合性公司。欧盟委员会最初担心，这项收购申报可能会减少许多不同市场的竞争，导致价格上涨、质量下降、选择空间减少、创新能

---

① Case M. 7932 Dow/DuPont, Commission decision of 27 March 2017, available at http：// ec. europa. eu/competition/elojade/isef/case_ details. cfm？ proc_ code = 2_ M_ 7932.

② Case M. 7962 ChemChina/Syngenta, Commission decision of 5 April 2017, available at http：//ec. europa. eu/competition/elojade/isef/case_ details. cfm？ proc_ code = 2_ M_ 7962.

③ Case M. 8084 Bayer/Monsanto, see IP/17/2762 of 22 August 2017, available at http：// europa. eu/rapid/pressrelease_ IP – 17 – 2762_ en. htm. The final decision was taken on 21 March 2018, available at http：//europa. eu/rapid/press-release_ IP – 18 – 2282_ en. htm.

力减弱等情况的出现。尤其是最初的市场调查结果对农药、种子和性状（Seeds & Traits）、数字农业方面表示担心。

随着数字农业的出现，Bayer 公司和 Monsanto 公司均对农药产品和种子进行捆绑销售或是搭售的行为是否会影响竞争者开展分销业务并使农民的生产变得举步维艰？欧盟委员会对此问题开展了调查。数字农业包括收集有关农场的数据和信息，旨在为农民提供合理建议或汇总数据。Bayer 公司和 Monsanto 公司都在投资这项新兴技术。鉴于上述两家公司所经营的全球业务，欧盟委员会与其他竞争主管机关密切合作，特别是与美国司法部以及澳大利亚、巴西、加拿大和南非的反垄断主管机关开展了一系列合作调查。

确保欧洲工业在进口方面的竞争性价格

2017 年 4 月，欧盟委员会根据《欧盟并购条例》禁止了 Heidelberg Cement 公司和 Schwenk 公司联合收购 Cemex Croatia 的申报①。欧盟委员会十分担心这次收购会减少灰色水泥市场的竞争从而导致克罗地亚的灰色水泥价格上涨。

此次收购将减少那些激烈争夺克罗地亚国内水泥消费者的公司之间的竞争，并使收购方从此拥有了市场支配地位。上述公司通过并购获得的市场份额为 45%—50%，在克罗地亚的部分地区甚至达到 70% 以上。经过深入调查，欧盟委员会得出结论：申报中的救济方案无法替代因并购而减少的竞争。水泥市场是建筑行业的重要板块，克罗地亚的建筑行业蕴藏着大量就业岗位，然而近年来一直不景气。欧盟委员会采取措施以保护消费者，防止更高的进口价格对这一重要部门产生负面影响。

五 通过保护网络行业的竞争以促进增长

在能源行业，欧盟委员会继续致力于建设欧盟能源联盟，旨在使

---

① Case M. 7878 HeidelbergerCement/Schwenk/Cemex Hungary/Cemex Croatia, Commission decision of 5 April 2017, available at http: //ec. europa. eu/competition/elojade/isef/case_ details. cfm? proc_ code = 2_ M_ 7878.

清洁能源能够自由、安全地流动。可靠的能源供应、企业与消费者能够接受的合理价格与最低限度的环境影响对于欧盟经济的繁荣至关重要。

采取国家援助措施以确保欧洲公民和企业的能源供应安全

2016 年，欧盟委员会对电力容量机制（capacity mechanism）①开展的行业进行调查，这为欧盟委员会和成员国的紧密合作奠定了基础。这方面的合作表明电力容量机制的精心设计是符合初衷的。2017 年，欧盟委员会将报告的最终结论付诸实践，并对法国的电容机制作出最终决定。② 此外，欧盟委员会批准了爱尔兰和北爱尔兰之间的首例电力容量机制共建计划。③ 在整个爱尔兰岛市场中，电力容量机制对包括电力需求响应在内的所有类型的潜在电力容量提供者均开放。此外，欧盟委员会与有关国内主管机关密切合作，确保比利时、法国、德国、希腊、意大利和波兰六个国家的电力容量机制能够被精心研制出来，④ 上述六个国家的人口超过了欧美人口的一半。

此外，还要确保这些机制符合欧盟国家援助规则的严格标准，特别应当符合欧盟委员会 2014 年制定的《有关保护环境与能源的

---

① On 16 November 2016, the Commission published the final report of its capacity mechanism sector inquiry, see IP/2016/4021 of 16 November 2016 http：//europa. eu/rapid/press-release_ IP - 16 - 4021_ en. htm.

② Case SA. 40454 Tender for additional capacity in Brittany, for further information see IP/17/1325 of 15 May 2017 available at http：//europa. eu/rapid/press-release_ IP - 17 - 1325_ en. htm.

③ Case SA. 44464 Irish Capacity Mechanism：reliability option scheme, Commission decision of 24 November 2017 available at http：//ec. europa. eu/competition/elojade/isef/case_ details. cfm? proc_ code = 3_ SA_ 44464, and SA. 44465 Northern Irish Capacity Mechanism：reliability option scheme, Commission decision of 24 November 2017 available at http：//ec. europa. eu/competition/elojade/isef/case_ details. cfm? proc_ code = 3_ SA_ 44465. For further information see IP/17/4944 of 24 November 2017 available at http：//europa. eu/rapid/press-release_ IP - 17 - 4944_ en. htm.

④ See IP/18/682 of 7 February 2018 available at http：//europa. eu/rapid/press-release_ IP - 18 - 682_ en. htm.

> 国家援助指南》①。特别是国家援助应当通过竞争性招标最终确
> 定，招标环节应当对所有能够提供所需服务（包括电力需求响
> 应）的技术持有人开放。这些执法活动是对欧盟委员会能源联盟
> 战略的补充②，以便在欧洲提供安全、可持续和具有竞争力的
> 能源。

促进天然气市场的开放和统一

2017 年，欧盟委员会调查了 Gazprom 公司在中东欧地区经营者集
中行为③。根据欧盟委员会的初步评估，Gazprom 公司由于实施了划分
中东欧天然气市场的整体战略，从而违反了欧盟竞争法规则。

Gazprom 公司已承诺解决欧盟委员会在竞争方面的疑虑。欧盟委
员会发现 Gazprom 公司提供的承诺包含了竞争问题，并决定对此进
行市场测试。2017 年 3 月，欧盟委员会邀请所有利益相关方对 Gaz-
prom 公司的承诺发表意见，收到了大量反馈意见④。根据市场测试
中收到的意见，欧盟委员会可以要求其修改承诺，然后再作出最终
决定，使 Gazprom 公司的承诺产生法律约束力。在实施过程中，如
果该公司违反此类承诺，欧盟委员会最高可以收取该公司在全球范
围内总营业额的 10% 作为罚款，而无须证明其行为违反欧盟竞争法
规则。

欧盟委员会还对保加利亚能源控股公司（BEH）对保加利亚天然
气市场的封锁行为进行了调查⑤。

---

① See IP/14/400 of 9 April 2014 available at http：//europa. eu/rapid/press-release_ IP – 14 –
400_ en. htm.

② For further information see https：//ec. europa. eu/commission/priorities/energy-union-and-
climate_ en.

③ Case AT. 39816 Upstream gas supplies in Central and Eastern Europe, available at http：//
ec. europa. eu/competition/elojade/isef/case_ details. cfm? proc_ code =1_ 39816.

④ See IP/17/555 of 13 March 2017, available at http：//europa. eu/rapid/press-release_ IP –
17 –555_ en. htm.

⑤ Case AT. 39849 BEH gas, available at http：//ec. europa. eu/competition/elojade/isef/case_
details. cfm? proc_ code =1_ 39849.

欧洲能源市场的平等竞争

为了实现欧盟能源和气候方面的远大目标，国家援助规则发挥了关键作用，它尽可能降低了纳税人成本，并且不至于在单一市场中过度扭曲竞争。特别是欧盟委员会发布了《有关保护环境与能源的国家援助指南》[①]，该文件要求自 2017 年以后对可再生能源进行竞争性拍卖。拍卖应以明确、透明和非歧视性标准为基础。这一要求确保公共资金的使用受到限制，并且未造成过度补偿。

例如，2017 年 7 月，欧盟委员会根据欧盟国家援助规则批准了新的匈牙利可再生电力支持计划[②]。根据该计划，若干技术和工厂规模可供选择。将在技术中立的竞争性招标过程中选择容量超过 1 兆瓦的装置和风力装置。

2017 年 9 月，欧盟委员会根据欧盟国家援助规则批准了四项计划，以支持法国实现在建筑物和地面上进行陆上风能、太阳能发电[③]。这些计划将使法国在可再生能源方面额外发电超过 7 千兆瓦，帮助其实现 2020 年可再生能源产量占能源总需求 23% 的目标。此外，2017 年 11 月，欧盟委员会认定西班牙可再生电力计划符合欧盟国家援助规则[④]。该计划支持可再生能源发电、热电联产和废物的高效热电联产，有助于西班牙向低碳、环境可持续的能源供应过渡。

所有这些计划都附有详细的评估计划，用以评估其影响。评估的最终结果必须提交给欧盟委员会。

健全的能源联盟需要强大而富有创新力的技术提供商，这些提供商

---

① Communication from the Commission, Guidelines on State aid for environmental protection and energy 2014 – 2020, OJ C 200, 28. 6. 2014, p. 1, available at http：//eur-lex. europa. eu/legal-content/EN/TXT/? uri = CELEX：52014XC0628（01）.

② SA. 44076 RES support scheme-MET？ R, Commission decision of 11 July 2017, available at http：//ec. europa. eu/competition/elojade/isef/case_ details. cfm? proc_ code = 3_ SA_ 44076.

③ Cases SA. 46552, SA. 47753, SA. 48066 and SA. 48238, see IP/17/3581 of 29 September 2017, available at http：//europa. eu/rapid/press-release_ IP – 17 – 3581_ en. htm.

④ Case SA. 40348 Support for electricity generation from renewable energy sources, cogeneration and waste, Commission decision of 10 November 2017, available at http：//ec. europa. eu/competition/elojade/isef/case_ details. cfm? proc_ code = 3_ SA_ 40348.

应当在平等的基础上进行竞争。法国核技术提供商 Areva 的重组①便是一例。2018 年 1 月，Areva 更名为 Rreno。

Areva 重组

2016 年，法国向欧盟委员会申报了一项重组计划，以恢复 Areva 的竞争力并改善其财务状况。该计划以投入超过 40 亿欧元公共资本的形式提供国家援助。

经济困难的公司只能为了恢复其长期生存的能力而获得国家援助。向有困难的公司提供国家援助是扭曲竞争的，因为这一举措人为地使公司进入市场，否则它将面临解散。因此应当严格设置国家援助的条件。

欧盟委员会对公共资本投入公司是否会对竞争对手造成不利影响进行分析，因为该公司不可能从市场上获得此类融资。2017 年 1 月，欧盟委员会通过了两项决定，一项是批准救援援助（案例 SA.46077），另一项是关于 Areva 集团的重组援助（案例 SA.44727）。欧盟委员会认为法国的计划符合欧盟国家援助规则，使公司能够在单一市场竞争不受过分扭曲的情况下转危为安。法国的有关机关将向欧盟委员会提交定期监测报告，以确保重组计划得到全面实施并符合欧盟委员会的决定，Areva 的重组将在 2019 年年底结束。

该计划还将 Areva 的反应堆业务剥离给法国能源公司 EDF，但欧盟委员会根据相关欧盟并购控制规则对该交易进行了审查。2017 年 5 月，欧盟委员会认定该交易未引发《欧盟并购条例》项下的竞争问题。

在如此复杂的重组中，并购和国家援助控制等竞争工具有助于确保

---

① Case SA. 40348 Support for electricity generation from renewable energy sources, cogeneration and waste, Commission decision of 10 November 2017, available at http: //ec. europa. eu/competition/elojade/isef/case_ details. cfm? proc_ code = 3_ SA_ 40348.

市场继续为公司提供高效和富有创新力的激励措施，从而使欧盟家庭和企业受益。

此外，2017 年 3 月，欧盟委员会根据国家援助规则批准了匈牙利在 Paks（Paks Ⅱ）建造两座新的核反应堆①。新反应堆将取代目前在 Paks 工厂运行的四座反应堆，这些反应堆建于 20 世纪 80 年代，目前发电量约占匈牙利国内电力生产总值的 50%。根据《欧洲联盟条约》，成员国可自由决定其能源结构，并可选择投资核技术。欧盟委员会的作用是尽最大努力减少因得到国家援助而造成的能源市场的竞争扭曲。在欧盟委员会进行调查期间，匈牙利政府作出了实质性承诺，从而使欧盟委员会批准了这项投资。

培育具有竞争力和高效率的运输行业

运输行业对于欧洲家庭而言非常重要。与运输相关的商品和服务是除了住房支出以外的第二大家庭预算项目②。有竞争力的运输服务价格对数百万欧洲人至关重要。欧盟委员会积极倡导充满活力的竞争，并对任何扭曲竞争的行为进行查处。

欧盟的航空运输部门仍然非常分散。2017 年一些欧盟航空公司的破产申请暴露了进一步整合的需要。在此背景下，欧盟委员会审查 Lufthansa 航空公司③和 easyJet 航空公司④对 Air Berlin 航空公司某些资产的收购。虽然欧盟委员会的调查仍在进行中，但 Lufthansa 航空公司于 12 月 13 日撤销了对 NIKI 公司的收购，导致 NIKI 公司于同日申请破产。⑤ 欧盟委员会于 12 月 21 日最终批准了 Lufthansa 航空公司与 Air

---

① Case SA. 38454 Possible aid to the Paks nuclear power station, Commission decision of 6 March 2017, available at http：//ec. europa. eu/competition/elojade/isef/case_ details. cfm? proc_ code = 3_ SA_ 38454.

② Source：Eurostat. See http：//ec. europa. eu/eurostat/statistics-explained/index. php/Archive：Household_ consumption_ expenditure_ –_ national_ accounts.

③ Case M. 8633 Lufthansa/certain Air Berlin assets. Further information available at http：//ec. europa. eu/competition/elojade/isef/case_ details. cfm? proc_ code = 2_ M_ 8633.

④ Case M. 8672 easyJet/certain Air Berlin assets. Further information available at http：//ec. europa. eu/competition/elojade/isef/case_ details. cfm? proc_ code = 2_ M_ 8672.

⑤ Following a decision of NIKI's creditors committee, the assets of NIKI were sold in January 2018 to its founder, Mr Niki Lauda, and rebranded as Laudamotion.

Berlin 航空公司之间的剩余收购,但是要求其提供适当的救济方案。①
在这种情况下,债权人委员会和破产管理人员应当警惕因监管原因
(包括但不限于国家援助和并购控制规则)而无法开展收购的风险。虽
然破产公司的潜在收购方可能采取某些临时措施来保持开展收购的可行
性,但这些措施必须符合《欧盟并购条例》。

　　欧盟的铁路货运市场在 2007 年实现了自由化。从那时起,欧盟
委员会一直致力于缔造铁路服务的单一市场,确保铁路基础设施的独
立管理,并促进对成员国之间铁轨相连的投资。在这种情况下,欧盟
竞争规则的实施对于确保占有市场支配地位的铁路公司的反竞争行为
不会取代监管壁垒是非常重要的,否则将阻碍欧盟实现其铁路运输
目标。

**立陶宛铁路公司因阻碍铁路货运市场竞争受到
欧盟委员会的严厉惩处②**

　　经欧盟委员会调查发现:立陶宛国有铁路公司目前负责铁路
基础设施和铁路运输业务,该公司因为拆除了连接立陶宛和拉脱
维亚总计 19 公里的铁轨从而阻碍了铁路货运市场的竞争,立陶宛
铁路公司的主要客户无法享受到其他铁路运营商提供的服务。立
陶宛铁路公司无法就拆除铁轨提供任何正当性理由。由于立陶宛
铁路公司存在滥用其在立陶宛铁路基础设施管理方面的市场支配
地位的行为,欧盟委员会决定对其作出 2790 万欧元罚款的决定。
欧盟委员会还命令立陶宛铁路公司重建铁轨。

　　2017 年 6 月,欧盟委员会根据国家援助规则批准了对希腊铁路公

---

　　① Case M. 8633 Lufthansa/certain Air Berlin assets, Commission decision of 21 December 2017 pursuant to Article 6 (1) (b) in conjunction with Article 6 (2) of Council Regulation No 139/2004 and Article 57 of the Agreement on the European Economic Area, available at http://europa. eu/rapid/press-release_ IP - 17 - 5402_ en. htm.

　　② Case AT. 39813 Baltic rail, Commission decision of 2 October 2017, available at http:// ec. europa. eu/competition/elojade/isef/case_ details. cfm? proc_ code = 1_ 39813.

司 OSE 和 TRAINOSE 的重组援助①。欧盟委员会认为对 OSE 和 TRAIN-OSE 的援助措施符合欧盟国家援助规则，欧盟委员会特别考虑到希腊铁路部门正面临困难，并认为为国民提供运营良好的铁路服务十分重要。这些措施的合法目的是避免严重扰乱希腊经济，同时又不会过度扭曲单一市场的竞争。该援助还将促进 TRAINOSE 在未来进行私有化，预计该项目将支持希腊铁路市场竞争开放，并对运输服务质量提升产生积极的影响。欧盟委员会还作出决定，认定保加利亚对现有公共铁路的支持计划符合欧盟国家援助规则。②

有关 OSE 和 TRAINOSE 的决定以及认可保加利亚支持措施的决定都表明国家援助控制将有助于解决一些现有铁路运营商所面临的债务问题。国家援助规则允许成员国帮助这些公司避免严重的财务困难或大幅裁员，同时放宽向开放的竞争性铁路市场过渡的期限，从而使消费者和纳税人都受益。

为巩固欧盟竞争力开展反卡特尔执法

公路运输是欧洲运输部门的重要组成部分，其竞争力取决于卡车价格。

Scania 因参与卡特尔受到欧盟委员会的处罚③

2017 年 9 月，欧盟委员会对 Scania 汽车公司开出了 8.8 亿欧元的罚单。其原因是 Scania 汽车公司参与了制造中型卡车（重量 6 吨—16 吨）和重型卡车（重量超过 16 吨）的卡特尔行为。2016 年 7 月，欧盟委员会就与 MAN、DAF、Daimle、Iveco 和 Volvo/

---

① Case SA. 32543 Measures in favour of OSE group and SA. 32544 Restructuring of the Greek Railway Group-TRAINOSE S. A. , see IP/17/1661 of 16 June 2017, available at http：//europa. eu/rapid/press-release_ IP - 17 - 1661_ en. htm.

② Case SA. 31250 Measure implemented by Bulgaria in favour of BDZ Holding EAD SA , BDZ Passenger EOOD and BDZ Cargo EOOD, Commission decision of 16 June 2017, available at http：//ec. europa. eu/competition/elojade/isef/case_ details. cfm? proc_ code =3_ SA_ 31250.

③ See IP/17/3502 of 27 September 2017 available at http：//europa. eu/rapid/press-release_ IP - 17 - 3502_ en. htm.

> Renault① 等汽车公司达成和解协议。与其他五家卡特尔参与者不同，Scania 拒绝和解。因此，欧盟委员会按照一般卡特尔调查程序对 Scania 汽车公司展开调查。

2017 年 2 月②，欧盟委员会查处了循环经济领域第一个卡特尔案例，欧盟委员会对四家欧洲废旧铅酸汽车电池回收公司（Campine、Eco-Bat Technologies、Johnson Controls 和 Recylex）作出了共计 6800 万欧元的罚款。上述四家公司在 2009 年至 2012 年达成了一项用以确定比利时、法国、德国和荷兰四国废旧铅酸汽车电池购买价格的卡特尔行为。

此外，欧盟委员会还在对汽车零部件行业进行调查，对涉及三个卡特尔的企业作出了总计 2.2 亿欧元的罚款③。汽车零部件卡特尔增加了汽车制造商的投入成本，从而削弱了汽车行业的竞争力，并人为地提高了欧洲消费者购买汽车的价格。

对港口、机场、文化领域和最边缘地区的公共投资规则得到简化

欧盟委员会始终将国家援助控制工作的重点放在一些重要的公共设施上，这些项目能够对单一市场的竞争产生重大影响，从而使消费者获得最大裨益。根据这一执法思路，2014 年通过的作为《国家援助现代化倡议》④ 有机组成部分的《一般集体豁免条

---

① Case AT. 39824 Trucks, Commission decision of 19 July 2016, available at http: //ec. europa. eu/competition/elojade/isef/case_ details. cfm? proc_ code =1_ 39824.

② Case 40018 Car battery recycling, Commission decision of 8 February 2017, available at http: //ec. europa. eu/competition/elojade/isef/case_ details. cfm? proc_ code =1_ 40018.

③ Cases：AT. 4000 Thermal Systems, Commission decision of 8 March 2017, available at http: //ec. europa. eu/competition/elojade/isef/case_ details. cfm? proc_ code = 1_ 39960; AT. 40013 Lighting systems, Commission decision of 21 June 2017, available at http: //ec. europa. eu/competition/elojade/isef/case_ details. cfm? proc_ code = 1_ 40013; AT. 39881 Occupant Safety Systems, Commission decision of 22 November 2017, available at http: //ec. europa. eu/competition/elojade/isef/case_ details. cfm? proc_ code =1_ 39881.

④ For further information, see http: //ec. europa. eu/competition/state_ aid/modernisation/index_ en. html.

例》① 使成员国能够在未经欧盟委员会批准的情况下实施广泛的国家援助措施。2017 年，欧盟委员会将该条例的适用范围扩大到港口和机场②，此外还简化了其他领域的援助规定。例如，欧盟委员会仅审查较大的国家援助案件，为文化项目提供更多的援助。

新的国家援助措施：欧盟委员会简化对港口、机场、文化领域和最边缘地区的公共投资规则

就机场而言，成员国如今可以对每年能够营运 300 万名乘客的地方性机场进行公共投资，此类投资具有法律确定性，且无须欧盟委员会进行事先控制。这将促进欧盟 420 多个机场的公共投资（约占空中交通量的 13%）。该规定还允许公共事务主管机关负担每年能够营运 20 万名乘客的小型机场的运营成本。这些小型机场几乎占欧盟所有机场数量的一半，但不到空中交通总量的 1%。它们可能并不总是像大型机场一样有利可图，但它们可以对一个地区的交通运输发挥重要作用，并且不太可能扭曲欧盟单一市场的竞争。就港口而言，成员国如今可以对海港进行高达 1.5 亿欧元的公共投资，在内陆港口进行高达 5000 万欧元的公共投资，上述投资具有完全的法律确定性，且无须欧盟委员会事先控制。这包括某些港口需要承担的疏浚费用，保持水路足够深以便船舶停靠。对于港口而言，无论其效率和竞争力如何，这些成本因其地理位置而无法降低。

---

① Commission Regulation（EU）No 651/2014 of 17 June 2014 declaring certain categories of aid compatible with the internal market in application of Articles 107 and 108 of the Treaty, OJ L 187, 26.6.2014, available at http：//eur-lex. europa. eu/legal-content/EN/TXT/？ uri = uriserv：OJ. L_ . 2014.187.01.0001.01. ENG.

② Commission Regulation（EU）2017/1084 of 14 June 2017 amending Regulation（EU）No 651/2014 as regards aid for port and airport infrastructure, notification thresholds for aid for culture and heritage conservation and for aid for sport and multifunctional recreational infrastructures, and regional operating aid schemes for outermost regions and amending Regulation（EU）No 702/2014 as regards the calculation of eligible costs. , OJ L 156, 20.6.2017, available at http：//eur-lex. europa. eu/ legal-content/EN/TXT/？ qid = 1497952641554&uri = CELEX：32017R1084.

六　应对税收和金融部门竞争扭曲
以实现更公平的单一市场

对欧盟单一市场的信心取决于是否能为企业创造一个公平的竞争环境，同样取决于是否能在税收方面进行竞争。例如，一个成员国不能向跨国集团给予税收优惠，这一规则不适用于独立公司（通常是当地企业），因为这会严重扭曲竞争。

2017 年 10 月，委员会得出结论认为卢森堡向亚马逊提供了非法税收优惠[①]。

暂停选择性税收优惠：对亚马逊案的决定

于 2014 年 10 月开展深入调查之后，欧盟委员会得出最终结论，认为在没有任何正当理由的情况下卢森堡于 2003 年发布并于 2011 年延长的税法裁决降低了亚马逊应在卢森堡缴纳的税款。

税收裁决使得在无正当经济方面理由的情况下，亚马逊将其绝大部分利润从一家位于卢森堡的亚马逊集团公司（Amazon EU）转移到一家无须纳税的公司（Amazon Europe Holding Technologies）。企业集团内的公司之间的交易定价必须反映经济现实。这意味着同一集团内的两家公司之间的支付行为应符合独立企业之间在商业条件下的安排（所谓的"公平交易原则"）。

欧盟委员会的调查表明，税收裁决高估了特许权使用费水平，该使用费水平并未反映经济现实。最终，这些利润没有纳入征税范围。事实上，这项裁决使亚马逊能够避免对其在欧盟所有亚马逊销售中获得的近四分之三的利润征税。在此基础上，欧盟委员会得出结论，认定税收裁决给亚马逊带来了选择性经济优势。

---

① Case SA. 38944 Alleged aid to Amazon, Commission decision of 4 October 2017, available at http：//ec. europa. eu/competition/elojade/isef/case_ details. cfm? proc_ code =3_ SA_ 38944.

> 一家同样位于卢森堡的独立公司受到相同国家税法的约束，在相同的利润下，必须支付四倍于亚马逊的税款。因此，税收裁决给亚马逊带来了竞争优势，而这种竞争优势并不适用于类似的企业，并最终导致非法的国家援助。
>
> 卢森堡必须从亚马逊收回大约 2.5 亿欧元的未缴税款以及利息。此金额涵盖了八年间亚马逊依据税务裁定在卢森堡应缴而未缴的企业所得税。卢森堡税务机关将根据欧盟委员会的决定中所规定的方法确定准确的数额。

10 月 26 日，欧盟委员会对英国开展的一项计划启动深入调查。该计划未将国内反避税规则适用于跨国企业之间的某些交易①。英国集团融资豁免计划不再要求受控外国公司（CFC）重新分配离岸子公司从另一家外国集团公司获得的收入。目前，欧盟委员会质疑这项豁免是否符合英国 CFC 规则的总体目标，即将人为收入重新分配给英国母公司的离岸子公司，其目的是向英国征税。目前，欧盟委员会认为，英国应该对所有人为地转移收入的公司适用反滥用规则，包括对那些赚取集团融资收入的公司，因为它们的行为与总体目标背道而驰。

12 月 18 日，欧盟委员会就荷兰对宜家家居的税务待遇问题进行了深入调查，宜家家居是宜家经营的两个集团之一。② Inter IKEA Systems 是 Inter IKEA 集团的荷兰实体组织，它记录了全球范围内宜家商店支付的特许经营费用。欧盟委员会的调查涉及荷兰税务机关在 2006 年和 2011 年发布的两起税务裁定，这些裁决大大减少了宜家家居系统在荷兰的应税利润。欧盟委员会认为，两起税务裁定所认可的税收待遇可能

---

① State aid case SA. 44896-United Kingdom-Potential State aid scheme regarding United Kingdom CFC group financing exemption, Commission decision of 26 October 2017, the letter is available at http：//ec. europa. eu/competition/elojade/isef/index. cfm? fuseaction = dsp_ result&policy_ area_ id = 1，2，3&case_ title = cfc and the press release at http：//europa. eu/rapid/press-release_ IP - 17 -4201_ en. htm.

② State aid case SA. 46470-Netherlands-Potential State aid to Inter Ikea, Commission decision of 18 December 2017（to be available soon）. For further information see IP/17/5343 of 18 December 2017 available at http：//europa. eu/rapid/press-release_ IP - 17 - 5343_ en. htm.

导致有利于 Inter IKEA Systems 的选择性优势，但在荷兰受到相同国家税收规定限制的其他公司无法获得这种优惠。

融资公司在集团内部提供金融服务，其利润是其融资活动的报酬。该报酬必须符合公平交易原则。自从欧盟委员会开始研究成员国的税收裁定政策以来，这个问题一直备受关注。作为本次审查的一部分成果，2016 年 6 月发布的工作文件表明，欧盟委员会担心有关融资公司的税务裁定认可非常低的利润率和较低的应税基数①。

竞争总司支持卢森堡和塞浦路斯认真修改其税收规则，以避免给融资公司带来不正当利益。卢森堡通过国家行政通告修订了 2016 年年底的融资公司规则②。这些规则自 2017 年 1 月 1 日起生效。同样，塞浦路斯于 2017 年 6 月 30 日宣布对本国的相关规则进行修改，使其在融资公司的税收问题上更加严格。

通过并购控制以防止事实上的金融行业垄断

欧洲经济依赖于运作良好的金融市场。这不仅对银行和其他金融机构十分重要，当企业可以在竞争激烈的金融市场上筹集资金时，整个经济都能得到改善。

2017 年 3 月，欧盟委员会根据《欧盟并购条例》禁止德意志交易所与伦敦证券交易所集团之间的合并③。并购申报将合并两家最大的欧洲证券交易所运营商的活动。它们拥有德国、意大利和英国的证券交易所以及几家最大的欧洲清算所。欧盟委员会的调查认定，合并将在清算固定收益工具的市场中造成事实上的垄断。

清算服务基本上确保了证券交易的有效执行。它们要求清算所提

---

① DG Competition working paper on state aid and tax rulings, Internal Working Paper-Background to the High Level Forum on State Aid of 3 June 2016 available at http: //ec. europa. eu/competition/state_ aid/legislation/working_ paper_ tax_ rulings. pdf.

② Circular of the Director of Contributions, L. I. R. No. 56/1 – 56bis/1 of 27 December 2016 available at http: //www. impotsdirects. public. lu/content/dam/acd/fr/legislation/legi16/circulairelir 561 – 56bis1 – 27122016. pdf.

③ Case M. 7995 Deutsche Börse/London Stock Exchange Group, Commission decision of 29 March 2017, available at http: //ec. europa. eu/competition/elojade/isef/case_ details. cfm? proc_ code = 2_ M_ 7995.

供，清算所位于两个交易方之间——卖方和买方——并承担每个交易方相对于另一方的违约风险。因此，清算所对金融市场的稳定至关重要。如果一方违约，它们会避免出现多米诺骨牌效应。因此，欧盟委员会的决定将保持金融基础设施市场的有效竞争。

实施国家援助控制以保护银行业的公平竞争环境

消费者和企业均享受银行业提供的金融服务。欧洲需要一个强大的银行系统，可以为长期增长提供金融保障，拥有良好商业模式的银行能够向企业提供贷款，以便企业能够发展并创造就业机会。

2008 年金融危机引发的金融市场动荡迫使政府采取干预措施，以便恢复对金融部门的信心，防止出现系统性危机。欧盟委员会采用国家援助规则以及银行联盟规则。为了使欧盟委员会对金融部门的公共支持开展评估的同时保护公平的竞争环境，欧盟委员会还对国家援助的影响进行了全面分析，既确保纳税人避免多交不必要的税款，又解决了援助引起的不当竞争。

2017 年 6 月，欧洲中央银行认定 Banca Popolare di Vicenza 银行和 Veneto Banca 银行已经破产或可能破产，对于任何一家银行而言，欧盟单一决策委员会在单一决策机制下的解决方案不符合公共利益，两家银行都必须根据意大利国家破产程序进行清算。在此背景下，意大利对这些银行的清算对实体经济产生了严重影响，并决定本国为有序清算提供支持。

在对意大利的通知进行评估后，欧盟委员会根据国家援助规则批准了此项国家支持，以便根据国家破产法对两家银行进行清算和退市①。在银行解决方案框架之外，欧盟规则预示着：在欧盟委员会根据国家援助规则批准该方案的前提下，可以使用国家资金来促进清算并减轻上述经济影响。Banca Popolare di Vicenza 银行和 Veneto Banca 银行的股东被移除，初级债权人为清算提供了 12 亿欧元，降低了意大利的国家成本，

---

① Case SA. 45664 Orderly liquidation of Banca Popolare di Vicenza and Veneto Banca-Liquidation aid, Commission decision of 25 June 2017, available at http：//ec. europa. eu/competition/elojade/isef/case_ details. cfm? proc_ code = 3_ SA_ 45664.

同时存款人仍受到了充分保护。由于资助银行并未人为地保持活力并且已经退出市场，银行市场的竞争仍然存在。意大利银行系统中的不良贷款约为 178 亿欧元（账面总值）。

欧盟层面的规则尤其是《银行恢复和解决方案指令》，为国家提供了一种可能性：只要符合某些标准即可暂时向注册银行注入资本而不会引发破产或可能破产（所谓的"预防性资本重组"）。2017 年 7 月，通过对详细重组计划的充分考虑，欧盟委员会根据国家援助规则批准了意大利向 Monte dei Paschi di Siena 银行提供预防性资本重组的计划[①]。预防性资本重组援助要求为计划中的资本需求提前做好准备，只有在经济条件大幅恶化的情况下才能实现。重组措施确保银行长期保持活力，同时限制竞争扭曲。根据负担分散要求，股东被稀释，初级债券持有人转为股权，从而减少了 43 亿欧元的资本需求。此外，该银行正在向证券化工具出售总账面价值为 261 亿欧元的不良贷款。

2017 年 10 月，根据国家援助规则，欧盟委员会批准了葡萄牙对出售 Novo Banco 银行提供援助[②]，这是葡萄牙 2014 年在 Banco Espirito Santo[③] 决议框架内组建的桥梁银行。援助之所以被批准是因为买方提出的计划能够确保出售实体是可行的，该计划还包含限制竞争扭曲的措施。

七　增强具有深远影响力的竞争文化

随着世界市场的不断整合以及越来越多的公司依赖全球价值链，竞争执法机关需要比以往更多地在共同标准和程序问题上达成一致。竞争

---

① Case SA. 47677 New aid and amended restructuring plan of Banca Monte dei Paschi di Siena, Commission decision of 4 July 2017, available at http：//ec. europa. eu/competition/elojade/isef/case_ details. cfm? proc_ code = 3_ SA_ 47677.

② Case SA. 49275 Sale of Novo Banco with additional aid in the in the context of the 2014 Resolution of Banco Espírito Santo, S. A. , Commission decision of 11 October 2017, available at http：// ec. europa. eu/competition/elojade/isef/case_ details. cfm? proc_ code = 3_ SA_ 49275.

③ Case SA. 39250 Monitoring of Banco Espirito Santo, Commission decision of 3 August 2014, available at http：//ec. europa. eu/competition/elojade/isef/case_ details. cfm? proc_ code = 3_ SA_ 39250.

规则的有效执行在很大程度上取决于是否能与其他执法者展开合作。当公司的商业行为对不同的国家和大洲造成竞争损害时，只有将各国执法机关整合成一个团队，才能恢复公平和平等的市场条件。

无论是多边层面还是双边层面，欧盟委员会在竞争领域的国际合作方面始终走在前列。早在 2001 年，欧盟委员会就成为国际竞争网络（ICN）的创始成员之一，该网络目前拥有 130 个成员。欧盟委员会还积极参与包括经济合作与发展组织、联合国贸易和发展会议、世界贸易组织和世界银行在内的所有讨论竞争话题的国际对话论坛。

在双边层面，欧盟委员会致力于自由贸易协定的谈判工作，目的是将竞争条款和国家援助条款纳入此类协定中。2017 年，欧盟委员会继续分别与墨西哥、南方共同市场①和印度尼西亚开展谈判，并且开启了与智利和阿塞拜疆的谈判。此外，欧盟委员会根据协定或谅解备忘录，与许多第三国的竞争主管机关开展了广泛的合作活动。2017 年 6 月，欧盟委员会与中国国家发展与改革委员会签署了谅解备忘录，开始就国家援助的控制问题开展对话②。此外，欧盟委员会正在与瑞士商谈有关机构改革协议。

一个国家决定向开展全球业务的公司提供补贴可能会影响其他地域的竞争。这一轮新的国家援助合作对话将支持欧盟与中国从共同利益出发，通过共同的努力来促进全球公平竞争。对话将向中国分享欧盟在国家援助控制方面的执法经验。在该对话中，欧盟还将了解中国新推出的公平竞争审查制度的最新实施情况。中国公平竞争审查的制度设计是为了防止通过公共政策来扭曲和限制竞争，同时能够保持市场的公平竞争和保持市场的统一。

这项工作是欧盟委员会促进全球竞争文化的宏大战略的一部分，同时也旨在促进公平的全球竞争环境从而使得企业能够发挥优势参与竞争。为此，欧盟委员会正在努力为世界贸易组织增添新动力，以促进有关补贴的全球公平竞争环境。此外，它继续与行业部门开展合作以解决

---

① 译者将 Mercosur 翻译为南方共同市场，它是南美地区最大的经济一体化组织，也是世界上第一个完全由发展中国家组成的共同市场。——译者注

② See IP/17/1520 of 2 June 2017, available at http：//europa.eu/rapid/press-release_ IP - 17 - 1520_ en.htm.

全球范围内的补贴问题。例如钢铁行业（G20 全球钢铁产能过剩论坛）、半导体行业（半导体行业区域支持指南）和造船业（OECD）。为了深化对国际补贴政策的认识，并就多边和双边层面的持续发展问题以及第三国提供补贴问题交换意见，欧盟委员会与成员国搭建了一个专门论坛。

坚持机构间的建设性定期对话

欧洲议会、欧洲理事会、欧洲经济和社会委员会以及区域委员会是欧盟委员会的重要伙伴，它们能够在欧盟委员会阐释竞争政策对欧洲公民和利益相关方的重要性方面发挥关键作用。

2017 年，竞争总司负责人韦斯塔格（Vestager）与欧洲议会下设的经济和货币事务委员会、区域事务委员会以及农业和农村发展委员会的议员们交换了意见。

与往年一样，议会通过了关于欧盟委员会竞争政策年度报告的决议。欧盟委员会希望欧洲议会同意欧洲需要一个强有力的竞争政策来保持内部市场的完整性，通过向市民提供有竞争力的价格以及市场上的创新产品和服务选择来赋予公民权利。本着这种精神，欧盟委员会将继续努力查处非法卡特尔行为、企业滥用市场支配地位行为，做好内部市场的并购审查和国家援助计划，从而避免减少或扭曲竞争。

欧盟委员会期盼欧洲议会参与打击逃税和避税行为。事实证明：国家援助控制在解决跨国企业的选择性税收优惠方面是有效的。2017 年，欧盟委员会继续在这一领域采取重要措施[1]，并系统地分析所有成员国关于税收裁定的证据。5 月，调查记者发表了所谓的"天堂文件"[2]，其中包括各企业的税务安排细节。欧盟委员会将对这些信息进行评估，以便核实是否存在任何可能向这些公司提供国家援助的新事实。

欧盟委员会希望欧洲议会能够支持其在"谷歌购物"以及数字经

---

[1] For detailed information, see Chapter 2 of this Report.

[2] Paradise Papers 译为"天堂文件"，是指于 2017 年 11 月 5 日泄露的 1340 万份海外投资的相关文件。这些文件源自离岸法律公司毅柏律师事务所。该文件涉及超过 120000 位人物和公司，包括英国女王伊丽莎白二世、哥伦比亚总统胡安·曼努埃尔·桑托斯以及美国商务部部长威尔伯·罗斯。——译者注

济方面的一系列执法活动。在调查电子商务部门后，欧盟委员会对某些销售行为是否妨碍消费者在其他成员国以具有竞争力的价格在线获取商品和服务展开评估。调查涉及消费电子产品、视频游戏和酒店住宿。欧盟委员会还在评估数字经济的数据、算法和其他工具在竞争执法中的重要性。

正如欧盟委员会先前重申的那样，它将继续在控制国家对金融部门的援助方面发挥关键作用，确保将在最低限度上向银行提供援助，并采取适当措施使银行恢复生存能力，尽量减少内部市场的竞争扭曲。欧盟委员会赞同欧洲议会有关逐步减少金融部门的国家援助计划，并随时准备解释其在该领域采取措施的原因。

欧盟委员会与成员国国内竞争主管机关共同执行欧盟竞争规则，成员国国内竞争主管机关根据欧盟竞争规则承担了 85% 的决策。欧盟委员会欢迎欧洲议会和欧洲理事会通过指令议案，以确保成员国国内竞争主管机关能够成为欧盟竞争规则的有效执行者。欧盟委员会于 3 月 22 日通过了该提案，欧洲议会和欧洲理事会在其职务范围内对指令的最终通过做出了巨大贡献。

欧盟委员会认识到欧洲议会和欧洲理事会都非常重视整个"食物链"的有效竞争。2017 年，欧盟委员会处理了农业、化工行业的两起并购申报，要求并购方将重要的业务和资产进行剥离，以确保农民和消费者能够继续享受合理价格和创新的、富有竞争力的产品。11 月，欧盟委员会向 AB InBev 公司发出了一份异议声明，声明涉及限制平行进口啤酒进入比利时。2017 年，联合立法部门决定根据综合条例的内容修订《关于农业市场共同组织条例》，从而改变竞争规则在农业领域的适用。上述修订于 2018 年 1 月 1 日生效，对公认的生产组织或生产协会的生产计划和合同谈判（生产者成员通过生产组织或生产组织协会开展联合销售）进行了明确的竞争降级。欧盟委员会注意到立法者对农业竞争规则的改变。在附录的声明中，欧盟委员会表示忧虑，一些有利于生产组织的新规定可能会危及小生产者的生存和福祉以及消费者的利益，并导致法律和程序上的不确定性。例如，如果占据市场大部分份额的生产组织试图限制其成员的行动自由，则欧盟委员会或国内竞争主管机关可能不得不进行干预。

欧盟委员会还积极参与欧洲经济和社会委员会和区域委员会的工作。7月，欧盟委员会与欧洲经济和社会委员会交换了意见，特别是关于税收领域的国家援助执行以及欧盟委员会感兴趣的其他决定。欧盟委员会感谢欧洲经济和社会委员会支持国家援助控制的现代化，并提高了整个欧盟公共支出的透明度。12月1日，韦斯塔格专员在各区域委员会的全体辩论中讨论了竞争对地区的影响。欧盟委员会大力支持针对整个经济体的竞争执法，同时也赞成对《一般集体豁免条例》在国家援助方面的扩大适用进行监督，并重申了保障欧盟整体经济利益的重要性。

根据《欧洲联盟条约》第50条为英国脱欧谈判工作组提供支持

英国根据《欧洲联盟条约》第50条启动脱欧程序后，欧盟委员会随即开始准备英国脱欧事宜。竞争总司赞成欧盟委员会根据《欧洲联盟条约》第50条组织工作组与英国开展脱欧谈判，有关脱欧协议和未来对英关系协议会涉及并购、反垄断和国家援助的大量文件。正如欧洲理事会所规定的那样，任何未来的贸易协定都应确保公平竞争，特别是在竞争和国家援助方面。

2019 年 3 月 19 日欧洲议会和理事会对进入联盟的外国直接投资建立审查框架的第 2019/452 号欧盟条例

Regulation (EU) 2019/452 of the European Parliament and of the Council of 19 March 2019 Establishing a Framework for the Screening of Foreign Direct Investments into the Union (Unofficial Chinese Translation)

叶斌、胡建国、娄思彤 译*

欧洲议会和欧盟理事会:

考虑到《欧洲联盟运行条约》,特别是其第 207 条第 2 款,

考虑到欧盟委员会的建议稿,

已将立法草案呈送各成员国议会,

考虑到欧洲经济与社会委员会的意见,[1]

考虑到地区委员会的意见,[2]

根据普通立法程序,[3]

---

* 叶斌,中国社会科学院欧洲研究所欧盟法研究室主任,副研究员;胡建国,南开大学法学院副教授;娄思彤,南开大学法学院 2017 级法律硕士研究生。

[1] OJ C 262, 25.7.2018, p. 94.

[2] OJ C 247, 13.7.2018, p. 28.

[3]《2019 年 2 月 14 日欧洲议会立场》(尚未公布于《欧盟官方公报》)和《2019 年 3 月 5 日理事会决定》。

鉴于：

（1）外国直接投资为联盟增长做贡献，增强联盟的竞争力，创造就业机会和规模经济，引入资本、技术、创新和专业技能，而且为联盟出口开辟新的市场。外国直接投资支持"欧洲投资计划"的目标并为其他联盟项目和计划做贡献。

（2）《欧洲联盟条约》（TEU）第 3 条第 5 款规定，在与更广泛世界的关系中，联盟应坚持和促进其价值观和利益，致力于保护其公民。并且，联盟与成员国拥有开放的投资环境，这铭记于《欧洲联盟运行条约》（TFEU），根植于联盟及其成员国对外国直接投资的国际承诺之中。

（3）根据在世界贸易组织（WTO）、经济合作与发展组织以及与第三国缔结的贸易与投资协定中做出的国际承诺，在满足特定要求时，欧盟及成员国可以安全或公共秩序为由对外国直接投资采取限制性措施。本条例建立的框架涉及进入欧盟的外国直接投资。对外投资和准入第三国市场在根据其他贸易和投资政策文件下处理。

（4）本条例不妨碍《欧洲联盟运行条约》第 65 条第 1 款第 2 项规定的成员国减损适用资本自由流动的权利。一些成员国已采取措施，根据这些措施它们可以公共政策或公共安全为由限制这种流动。这些措施反映成员国对外国直接投资的目标和关切，并且形成了很多机制，这些机制在范围和程序上有所不同。未来打算建立这种机制的成员国可以参考现行机制的运行情况、经验和成熟做法。

（5）在联盟层面，目前尚不存在以安全或公共秩序为由审查外国直接投资的综合框架，而联盟的主要贸易伙伴已经形成了这种框架。

（6）外国直接投资属于共同商业政策领域。根据《欧洲联盟运行条约》第 3 条第 1 款第 5 项，欧盟对共同商业政策享有专属权能。

（7）需要为成员国以安全或公共秩序为由的审查机制提供法律确定性，并且确保在联盟范围就审查可能影响安全或公共秩序的外国直接投资进行协调与合作。该共同框架不妨碍《欧洲联盟条约》第 4 条第 2 款规定的维护国家安全是成员国独一无二的责任。它也不妨碍根据《欧洲联盟运行条约》第 346 条各国对其核心安全利益的保护。

（8）外国直接投资审查和合作的框架应该向成员国和委员会提供全方位应对安全或公共秩序风险的手段和适应情势变化的方式，同时，考虑到成员国的个别情况和国家特性，维持成员国以安全和公共秩序为由审查外国直接投资的必要灵活性。决定是否建立审查机制或者审查特定外国直接投资，仍是相关成员国独一无二的责任。

（9）在包括国家实体在内的第三国投资者与在成员国开展经济活动的企业之间建立或者维持持久和直接联系的广泛投资，都应涵盖在本条例内。但本条例不包括证券投资。

（10）具有审查机制的成员国应采取必要措施，以遵守联盟法律的方式，预防规避其审查机制和审查决定。这应涵盖以不反映经济现实并且规避审查机制和审查决定的虚假方式在联盟内部所做的投资，如果该投资者最终由第三国的自然人或企业所有或控制。这不妨碍《欧洲联盟运行条约》铭记的开业自由和资本自由流动。

（11）成员国应评估因外国投资者的所有权结构或关键特征发生重大变化而造成的对安全或公共秩序的风险。

（12）为指导成员国和委员会适用本条例，可适当提供用于考虑的因素清单，以决定外国直接投资是否可能影响安全或公共秩序。该清单还将为正在考虑或者已经完成对联盟直接投资的外国投资者提升成员国审查机制的透明度。可能影响安全或公共秩序的因素清单应保持非穷尽性。

（13）在决定一项外国直接投资是否可能影响安全或公共秩序时，成员国和委员会可以考虑所有相关因素，包括对关键基础设施、技术（包括关键赋能技术）和对安全或者维持公共秩序至关重要的投入品的影响以及在成员国内或在联盟内可能造成重大影响的扰乱、故障、损毁或破坏。为此，成员国和委员会还应考虑外国直接投资的背景和情势，尤其外国投资者是否由第三国政府直接或者间接地控制，例如通过包括补贴在内的重大资助，或者外国投资者是否在执行国家主导的对外计划或项目。

（14）成员国或者委员会可以适当方式考虑从经营者、市民社会组织或诸如工会之类的社会伙伴那里收到的外国直接投资可能影响安全或公共安全的相关信息。

（15）为了使投资者、委员会和其他成员国理解外国直接投资将如何受到审查，有必要规定成员国审查外国直接投资框架的要件。这些要件至少应包括审查的期限，以及外国投资者对审查决定寻求救济的可能性。有关审查机制的规则和程序应是透明的，并且不得在第三国之间构成歧视。

（16）应建立授权成员国相互合作与协助的机制，如果一个成员国境内的外国直接投资可能影响其他成员国的安全或公共秩序，成员国应向计划中或者已经完成这种投资的所在成员国发表评论，无论该国是否存在审查机制，或者该投资是否处在审查当中。对信息的请求、成员国的回复与评论也应抄送委员会。在适当情况下，委员会应向计划中的或者已经完成的投资所在的成员国发表《欧洲联盟运行条约》第 288 条含义中的意见。成员国也应就发生在本国境内的外国直接投资请求委员会发表意见或者其他成员国发表评论。

（17）根据《欧洲联盟条约》第 4 条第 3 款规定的忠诚合作义务，成员国收到其他成员国评论或者委员会意见时，应在适当情况下以其国内立法允许的措施或者在其更广泛的政策制定中对这些评论或意见予以适当考虑。

对处于审查当中的任何外国直接投资的最终决定，或者对不在审查当中的外国直接投资采取的任何措施，仍是计划中或已完成的外国直接投资所在成员国的独一无二的责任。

（18）合作机制应仅用于保护安全或公共秩序的目的。为此，成员国在请求提供涉及其他成员国内某项外国直接投资的信息，以及对该成员国发表评论时，都应充分说明理由。该要求同样适用于委员会就特定外国直接投资请示信息，或者向某成员国发表意见。成员国的投资者与第三国的投资者在另一成员国进行诸如收购资产的投资而竞争时，满足这些要求同样重要。

（19）此外，委员会应以安全或公共秩序为由就可能对具有联盟利益的计划或项目造成影响的外国直接投资做出《欧洲联盟运行条约》第 288 条含义中的意见。这将赋予委员会一项工具，以保护那些服务于整个欧盟并且为联盟经济增长、就业和竞争力做出重要贡献的计划和项目。尤其应包括涉及大量联盟资金或者由联盟立法建立的关于关键基础设施、关键技术或关键投入品的计划和项目。这些具有联盟利益的计划或项目应在本条例中列明。对某成员国发表的意见也应同时发送给其他成员国。

根据《欧洲联盟条约》第 4 条第 3 款规定的忠诚合作义务，成员国应在适当情况下以其国内立法允许的措施或者在其更广泛的政策制定中尽最大可能考虑委员会意见，并且在未遵循该意见时对委员会做出解释。对处于审查当中的任何外国直接投资的最终决定，或者对不在审查当中的外国直接投资采取的任何措施，仍是计划中或已完成的外国直接投资所在成员国的独一无二的责任。

（20）为了适时更新具有联盟利益的计划和项目的清单，根据《欧洲联盟运行条约》第 290 条，应将采纳法令的权利委托给委员会，以修订本条例附件中具有联盟利益的计划和项目清单。特别重要的是，委员会在其筹备工作中进行适当咨询，包括在专家层面，实施这种咨询应遵守《2016 年 4 月 13 日关于更好立法的机构间协议》① 所规定的原则。尤其是，为确保委托立法筹备中的平等参与，欧洲议会和理事会应与成员国专家同时收到所有文件，成员国专家应能够系统地进入委员会专家组着手筹备委托立法的会议。

（21）为了给投资者提供更大确定性，对于已经完成的不在审查当中的外国直接投资，在该投资完成后的 15 个月的限定期内，成员国应能做出评论，委员会应能发表意见。该合作机制不适用于 2019 年 4 月 10 日之前已经完成的外国直投投资。

（22）成员国应向委员会通报其审查机制及后续任何修订，并且应每年定期报告其审查机制的适用情况，包括允许、禁止或者对外国直接投资施加条件或者减缓措施的有关决定，以及对可能影响具有联盟利益的计划或项目的外国直接投资的有关决定。所有成员国都应在其可获得信息的基础上报告其境内发生的外国直接投资。为了提升成员国所提供信息的质量和可比性，并且为了促进成员国遵守通报和报告义务，委员会应提供标准化表格，并且在适当时考虑相关表格可用于向欧洲统计局报告。

（23）为了确保合作机制的有效性，有必要确保所有成员国对属于本条例范围的外国直接投资提供最低水平的信息和协调。成员国应能获

---

① OJ L 123, 12.5.2016, p. 1.

取处在审查当中的外国投资的信息,并且根据请求获得其他外国直接投资的信息。相关信息包括的方面诸如外国投资者的所有权结构和计划中或者已完成的投资的融资情况,如可能获取,还包括第三国提供补贴的信息。成员国应提供准确、翔实和可靠的信息。

(24)应计划中或已经完成的外国直接投资所在成员国的要求,外国投资者或相关企业应提供所要求的信息。在例外情况下,在成员国即使尽最大努力也不能获取这类信息时,成员国应毫不延迟地通报相关成员国和委员会。在这种情况下,在合作机制框架内其他成员国或者委员会应在他们自己获得的信息基础上发表评论或者意见。

(25)在获取所要求的信息时,成员国应遵守联盟法和与联盟法一致的成员国立法。

(26)为了方便各成员国和委员会实施本条例,应建立联络点以加强成员国和联盟层面的沟通与合作。

(27)成员国和委员会建立的各联络点应具有适当的行政定位,应配置合格人员并拥有必要权力,以在协调机制下履行其职能以及确保适当处理保密信息。

(28)根据《2017年11月29日委员会决定》① 成立并由成员国代表组成的就进入欧盟的外国直接投资进行审查的委员会专家组,应协助推进和执行综合性的有效政策。该专家组应特别讨论涉及审查外国直接投资的议题,分享成熟做法和经验教训,对与外国直接投资有关的公众关切的趋势和议题交换看法。委员会应考虑寻求专家组有关执行本条例的系统性问题的建议。委员会应根据《2016年4月13日关于更好立法的机构间协议》规定的原则就起草委托立法咨询该专家组。

(29)应鼓励成员国和委员会与志同道合的第三国主管机构就审查可能影响安全或公共秩序的外国直接投资的相关议题开展合作。这种行政合作应旨在加强成员国外国直接投资审查框架的有效性,加强本条例下成员国和委员会之间的合作。委员会应可以随时跟进第三国审查机制的发展。

---

① 《2017年11月29日设立审查进入欧盟的外国直接投资的专家组的委员会决定》(未公布于《欧盟官方公报》),C(2017)7866 final。

（30）成员国和委员会应采取一切必要措施以确保对保密或其他敏感信息的保护，特别是遵守《第 2015/443 号（EU，Euratom）委员会决定》①、《第 2015/444 号（EU，Euratom）委员会决定》② 以及理事会会议达成的《欧盟成员国之间为欧盟利益保护交换加密信息的协定》③。这尤其包括未经来源方事前书面同意不得对保密信息降级或解密的义务④。任何未加密的敏感信息或者通过保密方式提供的信息都应由主管机构以此处理。

（31）因本条例而对个人数据的任何处理，均应符合有关个人数据保护的适用法。在成员国境内由联络点和其他机构处理个人数据，应按照《欧洲议会和理事会第 2016/679 号（EU）条例》⑤ 执行。委员会处理个人数据应按照《欧洲议会和理事会第 2018/1725 号（EU）条例》⑥ 执行。

（32）在所有成员国提交的年度报告的基础上，在适当尊重这些报告中包含的某些保密信息的条件下，委员会应起草实施本条例的年度报告，并提交欧洲议会和理事会。为了更加透明，该报告应予以公布。

（33）欧洲议会应邀请委员会出席议会内部相关负责委员会的会议，由其解释与实施本条例有关的系统性问题。

（34）在 2023 年 10 月 12 日前并且此后每五年，委员会应评估本条例的实施和效果，并向欧洲议会和理事会提交一份报告。该报告应包括本条例是否需要修订的评估。如果该份报告建议修改本条例的规定，可

---

① 《2015 年 3 月 13 日关于委员会内安全的第 2015/443 号（EU，Euratom）委员会决定》（OJ L 72, 17. 3. 2015, p. 41）。

② 《2015 年 3 月 13 日关于保护欧盟加密信息的安全规则的第 2015/444 号（EU，Euratom）委员会决定》（OJ L 72, 17. 3. 2015, p. 53）。

③ OJ C 202, 8. 7. 2011, p. 13.

④ 理事会达成的《欧盟成员国之间为欧盟利益保护交换加密信息的协定》第 4 条第 1 款第 1 项，以及《第 2015/444 号（EU，Euratom）决定》第 4 条第 2 款。

⑤ 《2016 年 4 月 27 日欧洲议会和理事会关于保护自然人有关的个人数据处理和此类数据自由流动并废除〈第 95/46/EC 号指令〉的第 2016/679 号（EU）条例》（通用数据保护条例）（OJ L 119, 4. 5. 2016, p. 1）。

⑥ 《2018 年 10 月 23 日欧洲议会和理事会关于保护自然人有关的由联盟机构、实体和部门处理个人数据和此类数据自由流动并废除〈第 45/2001 号（EC）条例〉和〈第 1247/2002/EC 号决定〉的第 2016/679 号（EU）条例》（OJ L 295, 21. 11. 2018, p. 39）。

以酌情附上一份立法建议。

（35）联盟和成员国在实施本条例时应该遵守《世界贸易组织协定》，特别包括《服务贸易总协定》（GATS）第14条（a）项和第14条之二①规定的以安全或公共秩序为由施加限制性措施的相关要求。还应遵守联盟法，并且与联盟或成员国为当事方的其他贸易与投资协定和联盟或成员国为成员方的贸易和投资安排所做的承诺相一致。

（36）如果一项外国直接投资构成了《第139/2004号（EC）理事会条例》②范围内的经营者集中，那么本条例的实施不得妨碍《第139/2004号条例》第21条第4款的适用。应该以一致的方式适用本条例和《第139/2004号条例》第21条第4款。如果两部条例各自的适用范围存在重叠，那么应以连贯一致的方式解释本条例第1条规定的审查理由，以及《第139/2004号条例》第21条第4条第3项意义上的合法利益概念，并且不得妨碍评估旨在保护这些利益的成员国措施与联盟法律的一般原则和其他规定之间的一致性。

（37）本条例不影响对并购金融产业特定持股的审慎评估的联盟规则，其目标和程序③均不同于此条例。

（38）本条例符合且不妨碍不同联盟法规定的其他通报和审查程序。

兹通过本条例：

第1条 对象和范围

1. 本条例建立成员国以安全或公共秩序为由审查进入联盟的外国

---

① OJ L 336, 23. 12. 1994, p. 191.

② 《2004年1月20日关于控制企业之间集中的第139/2004/EC号（EC）理事会条例》（OJ L 24, 29. 1. 2004, p. 1）。

③ 见《2013年6月26日欧洲议会和理事会关于准入信贷机构活动和对信贷机构与投资公司审慎监管并修订〈第2002/87/EC号指令〉和废除〈第2006/48/EC号指令〉和〈第2006/49/EC号指令〉的第2013/36/EU号指令》（OJ L 176, 27. 6. 2013, p. 338）、《2009年11月25日欧洲议会和理事会关于保险与再保险业务的从业与经营的第2009/138/EC号指令》（偿付Ⅱ）（OJ L 335, 17. 12. 2009, p. 1）、《2014年5月15日欧洲议会和理事会关于金融工具市场并修订〈第2002/92/EC号指令〉和〈第2011/61/EU号指令〉的第2014/65/EU指令》（OJ L 173, 12. 6. 2014, p. 349）。

直接投资的框架，以及成员国之间以及成员国与委员会之间有关可能影响安全或公共秩序的外国直接投资的合作机制。这包括委员会可以就这类投资发表意见。

2. 本条例不妨碍《欧洲联盟条约》第 4 条第 2 款规定的各成员国在其国家安全方面具有独一无二的责任，以及根据《欧洲联盟运行条约》第 346 条各成员国保护其核心安全利益的权利。

3. 本条例不限制各成员国是否决定在本条例框架内审查特定外国直接投资的权利。

第 2 条 定义

就本条例而言，适用以下定义。

1. "外国直接投资"是指其目的是在外国投资者与被投资的企业主或者企业之间建立或维持持久和直接的联系以在某成员国开展经济活动的任何类型的投资，包括能使其有效参与管理或者控制某个开展经济活动的公司的投资。

2. "外国投资者"是指打算做出或已经做出外国直接投资的第三国自然人或第三国企业。

3. "审查"是指允许评估、调查、批准、施加条件、禁止或者放松外国直接投资的程序。

4. "审查机制"是诸如法律或规章、配套行政要求、实施细则或者指南之类的一般适用的法律文件或工具，其中规定以安全或公共秩序为由评估、调查、批准、施加条件、禁止或者放松外国直接投资的术语、条件和程序。

5. "处在审查当中的外国直接投资"是指根据审查机制处在正式评估或调查当中的外国直接投资。

6. "审查决定"是指在适用审查机制中采取的措施。

7. "第三国企业"是指根据第三国法律设立或者以其他方式组建的企业。

第 3 条 成员国审查机制

1. 根据本条例，成员国可以维持、修订或者采纳以安全或公共秩序为由审查外国直接投资的机制。

2. 与审查机制有关的规则和程序，包括有关的期限，应当透明且不构成在第三国之间的歧视。特别是，成员国应规定启动审查机制的条件、审查的理由以及详细的程序适用规则。

3. 成员国应规定审查机制的期限。审查机制应允许成员国考虑第 6 条和第 7 条所指的其他成员国评论，以及第 6 条、第 7 条和第 8 条所指的委员会意见。

4. 成员国实施审查时获取的保密信息，包括商业敏感信息在内，应予以保护。

5. 外国投资者和有关企业可对成员国机关的审查决定寻求救济。

6. 具有审查机制的成员国应维持、修订或者采纳必要措施以认定和防止对审查机制和审查决定的规避。

7. 成员国应在 2019 年 5 月 10 日前向委员会通报其现行审查机制。成员国应向委员会通报任何新采纳的审查机制或者任何对现行审查机制的修订，时间最晚不得迟于新采纳的审查机制或对现行审查机制的任何修订生效后的 30 日。

8. 在收到第 7 款所指通报后的 3 个月内，委员会应以清单方式公布成员国的审查机制。委员会应及时更新该清单。

第 4 条　成员国或委员会可以考虑的因素

1. 在确定一项外国直接投资是否可能影响安全或公共秩序时，成员国和委员会可以考虑其对下列事项的潜在影响。

（1）关键基础设施，无论是物理或者虚拟的，包括能源、运输、水、医疗、通信、媒体、数据处理或存储、航空、防务、选举或金融基础设施和敏感设施，以及对使用这些基础设施至关重要的土地和房地产；

（2）关键技术和《第 428/2009 号（EC）理事会条例》① 第 2 条第 1 项定义的两用物项，包括人工智能、机器人技术、半导体、网络安全、航空、防务、能源储存、量子力学和核技术以及纳米技术和生物技术；

---

① 《2009 年 5 月 5 日设立控制出口、转让、居间经纪和运输两用物项的共同体机制的第 428/2009 号（EC）理事会条例》（OJ L 134 29.5.2009，p. 1）。

（3）关键投入品的供应，包括能源或原材料在内，以及食品安全；

（4）获取包括个人数据在内的敏感信息的能力，或者控制此类信息的能力；

（5）媒体的自由和多样性。

2. 在确定一项外国直接投资是否可能影响安全或公共秩序时，成员国和委员会还可以做如下特别的考虑。

（1）外国投资者是否由第三国的包括国家机构或武装力量在内的政府直接或间接地控制，包括通过所有权结构或提供大量资金；

（2）外国投资者是否已经涉入影响成员国安全或公共秩序的活动中；

（3）是否存在外国投资者从事非法或犯罪活动的严重风险。

第 5 条 年度报告

1. 在每年 3 月 31 日前，成员国应向委员会提交年度报告，报告应涵盖前一完整年度，应在其可获取信息的基础上包括在其境内发生的外国直接投资的累积信息，以及根据第 6 条第 6 款和第 7 条第 5 款应成员国请求所提供的累积信息。

2. 在每个报告期，在第 1 款所指的信息之外，维持审查机制的成员国还应另外提供有关其审查机制适用情况的累积信息。

3. 委员会应向欧洲议会和理事会提交本条例实施的年度报告。该报告应予以公布。

4. 欧洲议会可以邀请欧盟委员会出席负责相关事务的委员会的会议，并解释与本条例实施有关的系统性问题。

第 6 条 与处在审查当中的外国直接投资有关的合作机制

1. 成员国应通过提供本条例第 9 条第 2 款所指的信息，尽快向委员会和其他成员国通报处在审查当中的其境内任何外国直接投资。通报可以包括其认为的安全或公共秩序可能受到影响的成员国名单。作为该通报的一部分，如果适用，正在实施审查的成员国应尽力表明其是否认为处在审查当中的外国直接投资可能属于《第 139/2004 号（EC）条例》的范围。

2. 如果某成员国认为处在另一成员国审查当中的某项外国直接投

资可能影响自身的安全或公共秩序，或者具有涉及此类审查的信息，该国可向正在实施审查的成员国提交评论。提交评论的成员国应将这些评论同时发送给委员会。

委员会应向其他成员国通报所提交的评论。

3. 如果委员会认为处在审查当中的某项外国直接投资可能影响多个成员国的安全或公共秩序，或者具有涉及该项外国直接投资的相关信息，那么委员会可向正在实施审查的成员国发表意见。无论其他成员国是否已经提交评论，委员会均可发表意见。委员会可在其他成员国评论后发表意见。如果三分之一以上的成员国认为某项外国直接投资可能影响其安全或公共秩序，委员会在有正当理由时应发表这种意见。

委员会应向其他成员国通报所发表的意见。

4. 如果成员国有理由认为其境内某项外国直接投资可能影响自身的安全或公共秩序，可以请求委员会发表意见或者其他成员国提交评论。

5. 第 2 款所指评论和第 3 款所指意见应说明正当理由。

6. 在不迟于收到第 1 款所指信息后的 15 个自然日内，其他成员国和委员会应向正在实施审查的成员国通报它们将根据第 2 款提供评论或者根据第 3 款发表意见的意图。该通报中可以包括请求提供第 1 款所指信息之外的额外信息。

有关额外信息的任何请求都应说明正当理由，应仅限于为了根据第 2 款提供评论或根据第 3 款发表意见的必要信息，应与该请求的目的相称，并且不给正在实施审查的成员国造成不必要的负担。成员国做出的对信息的请求和回复，都应同时发送给委员会。

7. 第 2 款所指评论或者第 3 款所指意见应向正在实施审查的成员国提交，并且应在合理期限内发送给该国，无论如何不得迟于收到第 1 款所指信息后的 35 个自然日。

尽管有前段规定，如果根据第 6 款请求提供额外信息，发表这种评论或意见应不得迟于收到额外信息或根据第 9 条第 5 款通报后 20 个自然日。

尽管有第 6 款规定，委员会可以在本款所指的各期限内在其他成员国评论之后发表意见，但无论如何都不得迟于这些期限届满后 5 个自然日。

8. 在例外情形下，如果正在实施审查的成员国认为本国的安全和公共秩序需要采取立即行动，该国应在第 7 款所指的期限前向其他成员国和委员会通报其出具审查决定的意图，并且说明需要采取立即行动的正当理由。其他成员国和委员会应尽量快速提供评论或发表意见。

9. 正在实施审查的成员国应适当考虑第 2 款所指的其他成员国评论以及第 3 款所指的委员会意见。最终审查决定应由实施审查的成员国做出。

10. 本条规定的合作应通过根据第 11 条建立的联络点开展。

第 7 条　与不在审查当中的外国直接投资有关的合作机制

1. 如果某成员国认为，在另一成员国内的计划中或已完成的但不在该成员国审查当中的某项外国直接投资可能影响自身的安全或公共秩序，或者具有与涉及该项外国直接投资的相关信息，那么该国可向此成员国提交评论。提交评论的成员国应将这些评论同时发送给委员会。

委员会应向其他成员国通报所提交的评论。

2. 如果委员会认为，在某成员国内的计划中或已完成的但不在该成员国审查当中的外国直接投资可能影响多个成员国的安全或公共秩序，或者具有涉及该外国直接投资的相关信息，那么委员会可向计划中或已完成的外国直接投资的所在成员国发表意见。无论其他成员国是否已经提供评论，委员会均可发表意见。委员会可在其他成员国评论后发表意见。如果三分之一以上的成员国认为某项外国直接投资可能影响本国的安全或公共秩序，委员会在有正当理由时应发表这种意见。

委员会应向其他成员国通报所发表的意见。

3. 如果成员国有理由认为其境内某项外国直接投资可能影响本国的安全或公共秩序，可以请求委员会发表意见或者其他成员国提供评论。

4. 第 1 款所指评论和第 2 款所指意见应提供正当理由。

5. 如果成员国和委员会认为，不在审查当中的外国直接投资可能如第 1 款和第 2 款所指那样影响安全或公共秩序，那么它们可以向计划中或已完成的外国直接投资的所在成员国请求提供第 9 条所指的信息。

对信息的任何请求都应说明正当理由，应仅限于为了根据第 1 款提供评论或根据第 2 款发表意见的必要信息，应与其请求的目的相称，并且不给计划中或已完成的外国直接投资所在成员国造成不必要的负担。

成员国做出的对信息的请求和回复，都应同时发送给委员会。

6. 根据第 1 款提供的评论或者根据第 2 款发表的意见应在合理期限内提交给计划中或已完成的外国直接投资的所在成员国，并且无论如何不得迟于收到第 5 款所指的信息或根据第 9 条第 5 款做出通报后 35 个自然日。如果委员会在其他成员国评论之后发表意见，委员会应有另外 15 个自然日发表该意见。

7. 计划中或已完成的外国直接投资的所在成员国应适当考虑其他成员国的评论和委员会的意见。

8. 在不迟于外国直接投资完成后的 15 个月内，成员国可以根据第 1 款发表评论，委员会可根据第 2 款发表意见。

9. 本条规定的合作应通过根据第 11 条建立的联络点开展。

10. 本条不适用于 2019 年 4 月 10 日前已经完成的外国直接投资。

第 8 条　可能影响具有联盟利益的计划或项目的外国直接投资

1. 如果委员会以安全或公共秩序为由认为某项外国直接投资可能影响具有欧盟利益的计划或项目，委员会可以向计划中或者已经完成的该外国直接投资的所在成员国发表意见。

2. 第 6 条和第 7 条规定的程序应根据以下调整来修改适用。

（1）作为第 6 条第 1 款所指通报或第 6 条第 2 款和第 7 条第 1 款所指评论的一部分，成员国可以表示其是否认为某项外国直接投资可能影响具有联盟利益的计划和项目。

（2）委员会的意见应发送给其他成员国。

（3）计划中或者已经完成的该外国直接投资的所在成员国应尽最大可能考虑委员会的意见，并且在未遵循其意见时做出解释。

3. 根据本条的目的，具有联盟利益的计划或项目应包括那些受联盟巨额或重大份额资助的项目或计划，或者对安全或公共秩序至关重要的由联盟法涵盖的涉及关键基础设施、关键技术或关键投入品的项目或计划。具有联盟利益的计划或项目的清单规定在附件中。

4. 委员会应根据第 16 条采纳委托法令，以修订具有联盟利益的计划或项目的清单。

第 9 条　信息要求

1. 成员国应当确保，根据第 6 条第 1 款通报的信息或者委员会和其他成员国根据第 6 条第 6 款和第 7 条第 5 款请求提供的信息交由委员会和提出请求的成员国，并不得无故拖延。

2. 本条第 1 款所指的信息应包括：

（1）外国投资者的和计划中或者已完成的外国直接投资的企业的所有权结构，包括关于最终投资者和资金股份的信息；

（2）外国直接投资的估值；

（3）外国投资者和计划中或者已完成的外国直接投资的企业所经营的产品、服务与业务；

（4）外国投资者和计划中或者已完成的外国直接投资的企业开展相关经营业务所在的成员国；

（5）根据成员国可以获取的最准确信息、投资的资金以及来源；

（6）外国直接投资计划完成或者已经完成的日期。

3. 如果可能，成员国应尽力向委员会和提出请求的成员国提供第 1 款和第 2 款所指信息之外的任何额外信息，并不得无故拖延。

4. 计划中或已完成的外国直接投资的所在成员国可以要求外国投资者或计划中或已完成的外国直接投资的企业提供第 1 款所指的信息。外国投资者和相关企业应提供这些信息，并不得无故拖延。

5. 成员国应毫不延迟地通报委员会和其他有关成员国，除非在例外情况下即使尽最大努力也无法获取第 1 款所指的信息。在通报中，该成员国应出具未提供这些信息的正当理由，并且解释为了获得被请求的信息已经做出最大的努力，其中包括对于根据第 4 款做出的请求。

在无提交信息时，其他成员国或委员会可以以它们自己获得的信息为基础发表任何评论或者意见。

第 10 条　传送信息的保密

1. 因适用本条例而收到的信息，应仅用于所请求的目的。

2. 成员国和委员会应根据联盟法和各自的国内法确保对适用本条例时所获取的保密信息的保护。

3. 成员国和委员会应确保根据本条例提交或交换的密级信息在无来源方书面同意的情况下不得降密或解密。

第 11 条　联络点

1. 为执行本条例，各成员国和委员会均应建立一个联络点。委员会和成员国应通过这些联络点来处理与执行本条例有关的所有事项。

2. 委员会应提供一套安全和加密系统以协助联络点之间的直接合作和信息交换。

第 12 条　有关审查进入欧盟的外国直接投资的专家组

向委员会提供建议和专业意见的有关审查进入欧盟的外国直接投资的专家组应持续讨论涉及审查外国直接投资的事项，分享成熟做法和经验教训，对与外国直接投资有关的公众关切的趋势和问题交换看法。委员会还应考虑寻求专家组对执行本条例有关的系统性问题的建议。

专家组内的讨论应保密。

第 13 条　国际合作

成员国和委员会可以与第三国的主管机关就以安全和公共秩序为由审查外国直接投资有关的议题进行合作。

第 14 条　个人数据处理

1. 根据本条例对个人数据的任何处理均应符合《第 2016/679 号（EU）条例》和《第 2018/1725 号（EU）条例》，并且只有在成员国为了审查外国直接投资和为了确保本条例所规定的合作机制的有效性时才有必要予以处理。

2. 与执行本条例有关的个人数据，应仅在为了达到收集目的的必要时间内保存。

第 15 条　评估

1. 在 2023 年 10 月 12 日前以及此后每 5 年，委员会应评估本条例的实施和效果，并向欧洲议会和理事会提交报告。成员国应当配合此项工作，并且向委员会提供准备该报告的额外信息。

2. 在建议修改本条例时，报告可附上适当的立法建议。

第 16 条　委托权的实施

1. 根据本条规定的条件，将采纳委托法令的权力授权给委员会。

2. 从 2019 年 4 月 10 日起的某段期间内，将第 8 条第 4 款所指的采纳委托法令的权力授权给委员会。

3. 第 8 条第 4 条所指的委托权可由欧洲议会和理事会在任何时间撤回。撤回的决定应根据该决定的规定终止本委托权。它应在《欧盟官方公报》公布之次日或决定规定的稍晚之日生效。它不影响任何已生效委托法令的有效性。

4. 在采纳委托立法前，委员会应根据《2016 年 4 月 13 日关于更好立法的机构间协定》所规定的原则向各成员国指定的专家咨询。

5. 一旦采纳委托法令，委员会应将其同时通报给欧洲议会和理事会。

6. 根据第 8 条第 4 款采纳的委托法令只有在将法令通报给欧洲议会和理事会的 2 个月内欧洲议会和理事会均不表示反对，或者在该期间届满前欧洲议会和理事会都向委员会表示不予反对的情况下方可生效。经欧洲议会或理事会提议，该期间可延长 2 个月。

第 17 条　生效

本条例应当在《欧盟官方公报》公布之日起第二十日生效。

本条例于 2020 年 10 月 11 日开始施行。

本条例应在整体上约束并且直接适用于所有成员国。

2019 年 3 月 19 日于布鲁塞尔。

欧洲议会主席　　　欧盟理事会主席

A. Tajani　　　　G. Ciambra

附件

第 8 条第 3 款所指的具有联盟利益的计划或项目的清单

1. 欧洲全球导航和卫星系统（GNSS）项目［伽利略计划与欧洲地球静止导航重叠服务（Galileo & EGNOS）］：

《2013 年 12 月 11 日欧洲议会和理事会关于执行和开发欧洲卫星导航系统并废除第 876/2002 号欧共体理事会条例与欧洲议会和理事会第 683/2008 号欧共体条例的第 1285/2013 号欧盟条例》（OJ L 347, 20. 12. 2013, p. 1）。

2. 哥白尼计划（Copernicus）：

《2014 年 4 月 13 日欧洲议会和理事会关于成立哥白尼计划的第 377/2014 号欧盟条例》（OJ L 122/44, 24. 4. 2014, p. 44）。

3. 地平线 2020（Horizon 2020）：

《2013 年 12 月 11 日欧洲议会和理事会关于建立"地平线 2020"研究和创新框架项目（2014—2020）并废除第 1982/2006/EC 号决定的第 1291/2013 号欧盟条例》（OJ L 347, 20. 12. 2013, p. 104），其中包括涉及诸如人工智能、机器人技术、半导体和网络安全等关键赋能技术。

4. 泛欧交通网络（TEN-T）：

《2013 年 12 月 11 日欧洲议会和理事会关于发展泛欧交通网络的联盟指南并废除第 661/2010 号决定的第 1315/2013 号欧盟条例》（OJ L 348, 20. 12. 2013, p. 1）。

5. 泛欧能源网络（TEN-E）：

《2013 年 4 月 17 日欧洲议会和理事会关于泛欧能源基础设施的指南并废除第 1364/2006/EC 号决定并修订第 713/2009 号、第 714/2009 和第 715/2009 号欧共体条例的第 347/2013 号欧盟条例》（OJ L 115, 25. 4. 2013, p. 39）。

6. 泛欧电信网络：

《2014 年 3 月 11 日欧洲议会和理事会关于在电信领域发展泛欧网络的指南并废除第 1336/97/EC 号决定的第 283/2014 号欧盟条例》（OJ L 86, 21. 3. 2014, p. 14）。

7. 欧洲防务工业发展计划：

《2018 年 7 月 18 日欧洲议会和理事会关于成立欧洲防务工业发展计划以支持联盟防务工业竞争力和创新能力的第 2018/1092 号欧盟条例》（OJ L 200, 7. 8. 2018, p. 30）。

8. 永久结构性合作（PESCO）：

《2018 年 3 月 6 日关于制定在永久结构性合作之下的发展计划清单

的理事会决定》（OJ L 65，8.3.2018，p. 24）。

委员会声明

根据欧洲议会的请求，欧盟委员会采取以下行动。

为了促进成员国遵守本条例第 5 条的年度报告义务，欧盟委员会将准备标准化的表格，在成员国完成该表格后，欧盟委员会将该表格分享给欧洲议会。

每年向欧洲议会分享该标准化表格，并根据条例第 5 条第 3 款向欧洲议会和理事会一并呈交年度报告。

中华人民共和国外商投资法（英文）

（2019 年 3 月 15 日第十三届全国人民
代表大会第二次会议通过）

Foreign Investment Law of the People's Republic of China（Unofficial English Translation）

（Adopted at the 2nd session of the 13th National People's Congress on March 15 , 2019）

孔庆江 译[*]

Table of Contents

Chapter I   General Principles

Article 1   In order to further expand opening up, actively promote foreign investment, protect the legitimate rights and interests of foreign invest-

---

* 孔庆江，法学博士，中国政法大学教授，国际法学院院长。

ment, standardize foreign investment management, facilitate the formation of a comprehensive and new opening-up pattern, and promote the healthy development of the socialist market economy, this Law is enacted in accordance with the Constitution.

Article 2　This Law applies to foreign investment in the territory of the People's Republic of China (hereinafter referred to as "within the territory of China").

Foreign investment mentioned in this Law refers to the investment activities of foreign natural persons, enterprises or other organizations (hereinafter referred to as foreign investors) conducted directly or indirectly within the territory of China, including the following:

(1) Foreign investors set up foreign-invested enterprises in China alone or jointly with other investors;

(2) Foreign investors obtain shares, equities, property shares or other similar rights and interests of enterprises within the territory of China;

(3) Foreign investors investing in new projects in China alone or jointly with other investors;

(4) Other investment prescribed by laws, administrative regulations or specified by the State Council.

Foreign-invested enterprises mentioned in this Law refer to enterprises that are wholly or partly invested by foreign investors and registered within the territory of China under the Chinese laws.

Article 3　The State adheres to the basicState policy of opening to the outside world and encouraging foreign investors to invest within the territory of China.

The State maintains a policy of high-level investment liberalization and facilitation, establishes and improves a mechanism for foreign investment promotion, and creates a stable, transparent, predictable and fair market environment.

Article 4　The State maintains a system of pre-entry national treatment plus a negative list management for foreign investment.

The pre-entry national treatment mentioned in the preceding paragraph refers to the treatment given to foreign investors and their investment at the stage of investment admission no less than that to domestic investors and their investments; the so-called negative list refers to the special management measures that are adopted for the admission of foreign investment in specific areas. The State gives national treatment to foreign investment outside the negative list.

The negative list is issued or approved by the State Council.

Where international treaties or agreements concluded or acceded to by the People's Republic of China provide for more preferential treatments for the admission of foreign investment, the relevant provisions may be applied.

Article 5   The State protects the investment, income and other legitimate rights and interests of foreign investors in China in accordance with the law.

Article 6   Foreign investors and foreign-invested enterprises that conduct investment activities within China shall abide by Chinese laws and regulations and shall not endanger China's national security and harm the public interest.

Article 7   The competent departments of the State Council responsible for commerce and investment shall, in accordance with the division of responsibilities, carry out the promotion, protection and management of foreign investment; other relevant departments of the State Council shall, within their respective responsibilities, be responsible for the affairs related to the promotion, protection and management of foreign investment.

The relevant departments of the local people's governments at or above the county level shall, in accordance with laws and regulations and the division of responsibilities determined by the people's government at the same level, carry out the work relating to the promotion, protection and management of foreign investment.

Article 8   Employees of foreign-invested enterprises may, in accordance with law, establish trade union organizations, carry out trade union activities, and safeguard their legitimate rights and interests. Foreign-invested enterprises shall provide necessary conditions for the trade unions thereof.

Chapter Ⅱ Investment Promotion

Article 9　Foreign-invested enterprises may, in accordance with the law, equally enjoy the State policies concerning the support of enterprise development.

Article 10　Before the formulation of laws, regulations and rules related to foreign investment, appropriate measures shall be taken to solicit opinions and suggestions from foreign-invested enterprises.

Normative and adjudicative documents related to foreign investment shall, according to law, be made public in a timely manner.

Article 11　The State establishes and improves a system serving foreign investment to provide consultation and services to foreign investors and foreign-invested enterprises on laws and regulations, policy measures, and investment project information.

Article 12　The State establishes multilateral and bilateral investment promotion cooperation mechanisms with other countries and regions and international organizations, and strengthens international exchanges and cooperation in the field of investment.

Article 13　The Statemay establish special economic zones where needed, or adopt experimental policies and measures for foreign investment in selected regions with a view to promoting foreign investment and expanding opening-up.

Article 14　The State may, in accordance with the needs of national economic and social development, encourage and guide foreign investors to invest in specific industries, sectors and regions. Foreign investors and foreign-invested enterprises may enjoy preferential treatment in accordance with laws, administrative regulations or the provisions of the State Council.

Article 15　The State ensures that foreign-invested enterprises have equal access to the standard-setting work according to law, and strengthens information disclosure and social supervision regarding standard-setting.

The mandatory standards set forth by the State are equally applicable to foreign-invested enterprises.

Article 16   The State ensures that foreign-invested enterprises have equal access to government procurement through fair competition in accordance with the law. Products and services provided by foreign-invested enterprises within the territory of China are equally treated in government procurement in accordance with law.

Article 17   Foreign-invested enterprises may, in accordance with the law, finance through public offering of stocks, corporate bonds and other securities.

Article 18   Local people's governments at or above the county level may, in accordance with the provisions of laws, administrative regulations and local regulations, formulate policies and measures for foreign investment promotion and facilitation within their statutory competence.

Article 19   The people's governments at all levels and their relevant departments shall, in accordance with the principles of facilitation, efficiency and transparency, simplify procedures, improve efficiency, optimize government services, and further improve the level of foreign investment services.

The relevant competent authorities shall prepare and publish foreign investment guidelines to provide services and facilities to foreign investors and foreign-invested enterprises.

Chapter Ⅲ   Investment Protection

Article 20   The State does not expropriate foreign investment.

Under extraordinary circumstances, the State may expropriate and requisition the investment of foreign investors in accordance with the law and for the needs of the public interest. The expropriation and requisition shall be conducted in accordance with legal procedures and timely, equitable and reasonable compensation shall be given.

Article 21　Foreign investors' capital contribution, profits, capital gains, assets disposal income, intellectual property license fees, legally obtained damages or compensation, liquidation proceeds, etc. , may be freely remitted to overseas in RMB or foreign exchange according to law.

Article 22　The State protects the intellectual property rights of foreign investors and foreign-invested enterprises, protects the legitimate rights and interests of intellectual property rights holders and related rights holders, and holds intellectual property rights infringers legally accountable in strict accordance with the law.

The State encourages technical cooperation based on the voluntariness principle and commercial rules in the process of foreign investment. The conditions for technical cooperation are determined by equal negotiation between the parties to the investment in accordance with the principle of fairness. Administrative agencies and their staff are prohibited to use administrative means to force any technology transfer.

Article 23　The administrative organs and their staff shall keep confidential the business secrets known to them, of foreign investors and foreign-invested enterprises during the performance of their duties, and shall not disclose or illegally provide them to others.

Article 24　The people's governments at all levels and their relevant departmentsshall be in compliance with the provisions of laws and regulations in formulating normative documents concerning foreign investment; unless authorized by laws and administrative regulations, they shall not derogate from the legitimate rights and interests of foreign-invested enterprises or increase their obligations, set forth conditions for market access and exit, and interfere with normal production and operation of foreign-invested enterprises.

Article 25　Local people's governments at all levels and their relevant departments shall honor their commitments on policies made available to foreign investors and foreign-invested enterprises under the law and various types of contracts concluded in accordance with the law.

If policy commitments or contractual agreements need to be changed for the State interests and public interests, they shall be conducted in accordance with the statutory authority and procedures, and foreign investors and foreign-invested enterprises shall be compensated for the losses they suffered accordingly.

Article 26　The State establishes a complaintand settlement mechanism for foreign-invested enterprises, with a view to promptly handling problems raised by foreign-invested enterprises or their investors, and coordinating and improving relevant policies and measures.

If a foreign-invested enterprise or its investors believe that the administrative actions of the administrative organ and its staff infringe upon their legitimate rights and interests, they may apply for a coordinated solution through the complaint and settlement mechanism for the foreign-invested enterprise.

If a foreign-invested enterprise or its investors believe that the administrative actions of the administrative organ and its staff infringe upon their legitimate rights and interests, in addition to applying for a coordinated solution through the complaint and settlement mechanism for the foreign-invested enterprise in accordance with the provisions of the preceding paragraph, they may also apply for administrative reconsideration and file an administrative lawsuit according to law.

Article 27　Foreign-invested enterprises may establish and voluntarily participate in chambers of commerce and associations according to law. The chamber of commerce and association shall carry out relevant activities in accordance with the laws, regulations and its articles of association to safeguard the legitimate rights and interests of its members.

Chapter Ⅳ　Investment Management

Article 28　Foreign investors shall not invest in the areas where investment is prohibited under the negative list for the admission of foreign investment.

Foreign investors shall meet the conditions set forth in the negative list for the admission of foreign investment to invest in the areas where investment is restricted under the negative list.

Management of foreign investment in the areas beyond the negative list shall be implemented in accordance with the principle of equality between domestic and foreign investment.

Article 29　If foreign investment is required to go through the approval or investment project record procedure, it shall be implemented in accordance with relevant provisions.

Article 30　If a foreign investor invests in an industry or sector where legal permission is required for investment, it shall go through relevant licensing procedures in accordance with the law.

The relevant competent department shall, in accordance with the conditions and procedures equally applied to domestic investment, review the foreign investors' application for permission, except as otherwise provided by laws and administrative regulations.

Article 31　Forms of organization, organization structures and activities of foreign-invested enterprises shall be governed by the provisions of the Company Law and the Law of the Partnership Enterprise of the People's Republic of China.

Article 32　Foreign-invested enterprises that engage in production and business activities shall abide by the provisions of laws and administrative regulations concerning labor protection and social insurance, and handle matters such as taxation, accounting, foreign exchange, etc. in accordance with laws, administrative regulations and relevant provisions, and accept relevant supervision and inspection carried out by the relevant departments in accordance with the law.

Article 33　If a foreign investor acquires a Chinese domestic enterprise or participates in the concentration of business operators in other ways, it shall go through the examination on the concentration of business operators in accordance with of the Anti-Monopoly Law of the People's Republic of China.

Article 34　The State establishes a system for foreign investment information reporting. Foreign investors or foreign-invested enterprises shall submit investment information to the competent commerce departments through the enterprise registration system and the enterprise credit information publicity system.

The content and scope of the foreign investment information report shall be determined in accordance with the principle of necessity; the investment information that can be obtained through the inter-department information sharing system shall not be required to be submitted again.

Article 35　The State establishes a system of security review for foreign investment to review the foreign investment that affects or may affect national security.

The security review decision made in accordance with the law is final.

Chapter V　Legal Liability

Article 36　Where a foreign investor invests in the areas, which are specified by the negative list for the admission of foreign-investment as prohibited areas, the relevant competent department shall order it to stop the investment activities, and dispose of the shares, assets or take other necessary measures within a specified time limit, and restitute to the status before the investment was made; If there is illegal income, it shall be confiscated.

Where the investment activities of a foreign investor violates the special management measures for the admission of foreign-investment regarding restricted areas in the negative list, the relevant competent department shall order the correction within a specified time limit and take necessary measures to meet the conditions set forth by the special management measures for the admission of foreign-investment; if no corrections have been made within the time limit, the provisions of the preceding paragraph shall be applied.

Where the investment activities of a foreign investor violates the special management measures for the admission of foreign-investment in the negative list, in addition to the provisions of the preceding two paragraphs, it shall also bear corresponding legal liabilities under the law.

Article 37　If a foreign investor or a foreign-invested enterprise violates the provisions of this Law and fails to submit investment information in accordance with the requirements of the foreign investment information reporting system, the competent commerce department shall order it to make corrections within a specified time limit; if no corrections have been made within the time limit, a fine of more than 100, 000 yuan and less than 500, 000 yuan shall be imposed.

Article 38　Any violation of laws or regulations by foreign investors or foreign-invested enterprises shall be investigated and dealt with by relevant departments in accordance with the law and recorded into the credit information publicity system in accordance with relevant provisions.

Article 39　If a staff of an administrative organ abuses his power, neglects his duties or engages in malpractices in the promotion, protection and management of foreign investment, or leaks or illegally provides others with trade secrets known to him during the performing his duties, he shall be punished according to law; if he commits a crime, he shall be held criminally responsible.

Chapter Ⅵ　Supplementary Provisions

Article 40　If any country or region adopts discriminatory prohibitions, restrictions or other similar measuresagainst the People's Republic of China, the People's Republic of China may take corresponding measures against the country or the region according to actual conditions.

Article 41　If the State provides other provisions for foreign investment in the banking, securities, insurance and other financial industries, or in the securities market, foreign exchange market and other financial markets within the territory of China, such provisions shall be applicable.

Article 42　This Law shall come into force on January 1, 2020. The Law of the People's Republic of China on Sino-Foreign Equity Joint Ventures,

the Law of the People's Republic of China on Wholly Foreign-owned Enterpri-
ses, and the Law of the People's Republic on Sino-Foreign Contractual Joint
Ventures shall be repealed simultaneously.

Foreign-invested enterprises that have been established before the imple-
mentation of this Law in accordance with the Law of the People's Republic of
China on Sino-Foreign Equity Joint Ventures, the Law of the People's Repub-
lic of China on Wholly Foreign-owned Enterprises, and the Law of the
People's Republic of China on Sino-Foreign Contractual Joint Ventures may
continue retaining their original forms of business organizations within five
years after the implementation of this Law. The detailed implementation mea-
sures of this Law shall be prescribed by the State Council.

中华人民共和国外商投资法

（2019 年 3 月 15 日第十三届全国人民
代表大会第二次会议通过）

Foreign Investment Law of the People's Republic of China

（Adopted at the 2nd session of the 13th National People's Congress on March 15, 2019）

目　录

第一章　总则

第一条　为了进一步扩大对外开放，积极促进外商投资，保护外商投资合法权益，规范外商投资管理，推动形成全面开放新格局，促进社会主义市场经济健康发展，根据宪法，制定本法。

第二条　在中华人民共和国境内（以下简称中国境内）的外商投资，适用本法。

本法所称外商投资，是指外国的自然人、企业或者其他组织（以下称外国投资者）直接或者间接在中国境内进行的投资活动，包括下列情形：

（一）外国投资者单独或者与其他投资者共同在中国境内设立外商投资企业；

（二）外国投资者取得中国境内企业的股份、股权、财产份额或者其他类似权益；

（三）外国投资者单独或者与其他投资者共同在中国境内投资新建项目；

（四）法律、行政法规或者国务院规定的其他方式的投资。

本法所称外商投资企业，是指全部或者部分由外国投资者投资，依照中国法律在中国境内经登记注册设立的企业。

第三条　国家坚持对外开放的基本国策，鼓励外国投资者依法在中国境内投资。

国家实行高水平投资自由化便利化政策，建立和完善外商投资促进机制，营造稳定、透明、可预期和公平竞争的市场环境。

第四条　国家对外商投资实行准入前国民待遇加负面清单管理制度。

前款所称准入前国民待遇，是指在投资准入阶段给予外国投资者及其投资不低于本国投资者及其投资的待遇；所称负面清单，是指国家规定在特定领域对外商投资实施的准入特别管理措施。国家对负面清单之外的外商投资，给予国民待遇。

负面清单由国务院发布或者批准发布。

中华人民共和国缔结或者参加的国际条约、协定对外国投资者准入待遇有更优惠规定的，可以按照相关规定执行。

第五条　国家依法保护外国投资者在中国境内的投资、收益和其他合法权益。

第六条　在中国境内进行投资活动的外国投资者、外商投资企业，应当遵守中国法律法规，不得危害中国国家安全、损害社会公共利益。

第七条　国务院商务主管部门、投资主管部门按照职责分工，开展外商投资促进、保护和管理工作；国务院其他有关部门在各自职责范围内，负责外商投资促进、保护和管理的相关工作。

县级以上地方人民政府有关部门依照法律法规和本级人民政府确定

的职责分工，开展外商投资促进、保护和管理工作。

第八条　外商投资企业职工依法建立工会组织，开展工会活动，维护职工的合法权益。外商投资企业应当为本企业工会提供必要的活动条件。

第二章　投资促进

第九条　外商投资企业依法平等适用国家支持企业发展的各项政策。

第十条　制定与外商投资有关的法律、法规、规章，应当采取适当方式征求外商投资企业的意见和建议。

与外商投资有关的规范性文件、裁判文书等，应当依法及时公布。

第十一条　国家建立健全外商投资服务体系，为外国投资者和外商投资企业提供法律法规、政策措施、投资项目信息等方面的咨询和服务。

第十二条　国家与其他国家和地区、国际组织建立多边、双边投资促进合作机制，加强投资领域的国际交流与合作。

第十三条　国家根据需要，设立特殊经济区域，或者在部分地区实行外商投资试验性政策措施，促进外商投资，扩大对外开放。

第十四条　国家根据国民经济和社会发展需要，鼓励和引导外国投资者在特定行业、领域、地区投资。外国投资者、外商投资企业可以依照法律、行政法规或者国务院的规定享受优惠待遇。

第十五条　国家保障外商投资企业依法平等参与标准制定工作，强化标准制定的信息公开和社会监督。

国家制定的强制性标准平等适用于外商投资企业。

第十六条　国家保障外商投资企业依法通过公平竞争参与政府采购活动。政府采购依法对外商投资企业在中国境内生产的产品、提供的服务平等对待。

第十七条　外商投资企业可以依法通过公开发行股票、公司债券等证券和其他方式进行融资。

第十八条　县级以上地方人民政府可以根据法律、行政法规、地方性法规的规定，在法定权限内制定外商投资促进和便利化政策措施。

第十九条　各级人民政府及其有关部门应当按照便利、高效、透明的原则,简化办事程序,提高办事效率,优化政务服务,进一步提高外商投资服务水平。

有关主管部门应当编制和公布外商投资指引,为外国投资者和外商投资企业提供服务和便利。

第三章　投资保护

第二十条　国家对外国投资者的投资不实行征收。

在特殊情况下,国家为了公共利益的需要,可以依照法律规定对外国投资者的投资实行征收或者征用。征收、征用应当依照法定程序进行,并及时给予公平、合理的补偿。

第二十一条　外国投资者在中国境内的出资、利润、资本收益、资产处置所得、知识产权许可使用费、依法获得的补偿或者赔偿、清算所得等,可以依法以人民币或者外汇自由汇入、汇出。

第二十二条　国家保护外国投资者和外商投资企业的知识产权,保护知识产权权利人和相关权利人的合法权益;对知识产权侵权行为,严格依法追究法律责任。

国家鼓励在外商投资过程中基于自愿原则和商业规则开展技术合作。技术合作的条件由投资各方遵循公平原则平等协商确定。行政机关及其工作人员不得利用行政手段强制转让技术。

第二十三条　行政机关及其工作人员对于履行职责过程中知悉的外国投资者、外商投资企业的商业秘密,应当依法予以保密,不得泄露或者非法向他人提供。

第二十四条　各级人民政府及其有关部门制定涉及外商投资的规范性文件,应当符合法律法规的规定;没有法律、行政法规依据的,不得减损外商投资企业的合法权益或者增加其义务,不得设置市场准入和退出条件,不得干预外商投资企业的正常生产经营活动。

第二十五条　地方各级人民政府及其有关部门应当履行向外国投资者、外商投资企业依法作出的政策承诺以及依法订立的各类合同。

因国家利益、社会公共利益需要改变政策承诺、合同约定的,应当依照法定权限和程序进行,并依法对外国投资者、外商投资企业因此受到的损失予以补偿。

第二十六条　国家建立外商投资企业投诉工作机制，及时处理外商投资企业或者其投资者反映的问题，协调完善相关政策措施。

外商投资企业或者其投资者认为行政机关及其工作人员的行政行为侵犯其合法权益的，可以通过外商投资企业投诉工作机制申请协调解决。

外商投资企业或者其投资者认为行政机关及其工作人员的行政行为侵犯其合法权益的，除依照前款规定通过外商投资企业投诉工作机制申请协调解决外，还可以依法申请行政复议、提起行政诉讼。

第二十七条　外商投资企业可以依法成立和自愿参加商会、协会。商会、协会依照法律法规和章程的规定开展相关活动，维护会员的合法权益。

第四章　投资管理

第二十八条　外商投资准入负面清单规定禁止投资的领域，外国投资者不得投资。

外商投资准入负面清单规定限制投资的领域，外国投资者进行投资应当符合负面清单规定的条件。

外商投资准入负面清单以外的领域，按照内外资一致的原则实施管理。

第二十九条　外商投资需要办理投资项目核准、备案的，按照国家有关规定执行。

第三十条　外国投资者在依法需要取得许可的行业、领域进行投资的，应当依法办理相关许可手续。

有关主管部门应当按照与内资一致的条件和程序，审核外国投资者的许可申请，法律、行政法规另有规定的除外。

第三十一条　外商投资企业的组织形式、组织机构及其活动准则，适用《中华人民共和国公司法》《中华人民共和国合伙企业法》等法律的规定。

第三十二条　外商投资企业开展生产经营活动，应当遵守法律、行政法规有关劳动保护、社会保险的规定，依照法律、行政法规和国家有关规定办理税收、会计、外汇等事宜，并接受相关主管部门依法实施的监督检查。

第三十三条　外国投资者并购中国境内企业或者以其他方式参与经营者集中的，应当依照《中华人民共和国反垄断法》的规定接受经营者集中审查。

第三十四条　国家建立外商投资信息报告制度。外国投资者或者外商投资企业应当通过企业登记系统以及企业信用信息公示系统向商务主管部门报送投资信息。

外商投资信息报告的内容和范围按照确有必要的原则确定；通过部门信息共享能够获得的投资信息，不得再行要求报送。

第三十五条　国家建立外商投资安全审查制度，对影响或者可能影响国家安全的外商投资进行安全审查。

依法作出的安全审查决定为最终决定。

第五章　法律责任

第三十六条　外国投资者投资外商投资准入负面清单规定禁止投资的领域的，由有关主管部门责令停止投资活动，限期处分股份、资产或者采取其他必要措施，恢复到实施投资前的状态；有违法所得的，没收违法所得。

外国投资者的投资活动违反外商投资准入负面清单规定的限制性准入特别管理措施的，由有关主管部门责令限期改正，采取必要措施满足准入特别管理措施的要求；逾期不改正的，依照前款规定处理。

外国投资者的投资活动违反外商投资准入负面清单规定的，除依照前两款规定处理外，还应当依法承担相应的法律责任。

第三十七条　外国投资者、外商投资企业违反本法规定，未按照外商投资信息报告制度的要求报送投资信息的，由商务主管部门责令限期改正；逾期不改正的，处十万元以上五十万元以下的罚款。

第三十八条　对外国投资者、外商投资企业违反法律、法规的行为，由有关部门依法查处，并按照国家有关规定纳入信用信息系统。

第三十九条　行政机关工作人员在外商投资促进、保护和管理工作中滥用职权、玩忽职守、徇私舞弊的，或者泄露、非法向他人提供履行职责过程中知悉的商业秘密的，依法给予处分；构成犯罪的，依法追究刑事责任。

第六章 附则

第四十条 任何国家或者地区在投资方面对中华人民共和国采取歧视性的禁止、限制或者其他类似措施的，中华人民共和国可以根据实际情况对该国家或者该地区采取相应的措施。

第四十一条 对外国投资者在中国境内投资银行业、证券业、保险业等金融行业，或者在证券市场、外汇市场等金融市场进行投资的管理，国家另有规定的，依照其规定。

第四十二条 本法自 2020 年 1 月 1 日起施行。《中华人民共和国中外合资经营企业法》《中华人民共和国外资企业法》《中华人民共和国中外合作经营企业法》同时废止。

本法施行前依照《中华人民共和国中外合资经营企业法》《中华人民共和国外资企业法》《中华人民共和国中外合作经营企业法》设立的外商投资企业，在本法施行后五年内可以继续保留原企业组织形式等。具体实施办法由国务院规定。

《欧洲法律评论》稿约

《欧洲法律评论》（*Chinese Journal of European Law*, *CJEL*）是由中国社会科学院欧洲研究所欧盟法研究室和中国欧洲学会欧洲法律研究会联合创办的一份研究欧洲法律理论和实践问题的学术出版物，每年出版一卷。

《欧洲法律评论》坚持学术为本，采用学术刊物通行的匿名审稿制度，倡导严谨的学风，鼓励理论和实证研究相结合，致力于为国内外所有有志于欧洲法律研究的人士构建平等的交流平台，营造一个温暖的精神家园。现不拘作者专业、身份与地域，以聚焦欧洲法律领域为征稿标准，以学术品质为用稿标准，向国内外学术界、实务界热忱征集言之有物、论之有据、符合学术规范、遵守学术道德的上乘佳作。

《欧洲法律评论》将开设"论文""专题研究""评论""实务动态""书评"等栏目。"论文"栏目发表原创性的理论研究文章；"专题研究"栏目主要就在欧洲法领域内某一专项课题展开研究和讨论；"评论"栏目刊登对欧洲法领域内的学术流派、学术理论、学术观点和学术发展状况的文章，以及学术会议或其他学术活动的介绍和评论；"实务动态"重点关注欧洲法实务界的最新动态和法律实践活动；"书评"栏目将刊登对在欧洲法及其相关领域新近出版的中文和外文著作的介绍和评论。

《欧洲法律评论》原则上只刊登没有公开发表过的稿件，不接受一稿多投。

《欧洲法律评论》的审稿周期为一个月。在收到稿件之后一个月内给予作者答复。投稿邮箱为：eulaw@ cass. org. cn。

《欧洲法律评论》的投稿体例如下：

1. 除海外学者外, 稿件一般使用中文。作者投稿时应将打印稿一式三份寄至: 北京市东城区建国门内大街 5 号中国社会科学院欧洲研究所《欧洲法律评论》编辑部, 邮编: 100732, 或通过电邮至 eulaw@cass. org. cn。

2. 稿件首页包括中文标题、作者有关信息, 包括姓名、所在单位、通讯地址、邮政编码、联系电话、电子邮件, 以及 300 字以内的作者简介。

3. 稿件次页包括中文标题、英文标题、中文摘要 (300 字以内) 及中文关键词 (3—5 个)、英文摘要 (300 字以内) 及英文关键词 (3—5 个)。稿件获基金、项目资助, 须注明 (包括项目编号)。

4. 稿件全文采用 Microsoft Office 软件编排; 如打印, 请用 A4 纸输出。正文内容以五号宋体、单倍行距编排, 页边距上、下、左、右均不小于 2.54 厘米。

5. 正文内各级标题处理如下: 一级标题为 "一、二、三……", 二级标题为 " (一)、(二)、(三) ……", 三级标题为 "1、2、3……", 四级标题为 " (1)、(2)、(3) ……"。一、二、三级标题各独占一行, 其中一级标题居中, 二、三级标题缩进两个字符左对齐; 四级及以下标题后加句号且与正文连排。

6. 注释采用脚注, 每页①起重新编号。